LE
BRÉSIL CONTEMPORAIN

RACES. — MŒURS. — INSTITUTIONS. — PAYSAGE.

COLONISATION.

Par Adolphe d'ASSIER.

PARIS,
DURAND et LAURIEL, Libraires,
Rue Cujas, 9.

1867.

LE BRÉSIL CONTEMPORAIN.

Droit de Traduction Réservé.

LE
BRÉSIL CONTEMPORAIN

RACES. — MŒURS. — INSTITUTIONS.
PAYSAGE.

Par Adolphe d'ASSIER.

PARIS,
DURAND et LAURIEL, Libraires,
Rue Cujas, 9.

1867.

OUVRAGES DU MÊME AUTEUR.

Essai de grammaire générale, d'après la comparaison des principales langues Indo-Européennes, 1re partie. . . . . 1 fr. 50

Essai de grammaire française, d'après la Grammaire Générale des langues Indo-Européennes. . . . . 1 fr. 50

Sous Presse :

Histoire naturelle du langage. — Physiologie de la parole et de l'écriture.

LE BRÉSIL CONTEMPORAIN

RACES. — MOEURS. — INSTITUTIONS.
PAYSAGE.

La Forêt Vierge.

De tous les empires fondés dans le Nouveau monde par l'épée des *conquistadores* [1], un seul, le Brésil, est encore debout. Préservé des déchirements intérieurs par ses institutions politiques non moins que par le sens pratique de ses habitants, il a su grandir et prospérer au milieu des convulsions qui, depuis un demi-siècle, agitent les populations Indo-Latines. L'étendue de ses provinces, la fertilité du sol, la magnificence de ses forêts, ont de tout temps excité l'attention des voyageurs. Cependant, si on excepte

---

[1] *Conquérants*, nom que se donnaient les Espagnols et les Portugais.

quelques points de la côte visités journellement par le commerce européen, ce pays n'est que très imparfaitement connu. On ne saurait en être surpris. Le colon s'est toujours arrêté volontiers sur le bord de la mer ou à l'embouchure des rivières. Les richesses minérales ont seules attiré de rares groupes de population dans les régions montueuses du centre. Quant aux explorateurs que des missions scientifiques amènent à de longs intervalles sur cet immense continent, leurs observations, presque toujours enfouies dans des recueils spéciaux, sont perdues pour la plupart des lecteurs. Il reste à tracer un tableau fidèle de la vie sociale dans l'intérieur du Brésil, à montrer où en est dans les diverses parties de cet empire le travail de la civilisation. On sait que cette société, fille de la conquête, est fondée sur l'esclavage. Le blanc a refoulé l'Indien dans les forêts, et tient sous le fouet le nègre courbé vers la terre. Une nouvelle classe d'hommes est sortie de ce mélange, et depuis quelques années l'Europe envoie vers ces rivages des cargaisons de travailleurs qui, sous le nom de colons, seront bientôt les agents les plus énergiques de la prospérité du pays. Ce sont ces éléments d'origine diverse, superposés et non confondus, qu'il convient d'étudier, si l'on veut se rendre un compte exact des forces industrielles et politiques de la nation. Mais l'action de ces races ne serait qu'imparfaitement comprise, si nous ne faisions pas connaître le milieu dans lequel s'agitent et s'accomplissent leurs destinées. Nous allons donc esquisser d'abord quelques traits de la forêt vierge, c'est-à-dire étudier la nature tropicale dans les influences qu'elle reçoit du ciel et qu'elle transmet à son tour aux innombrables êtres vivants qui naissent et meurent dans son sein.

On a beaucoup blâmé les Brésiliens d'être en arrière pour la construction des chemins de fer ; mais je crois qu'un voyageur qui n'aurait en vue que les magnificences de la nature préférerait l'humble *picada* (sentier) à la locomotive. C'est à travers les sentiers tracés çà et là dans la forêt, au pas d'une mule indolente, qu'il respire les fraîches senteurs des plantes, et qu'il peut admirer à l'aise les splendeurs qui l'entourent. Les premiers *conquistadores* n'avaient aucun souci de voyage ; ils rencontraient les bois vierges dès leur débarquement, les jaguars et les Indiens venaient eux-mêmes leur rendre visite aux portes de leur demeure. Aujourd'hui toutes les collines qui avoisinent les grandes villes brésiliennes sont couvertes de plants de sucre et de café, et il faut chevaucher à travers des chemins impraticables pour retrouver les forêts primitives que n'a pas encore atteintes la hache du colon ; mais l'on a les émotions de la route, du ciel, du paysage, et ce spectacle fait oublier tout le reste.

Les régions que l'on a d'ordinaire à traverser avant d'arriver en pleine nature vierge peuvent se diviser en trois zones : celle des *vendas* (auberges), celle des plantations ou *fazendas*, et enfin celle des forêts.

La première est la plus courte, et ne forme, à vrai dire, que la banlieue des grandes villes de la côte et des capitales de province les plus fréquentées. Les caravanes qui sillonnent ces artères pour porter aux entrepôts les produits de l'intérieur ont fait surgir de distance en distance des *vendas* où les conducteurs de mules se régalent de quelques rasades de *cachaça* (eau-de-vie de canne), pendant que les bêtes prennent le mil. Ces natures demi-sauvages forment autant de sujets d'étude pour l'observateur. Le mulâtre qui vous sert de cicérone, façonné dès son enfance aux aventures des forêts, vous égaie parfois de récits étranges ou d'explications inattendues ; mais vous avez bientôt assez de cette vie d'auberge, où vous êtes presque toujours suffoqué par les odeurs intenses de la *cachaça*, du nègre ou du poisson salé, et par des myriades d'insectes de toute sorte. Aussi priez-vous votre guide de vous faire arriver au plus tôt chez le propriétaire d'une *fazenda* qui se trouve sur votre route, et pour lequel vous avez une lettre de recommandation. Dès les premières paroles que vous adresse votre hôte, vous reconnaissez cette hospitalité brésilienne qui semble rappeler les fabuleuses légendes des temps homériques.

— *Senhor*, tout ce qui est dans ma maison est à votre disposition. Vous allez d'abord vous reposer ici quelques jours, puis vous travaillerez à votre aise. Si vous êtes naturaliste, mes chasseurs vous apporteront toute sorte d'insectes et d'animaux ; si vous préférez les excursions dans les bois, je vous donnerai un nègre qui portera vos bagages et vous conduira dans les endroits où vous pourrez faire les meilleures rencontres. Bien que chaque année nous empiétions de plus en plus sur la forêt, il nous en reste cependant encore des zones assez étendues pour que vous en puissiez faire votre profit. Quant à la suite de votre voyage, vous n'avez pas à vous en inquiéter ; dès que vous voudrez partir, je vous donnerai des lettres pour les planteurs des environs. Ce sont pour la plupart mes parents ou mes amis. Vous serez reçu chez eux comme chez moi. Au Brésil, l'hospitalité n'est pas un vain mot. Ils vous remettront à leur tour des lettres pour leurs voisins, et de cette manière vous parcourrez toute la province sans avoir besoin de recourir aux *vendas*. Du reste nous ne voyageons pas autrement.

C'est grâce à cette bienveillance brésilienne, si attentive et si courtoise, qu'une exploration d'artiste devient possible dans ces contrées reculées. Le voyageur va de *fazenda* en *fazenda*, chevauchant à petites journées, trouvant chaque jour de nouveaux sujets d'étude, les soins les plus sympathiques et les plus désintéressés, souvent même le comfort et les habitudes d'Europe; mais si, poussé par le démon de la science, il s'enfonce dans les forêts de l'intérieur, il doit dire adieu à tous les souvenirs de l'homme civilisé. Les *picadas* elles-mêmes disparaissent bientôt, et il faut se résoudre à remonter les rivières dans une pirogue indienne, ou à se frayer un passage à coups de sabre à travers les fourrés impénétrables, au milieu des épines qui vous déchirent et des moustiques qui vous aveuglent. La nuit, vous vous réfugiez dans une hutte abandonnée ou sous un *rancho* (hangar) construit à la hâte avec quelques branchages, vos selles et vos manteaux. La nourriture se réduit d'abord au manioc et au *feijão* (haricots) assaisonné d'un peu de lard, seuls comestibles que vous puissiez trouver dans ces solitudes. Lorsque ces provisions viennent à manquer à leur tour, vous n'avez plus que la chasse et les fruits que les hasards vous font rencontrer.

Pour que ces expéditions aventureuses soient menées à bonne fin et réalisent les espérances qu'on a conçues, il faut avant tout consulter la saison où l'on se trouve au moment du départ, et les saisons elles-mêmes dépendent, comme chacun sait, de la position astronomique des contrées que l'on doit parcourir. Dans la partie sud du Brésil, on peut dire en moyenne que l'époque la plus favorable s'étend de mai à octobre. Cette période n'est qu'un printemps perpétuel tel qu'il se montre aux plus beaux jours de la Provence et de l'Italie. Le froid de la nuit et les fraîcheurs matinales tempèrent les molles tiédeurs de la journée. Cette douce température provoque l'appétit, entretient la souplesse des organes et la vigueur du corps; mais dès que le soleil reprend sa course australe, l'air devient irrespirable, le ciel embrasé. Les pluies continuelles qui tombent jusqu'en avril, vaporisées sans relâche par des rayons de feu, couvrent le sol d'une immense couche de vapeur épaisse, qu'on ne peut mieux comparer qu'à l'atmosphère suffocante d'une salle de bains : l'intensité en est telle que les plus petites moisissures prennent des proportions gigantesques. Maintes fois il m'est arrivé, après deux ou trois jours de halte dans une *fazenda*, de trouver mes chaussures recouvertes de véritables végétations blanchâtres de plusieurs millimètres de long. Cette humidité a cependant un côté avantageux : elle corrige un peu l'excès de la chaleur. Dans les années de sécheresse, le thermomètre, n'étant plus arrêté dans sa course folle, atteint quelquefois, surtout dans les régions basses, des hauteurs sénégaliennes.

A cette atmosphère en ébullition viennent encore se joindre les effets électriques, qui atteignent aussi une puissance inconnue. Par suite d'une évaporation incessante et d'une végétation continuelle, peut-être aussi sous l'influence d'autres causes que nous ne connaissons pas encore, il s'accumule chaque jour à la surface du sol d'énormes masses de fluide. De là des orages périodiques dont la régularité est frappante. Pendant les six mois de cette saison pluvieuse, chaque journée s'annonce par une magnifique matinée. A neuf heures, le soleil est déjà brûlant, et, sauf les nègres des champs, tout le monde rentre, ou, s'il y a urgence, se munit d'un parasol. Vers midi, on voit poindre des nuages blanchâtres au sommet des collines. La direction en est tracée d'avance ; ils se forment sur les hautes cimes des ramifications des Andes, et poussés par les vents d'ouest, descendent le long des contreforts jusqu'aux plaines de l'Atlantique. Cette prise de possession du ciel dure environ deux heures. Bientôt de sourds roulements répercutés de morne en morne vous avertissent que la foudre, suivant le chemin des nuages, ne tardera pas à vous visiter. Peu à peu les éclats du tonnerre deviennent plus retentissants, de larges gouttes de pluie font bruire le feuillage, des traînées lumineuses commencent à sillonner les airs. Malheur au voyageur attardé ou égaré dans les *picadas* de la forêt! Tout-à-coup des détonations épouvantables, des avalanches de pluie, des éclairs qui semblent déchirer l'espace, viennent vous glacer d'effroi. Un tressaillement involontaire, qui accompagne chaque secousse électrique, vous rappelle que vous êtes immergé dans une atmosphère de fluide qui à tout instant peut vous foudroyer. Les animaux sauvages rentrent dans leurs terriers, les bêtes de somme frissonnent haletantes sous le *rancho*, et les mille voix diverses de la forêt cessent de se faire entendre, comme pour rendre plus solennelles les formidables harmonies de la tempête.

Familiarisés depuis leur enfance avec la furie des orages, les indigènes ne paraissent pas trop s'en préoccuper. Il est cependant des cas où les proportions deviennent si effrayantes que les plus intrépides pâlissent. Un jour, au plus fort d'un ouragan qui dura trois longues heures, j'avais cherché asile dans une *venda* de la *serra do Mar* [1]. Ne pouvant plus supporter les éclats de la foudre qui se succédaient sans interruption et avec une violence inouïe, je me retirai dans ma chambre, et, après avoir fermé les volets, je me jetai sur le lit, pensant trouver un peu de calme dans l'obscurité. Malgré mes précautions, les éclairs me poursuivaient comme si une main invisible les eût fait jaillir

---

[1] *Chaîne maritime*, c'est-à-dire qui longe l'Atlantique.

des murs; la pluie, traversant toit et plafond, me chassait de tous les coins. Voyant mes peines perdues, j'allai chercher des distractions auprès de mes hôtes. La maison était déserte. Comme je furetais partout, je les aperçus enfin accroupis dans l'oratoire devant une statue enfumée de saint Antoine, qui, parmi ses nombreuses attributions, compte encore celle de servir de paratonnerre à toutes les plantations du Brésil. Ces braves gens étaient tellement affaissés sous le poids de leur frayeur, qu'ils ne me virent point passer. Quand l'orage eut cessé de rugir, ils vinrent à leur tour dans ma chambre, persuadés que, ne m'étant pas mis sous l'égide du saint patron, j'étais infailliblement foudroyé.

Ce déluge d'eau, de bruit et de fluide électrique dure ordinairement deux ou trois heures. Peu à peu les coups deviennent moins secs, les secousses moins irritantes. L'ouragan, continuant sa route, va porter ses ravages dans les plaines voisines. Que de fois le soir, traversant une vallée, j'ai vu le ciel s'illuminer tout-à-coup! Des divers points de l'horizon s'élevaient par intervalles des lueurs soudaines reflétant les apparitions d'éclairs éloignés. C'étaient les derniers adieux des orages de la journée, qui, après avoir cheminé de morne en morne, allaient se perdre dans l'Océan. Rien ne saurait peindre la solennité de ce spectacle et le charme indicible qu'on éprouve à le contempler.

Il faut être d'un tempérament robuste pour résister à toutes ces influences accumulées d'électricité, de vapeur et de soleil. Les complexions délicates éprouvent d'abord un malaise vague et indéfinissable; bientôt l'appétit disparaît, les forces diminuent, le moral s'affaisse. Un teint jaune et une maigreur inquiétante vous avertissent qu'il est temps de changer de climat et de gagner des régions moins énervantes. Les hommes vigoureux n'ont d'ordinaire rien à redouter, surtout s'ils habitent quelque endroit de la *serra;* mais dans les villes maritimes, et principalement à l'embouchure des grands fleuves, où les eaux déposent, pendant la saison des pluies, tous les détritus organiques des vallées qu'elles ravinent, le danger devient sérieux. La moindre imprudence peut coûter cher. C'est ce qui explique la mortalité des Européens à Rio-Janeiro, Bahia, Pernambuco, les grandes métropoles du sud. En revanche, il n'est peut-être pas de pays qui compte plus de centenaires. Si l'on en croit les journaux brésiliens, il ne serait pas rare de rencontrer dans les régions montagneuses de la province de Minas-Geraes des gens qui ont atteint 110, 120 et 130 ans. Cette longévité, qu'on retrouve aussi dans d'autres contrées élevées des Andes et de l'Amérique du Nord, tient à la fois à l'uniformité de température et au peu de soucis que la fertilité du sol et l'absence de vie politique ou industrielle laissent aux habitants. Ces centenaires sont en général exempts d'infirmités. Quelques-uns, venus du Portugal, vous racontent comme une chose d'hier le fameux tremblement de terre qui en 1755 détruisit Lisbonne et se fit sentir dans les deux hémisphères. Les régions de l'Atlantique ont jusqu'ici échappé à ces mouvements convulsifs des forces souterraines qui occasionnent de continuels ravages sur les côtes du Pacifique, et que le soleil ramène chaque année dans sa course vers les tropiques et dans ses passages au méridien. Ce calme du sol brésilien tient à des causes purement locales. Les contre-forts des Andes, qui forment la charpente de cet immense empire, sont si allongés que les plus fortes convulsions de la Cordillière se trouvent amorties avant que les vibrations puissent se communiquer aux lointaines provinces des côtes orientales.

Si les habitants n'ont pas à redouter les tremblements de terre, en revanche ils sont continuellement sous le coup d'un fléau non moins terrible, celui des inondations. Pendant six mois consécutifs, les orages du solstice jettent tout-à-coup à la surface du sol des masses de vapeurs que les alizés poussent vers les Andes et que la Cordillière renvoie à l'Océan. Bientôt le moindre ruisseau devient torrent. Dans les contrées montueuses, les terres, délayées par l'action des pluies, se changent en boue. Les arbres des rives sont entraînés à leur tour. Arrivés au but de leur course et trouvant leur embouchure barrée par les eaux du fleuve, ces torrents improvisés s'épandent en nappes profondes sur le fond de la vallée et la changent en lac. Les grandes plaines voient se reproduire les mêmes phénomènes, mais dans des proportions quelquefois désolantes. Les rivières qui sillonnent ces immenses bassins, bien que d'un cours moins impétueux, acquièrent bientôt un énorme volume, et entraînent non plus des arbres, mais des forêts entières. C'est alors une vague irrésistible qui dans ses brutales colères chasse devant elle les îles qu'elle a déposées les années précédentes et les jette pêle-mêle au milieu des sables et des débris de montagnes que roulent ses flots fangeux. Les bords flottants et indécis de cette mer houleuse s'avancent dans les terres voisines et couvrent d'immenses espaces. Les touffes d'arbres qui surnagent comme autant de panaches verdoyants rappellent seuls que ces eaux vagabondes appartiennent à un fleuve sorti de son lit. Parfois il arrive qu'un ouragan, poussant devant lui un pan de forêt, rencontre un courant en sens inverse, le *porororoca* [1], marée de l'Atlantique. Les deux flots se heurtent, tourbillonnent sur eux-mêmes et cherchent à se confondre au milieu d'effroyables tempêtes, qu'on entend de plusieurs lieues. Quand les vagues se sont retirées, on peut juger de la hauteur qu'elles ont atteinte par les débris accrochés aux sommets des arbres gigantesques qui bordent les rives. Il se produit alors un phénomène étrange. Certaines branches peu élevées, mais robustes comme la plupart des plantes ligneuses qui naissent sous les tropiques, soutiennent une énorme roche sur laquelle s'épanouit une végétation nouvelle. D'autres, plus hautes et non moins solides, supportent comme une grossière charpente de poutres non équarries et offrent l'aspect de jardins suspendus. On dirait des dolmens druidiques ou des constructions cyclopéennes perdues dans le désert. Ce ne sont cependant que les suites naturelles de l'inondation. Des troncs déracinés, des blocs de pierre arrachés aux flancs des

---

[1] Onomatopée expressive pour désigner le bruit sourd du phénomène. Les Indiens prononcent *porororoque*.

collines et entraînés par les torrents ont été retenus au passage et ont arrêté à leur tour la terre végétale; l'eau et le soleil ont fait le reste.

Aucun écueil n'est plus redoutable que celui-là pour les efforts de la colonisation dans les plaines de l'équateur. Il est des époques où les contrées les plus fertiles, les bords des grands fleuves sont à peu près inaccessibles à l'Européen. Sans compter les fièvres, les insectes et les épidémies de toute sorte que le soleil semble aspirer de ce limon fangeux, comment songerait-on à créer des établissements durables dans de telles conditions d'instabilité? Les rives paraissent aussi fugitives que les flots qui les ravinent sans cesse. Les routes, les canaux, les chemins de fer, sont presque impraticables au milieu de cette sauvage nature. A peine une section est-elle terminée, qu'elle disparaît dans une nuit, sous un éboulis de montagne ou sous l'effort d'un torrent qu'a fait naître un orage du solstice. En face de telles difficultés, on serait tenté de désespérer de l'activité humaine, si l'exemple de l'Amérique du Nord ne venait nous apprendre que le dur génie de la race anglo-saxonne a eu à lutter avec les mêmes obstacles et qu'elle les a vaincus.

Ces pluies diluviennes, qui donnent tant à réfléchir au colon, ne sauraient tirer l'Indien de son insouciance. Il a cependant à passer quelquefois des moments difficiles, les œufs de tortue lui font complétement défaut; mais il sait qu'il se rattrapera un jour. Vient-il à être débordé par une inondation subite, il regagne sa pirogue et se laisse aller au courant. Bientôt il aborde un monticule ou une île que des alluvions récentes, entremêlées de terre, de troncs et de roches, ont improvisée au milieu du fleuve. D'étranges habitants peuplent déjà cette solitude. Les animaux les plus disparates y sont également venus chercher un asile, oubliant leurs craintes et leur faim sous l'impression d'événements qui menacent leur existence. Quand les eaux se sont retirées, chacun va chercher fortune de son côté. Le peau-rouge regagne sa hutte, l'oiseau essaie si ses ailes humides peuvent le soutenir dans les airs, et le jaguar redescend dans la vallée à la poursuite du cerf qui naguère frissonnait immobile tout près de lui.

C'est dans la dernière quinzaine de décembre ou la première de janvier qu'ont lieu d'ordinaire les plus grandes inondations. D'épaisses vapeurs s'élèvent alors de toutes parts et alourdissent l'atmosphère. Les nuages qui courent dans l'espace n'envoient plus que des reflets grisâtres et fiévreux. Viennent-ils à s'ouvrir, la pluie, qui tombe par colonnes serrées, forme comme une immense grille de cristal qui recouvre les montagnes et les forêts. Par intervalles on voit reparaître les rayons de ce soleil chaud et ardent de l'équateur, et aussitôt le ciel de reprendre ses teintes d'azur. Les vallées puisent une énergie nouvelle dans les débris de toute sorte que leur apportent les eaux des collines, et quelques mois plus tard, quand les *picadas* sont devenues praticables, le voyageur peut contempler à son aise cette nature des tropiques dans toute sa magnificence.

Rien de plus saisissant que le spectacle d'une de ces forêts vierges du Nouveau-Monde que la hache du colon n'a jamais outragées. Qu'on se figure d'immenses dômes de verdure soutenus par des milliers de colonnes grisâtres taillées par la main d'un Titan. Cette vigoureuse charpente est comme perdue dans un fouillis de végétation extravagante, où la fleur, la tige et la feuille semblent lutter d'audace et de caprice ; d'épais faisceaux de lianes relient tous ces troncs robustes de leurs spirales sans fin. Arrivées au sommet des arbres, elles courent de branche en branche, puis retombent en cascades, pour reprendre racine et recommencer leur folle course aérienne. Sous cet océan de plantes et de ténèbres s'agite une création microscopique d'oiseaux, de reptiles, d'insectes, qui effraient l'imagination par la délicatesse de leurs formes, et dont l'éclat le dispute aux couleurs de l'arc-en-ciel. Tout ce petit monde ronge, creuse, piaille, butine, gambade, sans nul souci du chasseur, sans préoccupation d'hiver. Son souffle glacial est inconnu de ces tièdes régions. Il semble que la nature tienne à sa disposition de merveilleuses forces créatrices, que les sucs de la terre ne comptent pour rien dans les proportions qu'atteint la sève. J'ai vu des palmiers d'une puissance extraordinaire s'élancer audacieusement d'un bloc de granit. Cramponnés au roc par leurs racines qui le mordaient et l'étreignaient de leurs dents noueuses, ils s'élevaient à des hauteurs inconnues, comme pour aller chercher dans le ciel la nourriture qu'ils ne pouvaient trouver dans les fissures du sol ; mais ils aspiraient par tous les pores de leur immense surface les trois grands principes de la vie : l'eau, l'air et le soleil.

La première impression qu'on éprouve en pénétrant dans ces sombres labyrinthes est un mélange indéfinissable d'étonnement et de terreur superstitieuse. On se rappelle involontairement l'ombre mystérieuse des forêts druidiques où nos aïeux accomplissaient leurs sanglants sacrifices. C'est là que pendant des siècles les tribus du désert se livrèrent leurs combats obscurs. Que de dramatiques légendes pourraient raconter les témoins séculaires de ces farouches exterminations! C'est cette feuillée aux fleurs suaves qui cache le serpent, c'est du pied de ce tronc que le tigre et le caïman guettent leur proie. Si, dédaignant ces obstacles, le voyageur veut affronter le mur de verdure qui se dresse devant lui, il se voit aussitôt enlacé dans un réseau inextricable d'herbes, de plantes et de branchages. Ses mains s'embarrassent, ses pieds cherchent en vain un point d'appui. Des épines acérées déchirent ses membres, les lianes fouettent son visage, l'obscurité vient s'ajouter à ses embarras. En un instant il est recouvert de myriades d'œufs de chenilles, d'insectes, de parasites de toute sorte, qui, traversant ses habits, vont s'implanter dans ses chairs et s'y repaître de son sang. Sa frayeur redouble. De sourds murmures grondent au-dessus de sa tête. Il s'arrête, croyant entendre les sombres génies de la montagne menacer le téméraire qui a osé profaner leurs sauvages retraites.

Mais lorsque, vivant de la vie du désert, son corps s'est fait à la fatigue et aux exigences du ciel austral, tout s'aplanit devant lui. Son pied devient plus sûr, son œil sait lire à travers le feuillage, ses sens atteignent une puissance surnaturelle; le redoutable sanctuaire ouvre enfin ses portes mystérieuses. Des voix intérieures lui révèlent alors des harmonies nouvelles, son âme s'inonde d'une poésie inconnue. Perdu dans de vagues rêveries, il voit passer comme des ombres fugitives les lointains souvenirs de l'enfance et des lieux qui l'ont vu naître. Les merveilles de la civilisation ne lui apparaissent plus que comme un songe étroit et mesquin au milieu de cette immense nature qui lui donne la liberté pour compagne, l'infini pour horizon, le désert pour patrie. Aussi s'avance-t-il sans crainte dans ce dédale naguère inaccessible. Les obstacles semblent disparaître, les périls s'éloigner. Il semble que la forêt l'ait adopté pour un des siens, et qu'elle envoie des Hamadryades protéger ses pas.

Tel est l'aspect du désert dans son ensemble. Si maintenant on veut l'étudier de près, on s'aperçoit bientôt que chaque montagne, chaque fleuve, chaque heure pour ainsi dire du jour, lui impriment une physionomie particulière. Sur les bords de l'Atlantique, les tons paraissent moins crus, comme s'ils étaient adoucis par l'azur des flots. Quelquefois des bois de mangliers courent le long des rives, s'avancent au loin dans les eaux, portés par leurs racines aventureuses, et ne disparaissent que submergés par les vagues. Le voyageur étonné se demande si c'est la mer qui menace la forêt, ou si ce ne sont pas plutôt les arbres qui forcent l'Océan à reculer. Les flots qui viennent éternellement se briser sur ces troncs noueux font jaillir des gerbes de poussière argentée à travers le feuillage et envoient jusque dans les profondeurs du bois des gémissements sourds et prolongés. Plus loin, sur les collines qui bordent le rivage, la scène change sans rien perdre de sa grandeur. Aux premières approches du matin, les parfums humides des plantes s'élèvent en légères vapeurs au-dessus du sol, ondoient quelques instants à l'extrémité des cimes, puis disparaissent devant les rayons du soleil. Bientôt une atmosphère embrasée inonde ces dômes de son coloris chaud et lumineux : c'est l'heure du grand silence. Parfois cependant un bruit subit trouble la solitude : c'est un fruit qui s'ouvre, un arbre qui tombe, un animal qui pousse un cri. Comme l'Océan, le désert a ses frémissements soudains et ses voix mystérieuses. Ces bruits prennent parfois un caractère inquiétant pour le voyageur attardé que la nuit surprend dans les *picadas* de la forêt. Il lui arrive alors d'entendre, le suivant pas à pas, un quadrupède d'assez grosse taille, à en juger par le tapage qu'il fait en marchant à travers bois. « *He onça*, » répondent invariablement les guides ou les nègres de l'escorte, appelant un jaguar ce qui n'est le plus souvent qu'un chat sauvage ou un renard du pays (*cachorro do mato*), comme j'ai pu m'en assurer plusieurs fois en traversant des contrées d'où les onces ont depuis longtemps disparu. Toutefois, si l'on voit les mules manifester quelques craintes et presser le pas, la caravane se serre, les nègres portent la main à leurs coutelas. Quand le bruit se rapproche trop, on tire un coup de carabine, et le voisin invisible s'éloigne en toute hâte, sauf à reparaître plus loin.

C'est surtout au bord des fleuves de la zone torride, à l'embouchure du Rio-Doce, du San-Francisco, du Tocantins, des Amazones, et des immenses affluents de cette mer d'eau douce, alimentée sans cesse par les tièdes ondées des tropiques, que la forêt atteint ces proportions colossales qui effraient l'imagination. Là, les pieds noyés dans des alluvions chaudes et humides, la tête ouvrant ses innombrables pores à toutes les influences bienfaisantes de l'espace, la plante n'est plus ce timide végétal qui attend le retour de l'été pour pousser quelques feuilles ou des bourgeons ; c'est une éponge gigantesque, aux allures audacieuses, que des mains invisibles semblent gonfler de tous les sucs que le soleil fait naître sur cette terre incomparable de l'équateur. L'écorce devient souche à son tour, l'humus lui-même devient semence ; c'est un tourbillon vertigineux de composition et de décomposition incessantes où la vie et la mort se croisent et s'entrelacent comme sorties du même baiser. Lorsque les branches de deux rives viennent à se rencontrer et font voûte, on croirait assister à une de ces féeriques apparitions que racontent les *Mille et une Nuits*. Ces troncs moussus, contemporains des premiers âges du globe, ces grottes de lianes, ces chapiteaux de fleurs, ces ténèbres de verdure qui ne laissent pénétrer les rayons du soleil qu'en zigzags capricieux, évoquent à l'esprit des fantômes tour à tour grâcieux ou terribles. Ce monde étrange, reproduit dans le miroir paisible, mais indécis, des eaux, vous apparaît alors comme une mer diaphane de feuillages et de parfums ; on sent qu'une sève fiévreuse agite et travaille cette végétation puissante, que la vie ruisselle et déborde de toutes parts. Lorsqu'aux approches de l'ouragan, les vents mugissent à travers ces touffes épaisses et font craquer les branches des arbres foudroyés et suspendus encore comme les mâts d'un navire, ou que les éclats du tonnerre retentissent en innombrables échos au-dessus de vos têtes, ces apparitions prennent alors des proportions titaniques, atteignent des diapasons inouïs. Ce sont des visions fiévreuses taillées dans l'infini et sillonnées d'éclairs. Poëtes, qui cherchez le secret des inspirations sublimes, affrontez l'Océan, vous trouverez le rhythme de vos rêves, dans l'éternel Hosannah de la forêt!

Si maintenant l'on s'éloigne des chaudes alluvions des vallées pour s'élever vers les plateaux de l'intérieur, on verra la forêt perdre peu à peu son aspect imposant, les arbres leurs formes colossales, la nature son cachet de sauvage fécondité. Par intervalles, un immense bloc de granit élève majestueusement sa tête chauve au-dessus des sombres masses de verdure. D'autres fois, lorsque le regard peut s'étendre au loin, ce sont des myriades de pitons aigus, tantôt épars çà et là dans la plaine, tantôt jetés les uns sur les autres, encore debout et menaçants comme au jour où ils sortirent impétueux des entrailles liquides du globe. Les arbres qui se pressent à la base de ces âpres montagnes, ne paraissent plus alors que comme les mousses qui ramperaient à l'ombre d'une forêt de titans. Bientôt, si l'on continue à monter les étages successifs qui forment les contre-forts de la Cordillère, on n'aperçoit plus que de grands espaces recouverts seulement d'herbes ou de plantes rabougries. Le souffle brûlant du désert ou les vents glacés de la chaîne des Andes empêchent la vie de prendre racine dans ces immenses *campos* découverts ; mais, que le moindre cours d'eau vienne à creuser un ravin pour protéger les graines et les féconder de ses chaudes haleines, et aussitôt de luxuriantes touffes rappelleront au voyageur qu'il se trouve toujours dans cette incomparable serre des tropiques.

Les plantes sorties de cette végétation sont aussi variées que les fleurs et les feuilles qui les recouvrent. Tous les besoins immédiats de l'homme, divers produits même de l'industrie, semblent sortir spontanément du sol ; pain, lait, beurre, fruits, parfums, poisons, cordages, vaisselle même, tout se trouve pêle-mêle dans la forêt vierge. Peut-être est-ce dans cette richesse qu'il faut chercher le secret de l'infériorité des tribus du désert. Est-il nécessaire de se livrer au labeur incessant de la civilisation, lorsque la nature se montre si complaisante et si prodigue ? Demandez plutôt à l'Indien. Désire-t-il une demeure : quelques instants lui suffisent pour se construire une hutte au pied d'un ipiriba ; les feuilles lui servent de lit, les branches de parasol ; il trouve dans les fruits une excellente nourriture, et dans l'écorce un remède contre la fièvre ; le bois, aussi dur que le fer, lui fournit une massue pour les combats ou des instruments d'agriculture. Si, fatigué de la vie sédentaire, il veut courir les fleuves et se livrer à la pêche, il n'a qu'à renverser l'édifice et à le creuser avec le feu : sa hutte devient alors pirogue. Avec la base d'un bambou, il construit une batterie de cuisine et un mobilier complet; l'extrémité de la tige est un excellent régal; les feuilles tissées donnent des vêtements à sa femme, le bois sert à ses flèches; les tiges creuses, liées ensemble, servent à improviser un radeau. Le même arbre devient, suivant le besoin, arsenal, vestiaire, restaurant et pharmacie.

Rien ne vaut une excursion dans la forêt en compagnie de quelque guide à qui ces richesses naturelles sont familières pour s'assurer qu'il n'y a rien d'exagéré dans les relations si souvent répétées à ce sujet. C'est ce que je reconnus moi-même. J'avais demandé un jour à un vieux nègre s'il se sentait capable de m'improviser un déjeuner au milieu des bois, et quels étaient les instruments qu'il convenait d'emporter.

— Rien de plus facile, si sa seigneurie veut attendre jusqu'à dimanche prochain. Ce jour-là, je suis libre, je me charge de la contenter. Je préparerai de grand matin deux mules, une pour le *senhor* et une pour moi; nous partirons avec la fraîcheur, et nous serons rendus dans la forêt avant que le soleil soit trop chaud. Quant à la batterie de cuisine, ce coutelas me suffit.

J'acceptai avec empressement, et le dimanche matin nous partîmes au petit jour avec nos deux mules et le coutelas. Mon cuisinier-guide avait connu de bonne heure les vicissitudes de la fortune. Il était chef d'une peuplade laineuse sur les côtes de Guinée, et troquait volontiers avec les négriers ses sujets crépus contre des verroteries ou quelques jarres de tafia, lorsqu'un jour, n'ayant pas pu probablement compléter le chargement du navire, il eut l'imprudence de se laisser inviter par le commandant à une *tournée* d'eau-de-vie. Le nègre ne résiste jamais à une telle gracieuseté. Quel fut son étonnement lorsqu'il s'éveilla le lendemain en pleine mer, chargé de chaînes, au milieu de ses anciens administrés ! Je le priai, dès que nous fûmes en route, de me raconter quelques souvenirs de son règne : il fit la sourde oreille ; les noirs n'aiment pas qu'on entame le chapitre de leurs mœurs africaines. Je lui demandai alors ses premières impressions d'esclave en arrivant au Brésil. Je le plaçais sur son véritable terrain, et voici à peu près ses paroles :

« Dès le lendemain de notre arrivée, on nous conduisit aux champs escortés par des *feitors* (surveillants) qui nous harcelaient de leurs longs fouets. Les coups de bâton pleuvaient sur nous sans arrêter, car nous n'étions pas accoutumés au travail, et nous ne pouvions pas aller aussi vite que les anciens. Pour en finir, nous résolûmes tous de nous pendre, afin de revenir au plus tôt dans notre pays ; mais le jour fixé pour l'exécution du projet le courage nous manqua : il n'y en eut qu'un qui tint sa promesse, afin de nous donner l'exemple ; il alla se pendre à un arbre près de l'habitation.

« Le jour suivant, avant de partir pour le travail, le *feitor*, en nous comptant, trouva un absent, et nous menaça de nous donner cent coups de *chicote* (fouet) à chacun, si nous ne lui indiquions pas immédiatement la retraite du fugitif. Nous lui montrâmes alors du doigt l'arbre qui balançait le corps de notre compagnon. A cette vue, notre *feitor* devint ivre de rage. Il faut croire que ce n'était pas la première fois qu'il voyait de ces choses, car il comprit nos projets, et, voulant nous empêcher de les mettre à exécution, il détacha le corps de notre camarade, lui coupa la tête d'un coup de hache, la cloua sur un poteau avec une énorme cheville en fer, et nous dit : « Maintenant, qu'il revienne s'il veut dans son pays, cela m'est égal, sa tête restera ici, et tout *filho da puta* qui fera comme lui aura le même sort : il s'en reviendra sans tête. » Vous comprenez, *senhor*, qu'on ne peut guère trouver le chemin de son pays quand on n'a plus de tête.

« Mes compagnons acceptèrent leur sort. Moi, je préférai aller vivre dans les bois plutôt que de travailler, et une nuit je m'échappai pour gagner la forêt. Là, je passai six mois, me nourrissant comme les singes. De temps en temps je venais la nuit rôder autour des habitations afin d'enlever quelques poules ou un petit cochon; mais un jour je fus dénoncé par un de mes anciens sujets qui m'accusait injustement de l'avoir vendu, et l'on mit des chasseurs à ma poursuite. Ils me tirèrent dans les jambes et me ramenèrent sans peine. Depuis cette époque, ne pouvant plus fuir, je me suis résigné à mon tour. Du reste je suis vieux, et je ne tarderai pas à revenir au pays. »

Je ne pus m'empêcher, en entendant ce récit, d'admirer cet heureux privilége de la nature humaine qui permet, sous toutes les latitudes, de s'indemniser des maux présents par des compensations futures plus largement assurées; mais je ne restai pas longtemps livré à ces réflexions. Mon guide se sentait enhardi par l'intérêt que j'avais pris à son histoire, et, fort de ses connaissances de naturaliste qu'il avait acquises dans les forêts, il entreprit de me faire la description de toutes les plantes qui bordaient notre route, de tous les animaux que nous rencontrions, et des lieux célèbres que nous avions à traverser.

— *Senhor*, n'approchez pas de ce tertre qui est à votre gauche, c'est une *casa de formigas* (maison de fourmis), qui vous dévoreraient vous et votre mule, si vous les tourmentiez.

Tout en parlant, il obliquait fortement à droite afin de se tenir à distance respectueuse. C'était en effet une de ces forteresses de grosses fourmis qu'on rencontre si souvent dans la zone torride et si redoutées des nègres et des Indiens.

— *Senhor*, ce ruisseau que nous traversons contient beaucoup de *jacarés* (caïmans). L'année dernière j'en ai pris un petit qui venait de naître. Sa mère eut peur en me voyant et rentra dans l'eau; mais elle *pleura* beaucoup. — Le noir, comme tous les peuples primitifs, n'a qu'un seul terme pour exprimer l'idée de *pleurer* et celle de *crier*.

— *Senhor*, voici de la *comida do macaco* (nourriture de singe), et il m'indiquait une espèce de petite pomme jaunâtre; elle n'est pas très bonne, mais il y a des gens qui en mangent. Je m'en suis nourri bien des fois quand je vivais dans la forêt. Si le *senhor* veut en goûter, j'irai lui en cueillir.

— Je ne tiens pas à manger de la nourriture de singe,

lui répondis-je ; pressons plutôt le pas afin de devancer la chaleur.

Malgré mes recommandations, je le vis bientôt s'arrêter de nouveau, et, me montrant de la main un énorme rocher à notre gauche : — *Senhor*, voilà une pierre qui parle.

Croyant avoir mal entendu, je lui fis répéter ces mots, et, ne comprenant pas encore, j'ajoutai : Puisqu'elle parle, fais-la parler.

Fier d'une telle mission, il se mit alors à pousser deux ou trois de ces interjections gutturales qu'un gosier nègre peut seul produire, et qui échappent à l'analyse de l'oreille européenne ; la pierre reproduisit aussitôt les mêmes sons. Je compris qu'il s'agissait d'un écho.

— Vous voyez bien, *senhor*, que la pierre parle, ajouta-t-il d'un air triomphant ; mais elle n'a pas toujours parlé. Les anciens m'ont raconté que longtemps avant que je vinsse ici il y avait une grotte au-dessous de cette pierre. Un jour, deux voyageurs surpris par l'orage eurent l'imprudence de s'y réfugier. La pierre s'affaissa sur la grotte par la violence de l'ouragan et ensevelit ces deux pauvres gens. Ce sont eux qui nous appellent toutes les fois que nous passons, pour nous prier de les délivrer.

Nous cheminâmes plusieurs heures à travers d'anciennes plantations abandonnées. A tout moment, mon cicerone me faisait remarquer des fruits avec lesquels les *senhoras* préparent des confitures excellentes (*muito boas*), des plantes médicinales, des endroits où s'étaient pendus des esclaves, des ruisseaux où il avait tué une énorme *cobra* (serpent), des *ranchos* qui servaient de rendez-vous nocturnes aux nègres et aux négresses. Au milieu de ses explications, et comme nous étions déjà sur la lisière de la forêt, j'entendis tout à coup un tintamarre assourdissant. C'était un bruit étrange qui rappelait à la fois les grondements du tonnerre, le roulement du tambour et le grincement d'une charrette pesamment chargée et traînée sur le pavé.

J'interrogeai mon guide non sans un certain effroi.— Ce n'est rien, *senhor*, ce sont les singes barbus (*macacos barbados*) qui s'amusent et font leur toilette du matin. Le mâle, reconnaissable à sa grande barbe, est perché sur un arbre au milieu de son sérail, composé d'une demi-douzaine de femelles. Celles-ci le peignent alternativement en le câlinant; lui, il répond à toutes ces agaceries, et c'est ainsi qu'ils font ce vacarme. Ces bêtes-là ont une malice diabolique, ajouta-t-il gravement en guise de conclusion philosophique.

J'aurais voulu vérifier de plus près les détails de cette toilette ; mais les singes s'éloignaient, sautant de branche en branche à mesure que nous avancions. Je compris seulement, à la nature des cris de ces animaux, que les *singes barbus* n'étaient autres que les *singes hurleurs*, dont les gémissements aigus ont été comparés par un savant voyageur, Auguste Saint-Hilaire, au bruit du vent impétueux, et par un spirituel observateur, Biard, aux grognements d'une douzaine de porcs qu'on égorgerait à la fois.

Nous continuâmes notre route par une *picada* tracée à travers ce fouillis inextricable, et nous arrivâmes enfin, vers midi, sur un petit plateau qui me parut propre à une halte. Je descendis de ma monture, et je priai mon cuisinier de m'apprêter au plus vite le déjeuner qu'il m'avait promis. En un moment il fut à l'œuvre.

Avant tout, il s'agissait d'allumer le feu. Il commença par planter son coutelas sur le sol par la poignée, l'entoura de mousse, plaça une capsule sur la pointe, et d'un coup sec donné sur la capsule fit jaillir une étincelle qui eut bientôt enflammé la mousse. Le feu allumé, il reprit son coutelas et partit à la recherche des ustensiles de cuisine et des provisions. Dix minutes après, il revenait traînant un bambou d'une main et un chou-palmiste de l'autre. On sait généralement qu'un bambou n'est autre chose qu'un énorme roseau dont les nœuds sont espacés, le bois très résistant et le diamètre assez large. Il choisit un entre-nœud, découpa adroitement un petit carré sur la surface, introduisit dans l'intérieur l'extrémité du chou-palmiste, y écrasa quelques grains de piment, acheva de remplir l'entre-nœud avec de l'eau, boucha soigneusement l'ouverture et plaça le bambou au milieu du feu. J'avoue que je fus quelque peu étonné de ce sans-façon. Lui ayant fait remarquer le danger que courait mon déjeuner dans une casserole si fragile et au milieu d'un feu si ardent, il me répondit avec ce flegme qui caractérise le nègre : — Soyez tranquille, *senhor*, tant que l'eau n'aura pas disparu ; il n'y a rien à craindre pour la marmite. Quand elle sera près de sa fin, cela signifiera que le déjeuner est cuit.

Je dus m'incliner en face de tant de science et me rassurer devant ce calme. Le maître-coq profita du répit que lui laissait la cuisson de son pot-au-feu pour aller dans le ruisseau voisin cueillir une magnifique salade de cresson. Le cresson, ainsi que beaucoup d'autres plantes alimentaires de la famille des crucifères, est très-commun dans l'Amérique du Sud. Il reprit son bambou, y tailla un saladier, et assaisonna la salade avec du piment et des citrons qu'il avait cueillis sur sa route ; le piment remplaçait le sel et le poivre, tandis que le jus de citron tenait lieu d'huile et de vinaigre. Le reste du bambou fut employé à me confectionner une assiette et un verre. Mon guide ne garda qu'un entre-nœud qui lui servit de casserole pour une friture de ces grosses fourmis ailées qui font le délice des nègres, et qui abondaient à cette époque. Son travail terminé, il jeta un coup d'œil sur la marmite, et, voyant que le bois commençait à se calciner, il se hâta de la retirer, et me dit d'un air triomphant :

— *Senhor, o almorço esta pronto* (le déjeuner est servi).

J'avais pour table le gazon et une pierre pour siége. Je me jetai avidement sur mon chou pimenté, et, grâce à un jeûne aiguisé par une course de huit heures, je le dévorai assez lestement, au grand contentement de mon amphitryon.

Le chou-palmiste n'est pas sans quelque ressemblance de goût avec le champignon. Les cuisiniers du pays en assaisonnent leurs viandes, et disent qu'il remplace le champignon sans désavantage. Je fis le même accueil à la salade, qui me parut délicieuse. Quelques châtaignes tirées d'une énorme coque et cuites sous la cendre représentaient le dessert. Pendant ce temps, le nègre dévorait ses fourmis en gastronome émérite, et me plaignait sincèrement de ne pas vouloir y goûter.

— Maintenant, me dit-il, dès qu'il vit mon repas achevé, si sa seigneurie veut faire sa sieste, je vais lui construire un *rancho* au pied de cet arbre. J'y déposerai la selle de la mule comme oreiller, et la couverture servira de tapis. Le branchage est épais, le *senhor* n'aura rien à craindre du soleil, et pourra dormir tout à son aise. Moi, pendant ce temps, je préparerai le dîner. Je me propose de confectionner avec des goyaves que j'ai rencontrées près d'ici, sur le chemin, des *doces* (confitures) telles que sa seigneurie n'en a jamais mangé d'aussi bonnes, et n'en mangera peut-être jamais. Voyez-vous, *senhor*, nous autres noirs, nous sommes les vrais enfants de la forêt; elle a pour nous des confidences que les blancs ne connaîtront jamais. En attendant, je vais construire un piége, et peut-être prendrai-je un tatou ; les terriers ne manquent pas ici. Sa chair est des plus tendres, et sa carapace nous fournira une magnifique assiette. Je ferai cuire sous la cendre des racines que je connais et qui sont aussi délicates que les meilleures patates, et j'apporterai pour dessert des *pitangas* qui abondent dans le bois. De cette manière nous ne partirons qu'avec la fraîcheur.

L'expérience était décisive, il n'y avait rien à y ajouter. Je déclinai ses offres à son grand étonnement, et nous repartîmes dès que la chaleur eut un peu baissé. J'ai eu depuis mainte occasion de me trouver dans des circonstances analogues, et j'ai dû chaque fois m'étonner des inépuisables ressources que l'homme du désert sait tirer de la forêt. Mais des obstacles d'un autre genre arrêtent le voyageur, désireux de connaître les merveilles de la nature tropicale, le colon qui voudrait défricher et féconder ce sol. Dès leurs premiers pas, ils rencontrent devant eux des légions d'ennemis placés en embuscade dans tous les coins du désert comme pour en défendre l'entrée, et munis parfois d'armes non moins redoutables que les flèches empoisonnées des Botocudos.

En première ligne est sans contredit le *macaco* (singe). Le noir considère cet animal comme son ennemi personnel. C'est lui en effet qui dévaste les plantations de maïs dont le produit doit défrayer l'esclave de ses dépenses de tabac et de *cachaça*. « Passe encore, me disait un jour un mulâtre qui me racontait ses infortunes, si ce damné *bicho* (animal) se contentait de se rassasier quand il arrive dans un champ de maïs; mais, après s'être bien repu, ce *filho da p...* coupe autant d'épis qu'il peut, forme une espèce de chapelet en nouant entre elles les feuilles qui recouvrent le grain, le passe à son cou et va le porter à sa famille. » D'une nature méfiante, il est rare qu'il s'aventure seul dans ses razzias : ordinairement c'est par troupes qu'il envahit les plantations. Un chef choisi parmi les doyens de la tribu marche à la tête, tandis que les plus jeunes sont placés en vedettes sur les points isolés qui dominent les approches. Flairent-ils un danger, la sentinelle pousse un petit cri, et aussitôt la bande de disparaître dans la direction opposée. Cette habileté du *macaco* à éviter les poursuites du chasseur et à déjouer ses stratagèmes, lui a valu auprès du nègre une haute réputation d'intelligence et de malice.

Cependant, malgré sa terreur superstitieuse à l'égard du singe, le noir ne se fait pas faute de l'occire toutes les fois qu'il en trouve l'occasion. Il se procure ainsi le double avantage de détruire un ennemi malfaisant et de se régaler d'une viande excellente, car, au dire de tous les connaisseurs, rien de plus tendre que la chair de ces animaux. C'est le dimanche ordinairement, son seul jour de repos, que le nègre prend contre eux sa revanche. Il va s'embusquer sur le passage présumé, et attend plusieurs heures, s'il le faut, dans l'immobilité la plus complète, que sa proie apparaisse; mais, comme il a affaire à un ennemi plein de méfiance, il lui arrive souvent de ne rapporter à sa hutte qu'un simple tatou, dont la chair du reste n'est pas à dédaigner. Les chasseurs malheureux attribuent leur peu de succès le dimanche, à certaine connaissance de la période hebdomadaire que l'expérience aurait donnée au singe, et qui le rend ce jour-là encore plus réservé que de coutume. Peut-être sont-ils dans le vrai : on a remarqué des faits analogues parmi les chiens, dont l'intelligence est notoirement inférieure à celle des quadrumanes.

Les *fazendeiros* (planteurs) ne partagent pas à un si haut degré la haine du nègre contre le singe, bien qu'ils aient aussi à souffrir de ses déprédations dans les champs de canne et de maïs. Il est vrai qu'ils ont dans leurs étables et dans leurs basses-cours de quoi oublier la chair du *macaco*. Ils se contentent de l'apprivoiser quand ils le prennent vivant. Le ouistiti, surtout le ouistiti à pinceau, est celui que j'ai rencontré le plus communément : il est rare qu'une varanda ne soit pas ornée d'un de ces hôtes. Les *senhoras* tiennent particulièrement à cette distraction, qui rompt un peu le vaste et profond ennui de la vie américaine. A la fin de chaque repas, elles lui apportent quelques friandises, qu'il vient réclamer lui-même, pour peu que l'heure passe et qu'il soit libre de sa chaîne. Le soir, au crépuscule, un nègre de la maison, à qui il est spécialement confié, le porte dans sa chambre, pour le mettre à l'abri des jaguars, des chats sauvages et des esclaves vagabonds qui rôdent la nuit autour des habitations.

Le singe a généralement le caractère gai. Il est curieux de le voir agacer de ses plaisanteries ses compagnons de chaîne, apprivoisés comme lui, les perroquets, les aras, les cacatoès. Ces pauvres bêtes à contenance chagrine ne répondent à ces innocentes espiègleries que par des battements d'ailes et des cris de frayeur ; mais elles trouvent dans les négrillons de zélés auxiliaires pour les venger. Sous prétexte de faire l'éducation du *macaco*, ceux-ci ne manquent jamais, toutes les fois qu'ils le rencontrent seul, de l'abreuver de toute sorte de mauvaises niches. Le singe, comprenant qu'il a affaire à des écoliers turbulents et non à des professeurs, montre d'abord ses incisives ; puis, perdant patience, il s'élance d'un bond sur les provocateurs ; mais, retenu par la chaîne, il retombe aussitôt sur ses pattes, aux cris de joie des négrillons, qui ont soin de se tenir hors de portée. Vient-il cependant à rompre sa chaîne ou à dénouer son collier de ses doigts flexibles et intelligents, malheur alors aux enfants de couleur qu'il rencontre sur son passage! Une chose remarquable, qui frappe fortement l'imagination superstitieuse du nègre, mais qui s'explique par ce que nous venons de dire, c'est que le singe respecte volontiers les enfants blancs, surtout ceux de la maison.

Les mœurs du *macaco bravo* (sauvage) ne sont pas moins intéressantes que celles de son frère de la *fazenda*. Bien qu'il se laisse difficilement approcher, on peut cependant, à l'aide d'une étude attentive, se faire une idée de ses habitudes, et se convaincre qu'il n'est pas étranger au goût du comfort, qu'il a, entre autres connaissances, des notions saines en mécanique, et qu'il sait s'en servir au besoin. Les fruits formant la base de sa nourriture, il lui arrive parfois de tomber sur une coque trop dure pour ses dents. Dès qu'il est convaincu de l'inutilité de ses efforts, il descend prestement de l'arbre, va saisir un caillou, et s'en sert comme d'un marteau. Si cela ne suffit pas, comme on le voit souvent avec certains fruits dont le péricarpe ligneux est très résistant, il escalade de nouveau le tronc, grimpe jusqu'aux plus hautes branches, et laisse retomber la coque de tout son poids. La distance qu'elle parcourt avant d'atteindre le sol étant d'ordinaire très considérable, il en résulte dans la chute une très grande vitesse et un choc auquel l'enveloppe ne saurait résister. Cette méthode, qui ferait honneur à plus d'un Botocudo, n'est pourtant pas sans inconvénients. Elle amène souvent des brouilles suivies de rixes. Il se trouve en effet presque toujours des voisins témoins de ces préparatifs gastronomiques, et l'on sait les maximes que professe le *macaco* à l'endroit de la propriété.

C'est surtout dans les moments critiques que le *macaco* révèle tout ce que la nature lui a départi de souplesse et de ressources. S'il se trouve surpris en flagrant délit et que la fuite soit impossible, il fait appel à la générosité de son ennemi, devine avec un merveilleux instinct la fibre du cœur la plus facile à émouvoir, et dans une pantomime moitié sérieuse, moitié bouffonne, s'exprime en termes si clairs que l'homme se sent désarmé. Je me trouvais un jour dans une *fazenda* dont les environs étaient peuplés de *macacos*. Mon guide voulut mettre à profit ses moments de loisir et sortit le fusil sur l'épaule, comptant bien, dit-il, me régaler d'un plat de sa façon. Je compris d'après quelques mots qui lui étaient échappés, qu'il s'agissait d'un singe. Le soir, il revint avec un énorme lézard que de loin on aurait pris pour un jeune caïman.

—Comment! lui dis-je en riant, c'est là ce que vous appelez un *macaco* ?

— *Senhor*, ce n'est pas ma faute si je n'ai pas tenu parole. Figurez-vous que deux fois j'ai eu une de ces damnées bêtes au bout du canon de mon fusil, et que deux fois mon arme est retombée. Je m'étais posté derrière un arbre, sur la lisière d'un champ de maïs, pour guetter mon gibier. Comme ce n'est pas aujourd'hui dimanche, je pensais que je ne resterais pas longtemps inutilement à l'affût. En effet, au bout d'une demi-heure, j'ai vu un *macaco* qui se dirigeait de mon côté. C'était une femelle ; mais ces animaux-là ont tant de malice qu'ils sentent le chasseur. Au moment où je l'ajustais, elle s'est aperçue du danger, et comme elle ne pouvait pas fuir à cause de son petit qui était à côté d'elle, elle a imaginé de me le présenter dans ses bras comme pour me prier de ne pas lui faire du mal. J'ai hésité un moment. J'allais cependant lâcher la détente, lorsqu'elle s'est mise à me supplier d'un air si comique que le cœur m'a manqué tout à fait et que j'ai laissé retomber l'arme. Puis elle m'a fait de nouvelles grimaces quand elle s'est vue hors de danger, sans doute pour me remercier ; bref, je l'ai laissé échapper, comme un imbécile.

— Vous auriez dû vous poster de nouveau et guetter un autre singe.

—On voit bien que le *senhor* ne connaît pas ces bêtes-là. Je ne sais pas si elles ont un langage comme nous, ou comment elles s'y prennent ; mais toujours est-il qu'un *macaco* qui a aperçu le bout d'un fusil avertit ses camarades, et que le chasseur perdrait sa peine à attendre dans le champ où il a été découvert. Aussi suis-je rentré dans le bois, et, pour ne pas revenir les mains vides, j'ai tué ce *lagarto* (lézard) ; sa chair est très délicate, sans valoir toutefois celle du *macaco*.

A l'exception du singe hurleur, que les naturels du pays appellent *macaco barbado* (singe barbu) à cause d'une espèce de barbe qui distingue le mâle, les singes d'Amérique sont de petite taille. Aussi ne font-ils jamais volte-face devant les chasseurs, comme dans certaines contrées, pour leur envoyer une pluie de projectiles. Du

moins n'ai-je jamais entendu les Brésiliens ajouter ce
méfait à la liste déjà trop longue des griefs qu'ils articulent
contre le *macaco*. Quelques-uns de ces animaux sont
même d'une petitesse extrême. Un jour on m'en apporta
un qu'on venait de prendre dans les bois : c'était un ouistiti
à pinceau qui n'arrivait pas à la grosseur du poing. Au
premier abord, je crus avoir affaire à une espèce nouvelle, à cause d'un petit bourrelet qu'il portait autour du
cou. En examinant de plus près, je découvris un tout
petit singe de la grosseur du doigt, qui de ses petites
mains se cramponnait au cou de sa mère. Je ne saurais
rendre l'impression que j'éprouvai. La pauvre mère
était cruellement blessée au côté, et, malgré tout le soin
que j'en pris, elle mourut le lendemain. Le petit ne
lui survécut que quelques heures.

Comme ses congénères de l'ancien monde, le singe
d'Amérique ne peut supporter les brumes de l'Océan.
Il meurt phthisique dans nos climats froids et humides.
A mon retour en Europe, j'emportai une douzaine de
ouistitis que j'avais achetés avant de m'embarquer. Tout
alla bien jusqu'aux tropiques ; ils faisaient la joie de
l'équipage en grimpant tout le long du jour aux cordages les plus élevés. Aux Açores, ils commencèrent à
perdre de leur gaîté; peu à peu leur nombre diminua;
et il n'en restait plus un seul quand nous arrivâmes à
la hauteur des côtes d'Europe.

Le jaguar (tigre d'Amérique) exerce dans les parcs
de bœufs, de chevaux et de moutons les mêmes ravages que le singe dans les champs de canne et de maïs.
Moins courageux ou moins avide de sang que son aîné

de l'ancien monde, il est rare qu'il attaque l'homme. Un nègre de la province de Minas m'a raconté que, revenant de la chasse un dimanche, il aperçut tout-à-coup à dix pas de lui, sur la lisière de la forêt, au milieu de l'étroit chemin, une *onça* (jaguar) qui le regardait fixement, accroupie sur un tronc d'arbre. La situation était critique pour le pauvre chasseur. Son fusil déchargé n'était plus qu'une arme inutile dans ses mains, et d'un autre côté il était dangereux de reculer. Un moment l'idée lui vint de jeter au tigre le singe qu'il venait de tuer et de prendre la fuite à la faveur de cette diversion ; mais ce gibier représentait le dîner de sa famille, et le manque de munitions ne lui permettait pas de se remettre en chasse. Il prit alors le parti de braver les deux jets de flamme que dardaient les yeux braqués sur lui et de continuer sa marche en obliquant toutefois, afin de maintenir une distance respectueuse. Ce sang-froid et cette marche oblique imposèrent à l'animal. Est-il besoin d'ajouter qu'il était très probablement repu.

Dans les *campos* du sud, les jaguars font quelquefois de grands ravages, et il leur est arrivé maintes fois, au dire des gens du pays, de *croquer* un Indien. Leurs attaques ont surtout lieu pendant la nuit dans les campements des voyageurs. Si les caravanes manquent, ils vont se placer en embuscade dans les bois de pêchers, très communs dans ces contrées, et y guettent les rongeurs qui se nourrissent de leurs fruits. Comme l'Indien, le jaguar ne se plaît que dans les immenses solitudes des forêts vierges. Chaque jour il recule devant la hache du colon qui envahit de plus en plus ses retraites; aussi commence-t-il à devenir rare dans les environs des cités populeuses de l'Atlantique et des grandes *fazendas* de la côte. Quelques têtes de bétail enlevées la nuit dans les *pastos* (pacages) à de longs intervalles, indiquent aux colons une *onça* de passage plutôt qu'un voisin dangereux, et personne n'y fait grande attention; aussi le véritable chasseur de tigres dans l'Amérique du Sud est-il le *gaucho* des provinces de la Plata. Il va à la rencontre de son terrible adversaire avec son cheval et ses *bolas*, et le lace comme il ferait d'un cerf ou d'un bœuf sauvage. Cette chasse, qui paraîtrait des plus périlleuses à nos Européens, est chose si simple pour un *gaucho* qu'il vous donne une magnifique peau de tigre pour dix francs. La robe du jaguar rappelle assez celle de la panthère d'Afrique. Les dimensions des deux espèces sont aussi à peu près les mêmes. Du reste les variétés de la race féline ne manquent pas dans cet immense continent. Outre le couguar et l'once noire, qui semblent plus spécialement confinés dans certaines régions, on trouve à chaque pas des chats sauvages, dont le nombre s'explique aisément par la multitude de rongeurs qu'alimentent les arbres de la forêt.

Le *cachorro do mato* (chien des bois), qu'on rencontre aussi quelquefois, est une espèce de renard plutôt qu'un chien sauvage. Ces animaux causent beaucoup de ravages dans les fermes; le nom du *gato do mato* (chat des bois) surtout revient souvent dans les plaintes des colons. Toutes les volailles et tous les jeunes animaux domestiques qui disparaissent de la plantation sont invariablement censés devenir sa pâture. C'est en effet un voisin très dangereux pour les fermes et difficile à apprivoiser. Un jeune chat, que l'on venait de prendre dans la forêt et qu'on m'avait apporté, préféra se laisser mourir de faim plutôt que de toucher à la moindre nourriture. Je n'avais cependant rien négligé de ce qui pouvait flatter ses goûts, car je lui avais donné jusqu'à de petits animaux vivants. Il vécut près d'une semaine, ne cessant de miauler nuit et jour et cherchant à mordre tout ce qui approchait de sa cage. Il faut ajouter que si le *gato do mato* pouvait plaider sa cause, il rejetterait probablement une bonne partie des déprédations qu'on lui impute, sur le compte des noirs qui rôdent la nuit autour des habitations, et quelquefois même sur celui des *feitors* préposés à la garde des basses-cours. D'un autre côté cet animal n'est pas sans rendre de grands services aux colons, car c'est un des plus mortels ennemis de la *cobra* (serpent). Dès qu'il aperçoit un de ces animaux, il va résolûment à lui, s'arrête à quelques centimètres de distance pour épier ses mouvements, évite ses morsures avec une dextérité surprenante, et quand il croit le moment favorable, bondit sur la tête du reptile et la broie d'un seul coup.

Le chat domestique rend dans les *fazendas* le même service que son congénère des bois. Sans lui, les maisons deviendraient inhabitables. Tous les rez-de-chaussée sont élevés de quelques degrés en prévision des pluies du solstice, et le sous-sol serait bientôt converti en nids à serpents, si les matous n'y circulaient pas.

Aussi les maçons ont-ils soin de pratiquer dans les murs des ouvertures à leur usage. Ces services, quoique réels, ne doivent pas cependant être exagérés. La *cobra* n'est guère plus dangereuse que le jaguar, bien qu'elle fourmille dans toute l'Amérique du Sud. Cet animal craintif fuit au moindre bruit, et n'use de ses redoutables crochets que lorsqu'on marche sur lui. J'ai vu plusieurs fois des esclaves mordus dans les champs par une espèce des plus venimeuses, le *jararaca* trigonocéphale, très commun au Brésil, et il n'en est jamais résulté d'accidents sérieux ; il est vrai que ces pauvres gens avaient soin de sucer la plaie immédiatement après la piqûre.

Telle est pourtant l'aversion instinctive des nègres pour ce reptile, que beaucoup d'entre eux recevraient la bastonnade plutôt que de consentir à toucher et surtout à profaner un serpent mort. Je ne saurais dépeindre la stupeur qu'ils éprouvaient toutes les fois qu'ils me voyaient disséquer un de ces animaux. Les *senhoras* sont moins difficiles, car beaucoup d'entre elles ne se font pas scrupule de porter des bracelets de serpent faits avec la peau d'une espèce, le *corail*, dont le nom rappelle assez les riches couleurs. Pour tuer un reptile, les nègres se contentent d'appliquer un coup de baguette sur une partie quelconque de l'animal ; ce coup suffit pour briser une vertèbre de l'épine dorsale et empêcher le serpent de fuir. Il n'y a plus alors qu'à le frapper à deux ou trois reprises sur la tête pour l'achever. On voit maintes fois des négrillons de sept ou huit ans venir à bout, avec une simple baguette, de serpents venimeux aussi longs que nos couleuvres d'Europe. Dans la saison des orages, lorsque les pluies ont rempli toutes les fissures du sol, il n'est pas rare de voir ces animaux chercher un refuge dans les appartements et se blottir sous les lits. Le nègre et l'Indien, obligés de vivre journellement côte à côte avec ce terrible voisin, en remontreraient à bien des naturalistes sur les indices qui révèlent un serpent venimeux et sur le degré d'énergie de son venin. Un cou effilé, une tête large et aplatie, sont les caractères les plus redoutables; des couleurs brillantes sont aussi un pronostic des plus dangereux. La femelle est plus à craindre que le mâle, la saison des amours décuple la puissance de ses poisons.

Quant aux gros boas, ils disparaissent avec les grandes forêts, et il faut s'enfoncer dans les contrées de l'intérieur pour trouver des individus de grande taille. Leur peau, d'une ténacité extraordinaire, sert à recouvrir des malles en guise de peau de bœuf. Les habitants des pays voisins des forêts et des fleuves prétendent rencontrer quelquefois de ces animaux d'une longueur démesurée. Les naturalistes de leur côté, ne possédant que des échantillons de quelques mètres de long, ont fixé à quarante ou quarante-cinq pieds le maximum des plus grandes espèces, et je crois devoir cette fois me ranger du côté des Indiens. Les autorités ici ne manquent pas.

En Afrique, on trouve d'abord deux serpents en quelque sorte historiques, l'un de soixante-quinze pieds de long, l'autre de cent vingt. Le premier, dont parle

Suétone, parut dans le cirque sous le règne d'Auguste; l'autre, connu de tout le monde, est ce monstrueux reptile que les soldats de Régulus attaquèrent comme une forteresse vivante sur les bords du fleuve Bagrada, dans le territoire de Carthage. Sa peau, envoyée à Rome et déposée au Capitole, y resta jusqu'à l'incendie qui détruisit cet édifice lors de la guerre de Numance.

L'Inde nous offre aussi deux serpents gigantesques cités dans l'*Oriental Annual* : l'un, de soixante-trois pieds de long, fut tué par quatre matelots anglais à l'embouchure de l'Hougly, à trente-trois lieues de Calcutta; l'autre fut trouvé mort dans une chasse par le rajah de Patna. Sa carcasse mesurait quatre-vingt-quinze pieds, et une vertèbre de l'épine dorsale qu'emporta le rajah présentait plus de quatorze pouces de diamètre.

Dans l'Amérique du Sud, on a pu noter deux faits qui sont plus rapprochés de nous et semblent encore plus concluants. M. de Castelnau, lors de l'exploration qu'il fit, il y a quelques années, sous les auspices du gouvernement français, dans le bassin de l'Amazone, rencontra un missionnaire qui avait un jour poursuivi, à la tête d'une centaine d'Indiens, un serpent de quatre-vingt-dix pieds de long; mais l'animal avait réussi à s'échapper. Dans un autre récit, il est aussi question d'un *padre* des environs du Rio-Madeira, qui vit un jour ses ouailles se diriger effarées vers la colline où était situé le presbytère. Ces pauvres gens fuyaient la peste causée par le cadavre d'un serpent monstrueux échoué sur les bords du lac qu'ils habitaient. Sa longueur était de plus de cent pieds. Un homme, monté sur une barque, avait peine à atteindre son dos.

Il est probable qu'on trouverait encore d'autres faits analogues en compulsant les relations de voyages ; mais ceux que nous venons de citer nous semblent suffisants. La constitution anatomique du serpent se prête merveilleusement à ces dimensions démesurées. La charpente de ce reptile n'est pour ainsi dire qu'une suite indéfinie de vertèbres : pas de membres, pas de sternum, rien qui puisse fixer un terme à son développement. Il en résulte comme une liane vivante luttant de spires et de souplesse avec la liane de la forêt, et n'ayant pour ainsi dire d'autres limites que les siècles et les sauvages proportions des déserts qui la protégent.

On a vu que le chat sauvage était un des ennemis les plus acharnés du serpent. Un autre adversaire non moins redoutable est le *lagarto* (lézard). Cet animal, qui atteint d'assez fortes proportions, est armé d'une queue très flexible. Il ne rencontre pas une *cobra* sans l'attaquer et lui livrer un combat d'où il sort toujours victorieux. Sa tactique est des plus simples. Dès qu'il aperçoit son ennemi, il s'arrête immobile. Celui-ci hésite d'abord, puis, reprenant courage, s'avance en rampant, dardant sa double langue et dressant de temps à autre sa tête plate comme pour calculer la distance. Au moment où il s'apprête à s'élancer, le *lagarto*, prenant tout à coup l'offensive, pirouette rapidement sur lui-même et fait décrire à sa queue une courbe qui, avec la force d'un coup de fouet, brise l'épine dorsale du serpent. Si le lézard se sent mordu, il quitte le champ de bataille et se glisse aussitôt dans les fourrés, où il mâche quelques herbes qu'il connaît instinctivement comme antidote du venin. C'est, dit-on, en suivant ses traces, que les nègres et les Indiens sont arrivés à connaître les plantes renommées contre la morsure des serpents.

Les inondations diluviennes du solstice et surtout les incendies des forêts sont encore de puissantes causes de destruction pour cette race malfaisante. Telle est cependant la nature prolifique des reptiles que, malgré tant d'éléments et d'ennemis qui les poursuivent jusque dans leurs retraites, ils pullulent sur tout le continent. Les grandes espèces seules semblent se retirer, comme on l'a déjà dit, partout où disparaissent les forêts, et se confiner dans les vastes solitudes de l'intérieur. Le même fait se reproduit pour tous les grands animaux en quelque lieu que l'homme pose le pied. Le froid n'est pas l'ennemi du serpent, autant qu'on pourrait le croire, car on trouve certaines espèces des plus dangereuses, comme le serpent à sonnettes, jusque dans les contrées montueuses où l'hiver n'est pas moins rigoureux que dans les Alpes. Aussi ne peut-on s'expliquer la rareté des accidents qui se produisent sur les plantations que par la nature craintive du reptile, qui le porte à fuir au moindre bruit. Il faut qu'il soit pressé par la faim pour qu'il fasse preuve de hardiesse et prenne l'offensive. Encore le voit-on d'ordinaire pousser très loin la prudence et choisir habilement son heure : c'est ainsi que dans les battues que l'on fait à travers bois il trouve souvent moyen de dîner aux dépons des chasseurs. Il n'est pas un braconnier dans toute l'Amérique du Sud qui n'ait à vous parler de ses rencontres fortuites avec ce terrible voisin. Ces histoires, dépouillées de tout le luxe des variantes, peuvent se réduire à ceci : un *passarinho* (oiseau) que vous venez de tirer, dégringole de branche en branche, et vous vous disposez à le mettre dans votre carnassière, lorsque vous l'apercevez, à demi englouti déjà, dans la gueule d'une énorme *cobra* qui vous a devancé. Un chasseur novice s'enfuit à toutes jambes ; mais celui qui a de l'expérience et du sang-froid attend que l'animal ait fini d'avaler sa proie, glisse une balle dans son fusil et la lui envoie à la tête. Il sait d'ailleurs qu'il n'a rien à craindre. En effet, le corps du serpent, se dilatant outre mesure pour engloutir sa victime, lorsque celle-ci est de forte dimension, se déforme complétement et ne rappelle bientôt que la masse indistincte d'un animal court et ramassé. Jamais métamorphose plus complète ; on ne voit plus qu'une gibbosité irrégulière qui, comme une enflure énorme, attire à elle toutes les forces de la vie et va faire éclater la peau. Tout mouvement est désormais impossible. C'est là en partie le secret de l'engourdissement où sont plongés tous les reptiles qui, après avoir avalé leur proie, ont à mener à bonne fin une digestion laborieuse.

Dans ces dernières années, on a cherché à utiliser le venin de la *cobra*. La médecine homœopathique y trouve, dit-on, un remède héroïque pour combattre certains empoisonnements ; on a tenté encore, mais sans succès jusqu'ici, d'y découvrir un antidote contre l'éléphantiasis, qui fait tant de ravages dans ces pays chauds et humides. Les gens de couleur, qui colportent ce médicament, tâchent de prendre de jeunes serpents, les mettent dans des cages *ad hoc*, et de temps en temps leur présentent à travers les barreaux une baguette de bois dur. L'animal s'irrite contre l'objet qui vient troubler son repos et le mord à pleines dents. Au bout de trois ou quatre morsures, son venin est épuisé, et on recueille le liquide qui découle le long du bâton.

Les *cobras* qui n'ont pas de venin sont utilisées d'une autre façon. Dans le bassin des Amazones, certaines espèces de petits boas, *giboya*, sont apprivoisés et font dans les maisons l'office du chat. Le serpent est très friand de petits animaux et délivre les habitations d'une foule de rongeurs et d'insectes qui pullulent dans les fermes. Le voyageur qui n'est pas prévenu est quelquefois surpris de rencontrer le soir un de ces hôtes inattendus se dirigeant vers la porte de l'habitation et traversant paisiblement la salle, non sans jeter un coup d'œil oblique et inquiet sur l'étranger. Les gens de la maison jouent avec lui et se laissent entourer, sans crainte de ses replis zébrés. D'ordinaire il sort le matin dès que les rayons du soleil ont assez de force pour chasser les fraîcheurs de la nuit, gagne la forêt voisine, où il passe sa journée à la poursuite du menu gibier, et rentre dans sa niche avant la nuit. Ce qu'on voit au Para se retrouve dans les colonies hollandaises de Java, et probablement aussi dans d'autres contrées. On peut dire qu'il n'est pas d'animal qui n'ait un côté humain. Les prêtres de Memphis élevaient des crocodiles et en faisaient des dieux. Les anciens Bretons dressaient le renard à la chasse, comme les Basques d'aujourd'hui exercent l'ours à la danse. Il n'y a guère que le tigre qui ait fait la sourde oreille aux avances de l'homme. Il sent qu'il ne pourrait que perdre au change et qu'il vaut mieux être roi dans le désert.

Un autre voisin non moins incommode que le serpent et le jaguar, c'est le *jacaré* (caïman). Son industrie s'exerce le long des rivières qu'il remonte partout où s'élèvent des habitations, faisant gibier de tous les animaux domestiques, canards, oies, porcs, etc., qu'il rencontre sur le bord. Cet animal met souvent en défaut la sagacité des Indiens et des nègres aussi bien que celle des naturalistes, car il est impossible, au dire des plus fins connaisseurs, de distinguer l'espèce inoffensive (*jacaré manso*) de celle qui se jette sur l'homme (*jacaré bravo*). Sa vie aquatique et sa station horizontale présentent un singulier phénomène. Sa peau rugueuse arrête au passage les graines des plantes et le limon des mares qu'il habite de préférence. Ces graines germent rapidement dans un milieu si favorable, et il n'est pas rare de voir des touffes de végétation sur le dos des vieux caïmans qui fréquentent les endroits marécageux. Les nègres plus soucieux du merveilleux que de la simple réalité, prétendent que certains individus portent jusqu'à des arbustes sur leur carapace noueuse[1].

La chasse au caïman est des plus malaisées, non

---

[1] Il va sans dire que ces touffes ne sont autre chose que des mottes de terre qui peuvent disparaître du jour au lendemain, sauf à être remplacées par d'autres.

qu'il soit difficile d'approcher cet amphibie : il suffit de se promener sur le bord d'une rivière, lorsque le soleil se montre après un orage, pour voir ces monstres allongés sur le sable et livrés au travail intérieur de la digestion dans une immobilité absolue ; mais les balles s'aplatissent sur leur peau, il n'y a guère que le défaut de l'oreille où elles puissent pénétrer. Dès que l'animal se sent atteint, il se précipite dans l'eau en faisant une cabriole et en poussant un sourd mugissement. Si le coup a bien porté, on le voit bientôt reparaître inerte au milieu de la rivière, couché sur le dos. La mort d'un jacaré est une fête pour la plantation. Un plongeur va lui passer une corde sous les épaules, et tous les négrillons, se mettant à la file, le remorquent jusqu'à ce qu'on arrive à un arbre ou à un poteau. Là on hisse le monstre. Dès qu'il est suspendu, quelques-uns des plus intrépides s'approchent et essaient de grimper sur lui ; mais très peu osent se risquer. Quand la bande l'a suffisamment contemplé, on se met en devoir de l'écorcher. La peau lisse du ventre sert à fabriquer des pantoufles très élégantes. La queue est un régal pour les nègres, et probablement aussi pour beaucoup d'individus de la basse classe, malgré une odeur de musc très prononcée.

Si l'on en croit les gens du pays, il paraîtrait que les hommes de couleur ne sont pas les seuls à rechercher ce morceau, et que le jaguar ne dédaigne pas d'y goûter quand l'occasion se présente. Seulement, il faut l'avouer, le tigre se montre dans cette occasion moins barbare que l'homme. Celui-ci sacrifie l'animal tout entier, prend le morceau qu'il convoite et abandonne le reste aux *urubûs* (vautours). Le jaguar trouve moyen de satisfaire aux exigences de son appétit, tout en laissant la vie sauve à la victime. Rien de plus simple du reste que sa manière de procéder. Connaissant les heures que le jacaré consacre d'ordinaire à la sieste, il va s'embusquer dans les hautes herbes qui bordent le sable de la rivière, examine à loisir la position du saurien et se place en conséquence. Tout à coup on voit au milieu d'un tourbillon de poussière le caïman bondir en sursaut et plonger dans le fleuve. Une traînée de sang indique seule le dénoûment, car, aussi prompt que l'éclair, le tigre a disparu sous bois. Malgré ce qu'on raconte à ce sujet, comme les vertèbres caudales, très fortes chez ces amphibies, ne se laissent pas facilement entamer, même par des dents de jaguar, j'inclinerais à croire que ces morsures ne peuvent être faites que dans le jeune âge, et que ce sont le plus souvent les vieux alligators eux-mêmes qui se régalent ainsi aux dépens de leur postérité. Tout le monde sait que ces monstres sont peu scrupuleux à l'endroit de leurs semblables, et que l'instinct de la paternité est complétement nul chez cette race.

On peut dire en somme que le caïman est peu à craindre. Il ne devient dangereux que pour les baigneurs imprudents. Sur le sable, il se traîne assez péniblement, et sa raideur est telle qu'il ne peut se retourner qu'en exécutant un mouvement complet de rotation. Ses pattes, façonnées pour la nage, se refusent à la marche et ne l'aident que difficilement. Il vit d'ordinaire de poisson; mais il ne néglige pas le gibier des bois. La première fois que je remontais les rives du Parahyba, surpris de ne rencontrer aucun de ces amphibies, je témoignai mon étonnement au guide.

— Rien de plus facile que de contenter le *senhor*, reprit mon cicerone avec un sourire d'orgueil, et, donnant un léger coup de pied à un œuf qui se montrait sur le sable, il en fit sortir un petit caïman plus gros que nos lézards, et qui fit mine de se diriger vers le fleuve. Comme je me disposais à le saisir, il s'arrêta pour me montrer sa gueule et chercher à mordre mes doigts. J'avais peine à comprendre qu'un tel animal pût sortir d'un œuf. Il avait deux ou trois fois la longueur de la coque où il se tenait enroulé sur lui-même.

— Et où sont les gros? dis-je à mon guide quand j'eus fini avec les petits.

— Les gros ne sont pas loin non plus; ils nous voient sans que nous les apercevions; mais je vais les forcer à montrer le nez. — Et il se mit à viser un gros *papagaio* (perroquet), perché sur un des arbres qui bordaient le fleuve. Le coup partit, et je vis l'oiseau dégringoler de branche en branche. Il avait à peine atteint le niveau de l'eau que deux ou trois grosses têtes de caïmans s'élevèrent pour saisir cette proie.

Tels sont les hôtes de la forêt les plus remarquables par leur force ou par les dégâts qu'ils causent aux plantations. Il n'y a rien à dire des timides et inoffensifs rongeurs et herbivores qui leur servent de pâture; ils sont bien connus; ajoutons seulement, à l'adresse des disciples de saint Hubert, que les sangliers et les cerfs (*veados*) fourmillent dans les bois vierges du Brésil. Le lièvre y est représenté par l'agouti, et je ne crois pas que les habitants aient perdu au change. Ils ont de plus que nous le tapir, le tatou, la sarigue, etc. On peut recommander la chair de ces derniers, qui est réellement exquise. Dans les *campos* du sud, les *gauchos* poursuivent de leurs *bolas* le *nandû*, espèce d'autruche plus petite que celle d'Afrique, mais non moins agile que les chevaux et les bœufs sauvages. Généralement ces animaux sont d'une taille moins élevée que ceux de l'ancien monde. Ils ont une chair plus savoureuse, mais aussi peut-être plus coriace. C'est absolument le contraire des fruits, qui sont généralement trop doux et trop sucrés. L'humidité et la chaleur ont changé la pulpe en mélasse, et le palais européen y cherche en vain l'acidité rafraîchissante des fruits de nos vergers.

Je ne parlerai pas non plus des innombrables légions d'oiseaux qui animent les solitudes des forêts vierges. Il n'est pas une Parisienne qui n'ait jasé avec un ara, un cacatoès ou une perruche, et on ne trouverait pas un musée de province qui ne possède sa collection d'oiseaux-mouches, fleurs vivantes qui semblent résumer toutes les merveilles des tropiques. La plus importante de ces tribus ailées est sans contredit celle des vautours. Tous les animaux de cette immense famille se font remarquer par leur tournure gauche, leur cou presque pelé, leur robe plus ou moins noire, leur bec long et crochu et certaine atmosphère de vermine qui semble suinter de leurs plumes. Le plus célèbre d'entre eux est l'*urubú*, sur lequel nous aurons bientôt occasion de revenir. De tous les hôtes de la forêt, c'est celui qui rend le plus de services aux habitants. On pourrait l'appeler la Providence du pays. Jadis on lui eût dressé des autels. Aujourd'hui on se contente de le déclarer inviolable et de préserver sa personne des effets du plomb. Certaines contrées ont même rédigé un Code en son honneur. A Lima, tout individu convaincu du crime de lèze-*urubú* devient passible d'une amende qui peut s'élever, suivant la gravité du cas et les suites du sacrilège, jusqu'à 500 piastres (2,500 fr.). Ce taux indique assez le prix qu'on attache à la conservation d'une vie si précieuse. Comme le Pernoctère des Musulmans, il débarrasse les pays des immondices que le désert semble vomir par tous ses pores. L'impunité dont jouit cet oiseau-chacal l'enhardit au point de le rendre impudent. Parfois cependant il trouve un maître dans le sarcocampe, autre vautour plus fort que lui et non moins glouton. Inoffensives du reste, toutes ces espèces ne sortent jamais de leur rôle de croque-mort, si ce n'est leur chef de file, le condor, qui découvrant de sa perçante vue une vache mettre bas, se précipite aussitôt dans la plaine, et vient disputer à la pauvre mère le petit veau qui vient de naître.

Cependant, malgré le nombre et les appétits de ces terribles hôtes des solitudes, condors, tigres, boas, chats sauvages, caïmans, ce n'est pas en eux que l'on doit voir les plus grands obstacles à la colonisation. Enfants du désert, il leur faut les grands bois, les retraites profondes; ils reculent d'eux-mêmes devant le vide que le feu du colon agrandit chaque jour. Le véritable fléau de la forêt vierge, celui qui après les miasmes fiévreux cause le plus de tort aux défrichements naissants, ce sont les invasions de ces myriades d'animalcules qui remplissent à la fois l'air, le sol et la forêt, et auxquels nul être ne peut échapper. Sans essayer un dénombrement impossible, nous nous bornerons à montrer les principaux, en donnant la préséance au plus petit, qui est en même temps le plus célèbre de tous.

Pour peu qu'on soit observateur, on n'est pas longtemps sans remarquer que certains noirs ont perdu les dernières phalanges des orteils. Celui qu'on interroge sur la cause de cette disparition répond invariablement:

He Bicho (c'est l'animal).

Une telle réponse redouble la curiosité au lieu de la satisfaire, et l'on demande quel est cet animal. Etonné à son tour que la phrase paraisse insuffisante, l'interlocuteur se décide à ajouter un troisième mot :

— *Bicho dos pes* (animal des pieds).

— Mais comment est cet animal ?

— *Não sei, senhor*.

Ici se termine le dialogue. Le noir a épuisé sa science, et il serait inutile d'insister : libre au voyageur de faire de conjectures sur cet animal impossible, en attendant de plus amples explications, qui d'ailleurs ne tarderont pas à venir.

A quelques jours de là, ayant occasion de passer une nuit sous un *rancho* ou dans une *venda*, le voyageur sent des picotements aux pieds comme s'il s'agissait d'une petite épine. Il prie une âme charitable de vérifier et de procéder à l'extraction (il faut bien se garder surtout de s'adresser à un blanc ou à un homme libre), et l'opérateur montre bientôt un point noir au bout d'une épingle. En même temps deux énormes rangées de dents blanches s'ouvrent au milieu de leur cadre d'ébène, et le patient entend répéter la formule qu'il connaît déjà : *He Bicho*. Il tire alors sa loupe de l'étui de voyage, non sans un certain hochement d' tête; mais il ne tarde pas à se convaincre que le noir disait vrai : il a sous les yeux un véritable insecte, avec antennes, pattes, suçoir, thorax et abdomen. C'est le fameux *bicho dos pes*.

Le *bicho*, que Linné a si heureusement appelé *pulex penetrans* (puce pénétrante), est tout simplement, comme son nom l'indique, un animalcule du genre puce, de dimensions tellement réduites qu'il est à peine visible à l'œil nu. Cette taille microscopique lui permet de s'introduire sous l'épiderme, où il trouve à la fois un gîte, des provisions inépuisables et une douce température pour faire éclore ses œufs. Ces œufs, qui à la loupe ont l'air de petits haricots, sont contenus dans une poche blanche que l'animal file aussitôt après son introduction. Cette poche n'enveloppe d'abord que la partie moyenne du *bicho*, et offre alors l'apparence d'une zone blanchâtre terminée par deux points noirs qui représentent l'un la tête, l'autre l'extrémité de l'abdomen; ce dernier disparaît aussi bientôt, et au bout de quelques jours la poche atteint le volume d'un petit pois et enveloppe le *bicho* tout entier. Une petite dépression au milieu, terminée au fond par un point noir, indique la tête.

Les esclaves, allant toujours nu-pieds et ayant par conséquent l'épiderme excessivement dur, ne s'aperçoivent guère de la présence du *bicho* qu'au bout de plusieurs jours, lorsque la poche abdominale, grossissant sans cesse, force les chairs à s'écarter, et par suite provoque l'inflammation. Avertis alors par la douleur, ils retirent l'animal avec la pointe d'une épingle ou d'un couteau. J'ai vu une fois une jeune négresse armée d'une énorme cheville en fer et travaillant le pied de sa grand'mère comme un maréchal-ferrant travaillerait le sabot d'un cheval. Il est vrai que l'épiderme de la pauvre vieille était tellement durci par les ronces et les cailloux, qu'on pouvait enfoncer de plusieurs millimètres sans atteindre le vif. Souvent un opérateur maladroit perfore la poche abdominale, et laisse ainsi les œufs dans la plaie. Ces œufs éclosent ou pourrissent, et dans les deux cas augmentent l'inflammation. Souvent aussi on ne retire qu'un fragment du *bicho* qui s'accroche aux chairs dès qu'il se sent menacé. De là, nouvelle douleur les jours suivants, et nouvelles extractions. Après chaque opération les gens du pays improvisent un pansement avec un peu de tabac, de chaux, de cendres ou de calomel; mais cette méthode, bonne pour l'épiderme ligneux du nègre, devient souvent insuffisante pour les pieds délicats des Européens. Pendant plusieurs jours, il faut visiter la plaie et la laver avec soin. On a remarqué que les colons étaient plus sujets à l'invasion de ces animalcules pendant la première année de leur séjour dans le voisinage des forêts vierges. Cela s'explique : d'un côté le soleil durcit l'épiderme, de l'autre on s'habitue à prendre des précautions.

Le *carrapato* (*acarus americanus*) est un autre parasite moins dangereux que le *bicho*, mais peut-être plus douloureux. C'est un acare dans le genre de celui que les paysans appellent *pou des bois*. Très avide du sang de l'homme et des animaux, il introduit son suçoir dans les chairs et ne s'en détache que lorsque, gonflé outre mesure, ses muscles ne peuvent plus le soutenir. Sa présence se révèle par une douleur cuisante et un bouton rouge à la surface de la peau, et dont il occupe le milieu. Les nègres se contentent, pour s'en débarrasser, de le saisir avec le bout des ongles et de l'extraire; mais l'animal, cramponné avec ses pattes se laisse, comme le *bicho*, couper en deux plutôt que de lâcher prise. Ces fâcheux parasites, le *carrapato* et le *bicho*, disparaissent pendant la saison pluvieuse, soit qu'ils se laissent entraîner par les torrents de pluie qui tombent alors journellement, soit que l'instinct de la reproduction ou de la conservation personnelle les fasse rentrer dans leurs nids, situés probablement dans les fentes des arbres, des pierres ou des murailles. Toujours est-il qu'on n'en voit guère de gros au retour du beau temps. En revanche, tous les buissons et toutes les feuilles des arbres sont criblés de myriades de petits *carrapatos* qui, au bout de quelques semaines, deviennent adultes et acquièrent bientôt le volume de leurs prédécesseurs. Malheur alors aux chasseurs inexpérimentés qui entrent dans les taillis, ou aux *senhoras* qui s'asseoient imprudemment sur le gazon ! J'ai vu des

Brésiliens se lever au milieu de la nuit après une course dans les bois et se précipiter dans le ruisseau voisin afin d'échapper au feu qui les dévorait. Les Noirs et les Indiens plus que tous les autres, sujets à ces invasions, s'en débarrassent en se frottant le corps avec une infusion de feuilles de tabac : le véritable remède consiste à verser sur chaque plaie une goutte d'alcali qui asphyxie l'animal et amortit l'inflammation.

Malgré leur nombre et la triste célébrité qui s'attache à leur nom, le *bicho* et le *carrapato* ne sont pour ainsi dire que d'inoffensifs animalcules perdus dans ce déluge d'insectes qui emplissent la péninsule brésilienne de leurs redoutables légions. Les bords des fleuves, le voisinage de l'Atlantique, les contrées marécageuses, sont pour eux autant de centres de prédilection. Comme pour les plantes, on peut dire que chaque région a sa faune ailée caractéristique. L'immense bassin des Amazones en montre à la fois tous les échantillons, depuis l'imperceptible *bicho dos pes* jusqu'à ces araignées monstrueuses dont la vue inspire autant de dégoût que d'effroi. Le nom de *terre des monstres*, que Pline le naturaliste donnait à l'Afrique, ne pourrait-il pas s'appliquer plus justement à ces brûlants estuaires de l'équateur dont le limon noir et putride semble faire sortir la vie du bouillonnement même de ses effluves ? Rien de plus varié et de plus étrange que ces myriades d'insectes fourmillant sous vos pieds ou bourdonnant dans l'espace. Le voyageur qui tombe tout à coup au milieu de cette sauvage nature, ne sait d'abord ce qu'il doit le plus admirer, des splendeurs végétales ou des merveilleux animalcules dont le nombre ne peut être comparé qu'à celui des grains de sable qui recouvrent les rivages de l'Océan ; mais bientôt les aiguillons acérés qui s'enfoncent dans les chairs le rappellent brusquement à des idées moins riantes. Comme les oiseaux de proie, avec lesquels ils offrent plus d'un trait de ressemblance, les parasites à suçoir ou à mandibules peuvent se diviser en deux groupes également redoutables. Les uns, tirant leur énergie de la chaleur seule, attendent que l'atmosphère soit embrasée avant de chercher fortune au dehors, et se montrent d'autant plus acharnés sur l'épiderme de leur victime que le soleil est plus ardent. Les seconds ne sortent de leurs retraites qu'aux premières ombres du crépuscule et font leur chasse dans les ténèbres. D'une couleur plus sombre que les premiers, ils les égalent par leur nombre et la violence de leurs aiguillons. Leurs yeux, d'une grosseur démesurée, expliquent leurs habitudes nocturnes et l'instinct qui les porte à fuir le jour. Dans mes heures d'insomnie, je me suis souvent amusé à étudier l'effet que produit la lumière sur ces animaux. A peine la bougie est-elle éteinte que des légions de gros insectes plats, sortis de toutes les fissures des murs, des portes et du plancher, se promènent dans votre chambre, sur vos meubles et jusque sur votre lit. Le bruit d'une allumette les fait disparaître avec une promptitude merveilleuse. C'est à peine si vous avez eu le temps d'entrevoir des ombres grises ou noires s'évanouir le long des murs. La première fois que je me vis le jouet de ces apparitions insaisissables, je fus longtemps avant de reconnaître le signalement de mes visiteurs. Après plusieurs essais inutiles, j'imaginai de placer à terre, sur le bord de mon lit, quelques miettes de *rosca* (biscuit), dont ces bêtes sont très friandes; par-dessus je posai une planche que je soulevai légèrement par un bout à l'aide d'une corde, et je soufflai ma bougie. Quelques secondes après, dès que je compris, à certain bruissement, que les maraudeurs étaient à l'œuvre, j'abandonnai le fil. La planche, tombant de tout son poids, atteignit une douzaine de délinquants, et je vis que j'avais affaire à des blattes. Malheureusement pour le colon, tous les diptères n'ont pas le nerf optique aussi sensible à la lumière. Pendant les nuits chaudes de l'été, quand on laisse les portes et les fenêtres largement ouvertes pour respirer à l'aise la fraîcheur du dehors, on aperçoit, au bout de quelques minutes, que la lampe est voilée par des myriades de maringouins; en même temps un bourdonnement assourdissant envahit la salle. Impossible de goûter un instant de sommeil, à moins d'être abrité par un moustiquaire. Cette précaution elle-même n'est pas toujours suffisante, car quelques-uns de ces animalcules sont si ténus qu'ils parviennent à passer à travers les mailles de la gaze. Cette facilité qu'ont certaines de ces bestioles à traverser les tissus tient même parfois du prodige. Un colon allemand de Rio-Janeiro me racontait un jour avec une parfaite bonne foi qu'il avait vu des fourmis naître spontanément dans les fromages qu'il préparait. Sa croyance se fondait sur ce qu'après avoir en mainte occasion ficelé une serviette autour d'un pot de lait caillé, il avait trouvé le lendemain ses provisions envahies par ces fourmis microscopiques, preuve évidente qu'elles venaient de naître. Me voyant hocher la tête à son récit, il se piqua d'honneur et m'offrit de répéter l'expérience devant moi. J'acceptai, à la condition toutefois qu'il placerait son pot dans un vase contenant un peu d'eau. Il va sans dire que le lendemain le fromage était intact; seulement l'eau du vase contenait une assez grande quantité de cadavres de fourmis de toutes les grosseurs. Dans le nombre se trouvaient quelques-unes de ces fourmis microscopiques qui, les jours précédents, ne rencontrant pas de liquide, pénétraient à travers le tissu de la serviette.

Cette précaution est la seule efficace quand on veut préserver quelque chose des ravages des fourmis. Rien de plus destructeur que cet animal : il se glisse dans les malles, court sur les assiettes, se loge dans les meubles, dévore les livres, le linge, les provisions. A certaines époques, dans bien des contrées, on voit tout à coup hommes et bêtes quitter le logis et s'enfuir en toute hâte comme devant un ennemi invisible. C'est une tribu de fourmis qui s'avance en colonne serrée, dévorant tout sur son passage. Quelques oiseaux escortent les voyageuses, mais seulement sur les flancs et les derrières de l'armée, becquetant les retardataires ou celles qui sortent des rangs. Ces migrations, qui rappellent celles des lemmings sur les bords de la Mer-Glaciale ou des sauterelles en Afrique, n'ont pas encore été expliquées jusqu'ici. La multiplication de cet insecte est si rapide, l'association si fortement organisée et ses mandibules si audacieuses, que l'on s'est demandé sérieusement si ce ne serait pas là le véritable *conquistador* du Brésil, et si la *fazenda* souterraine n'aurait pas raison un jour du *rancho* bâti au-dessus. Toujours est-il qu'en dépit du *formigueiro* [1], des incendies et des inondations, on voit chaque jour des colons se retirer devant cet infatigable envahisseur. Ajoutons cependant que cet animalcule ainsi que plusieurs autres tribus d'insectes n'est pas moins utile que l'*urubú* dans l'assainissement de la forêt. Tout ce qui échappe à la voracité des vautours, devient la proie des infiniment petits.

Comme par une sorte de bizarre compensation, c'est dans ces mêmes contrées que se trouvent ces brillants coléoptères qui font à si juste titre l'étonnement de tous les voyageurs. Rien de plus gracieux et de plus varié que leurs formes et les reflets qui s'échappent de leurs élytres. On dirait des pierres précieuses travaillées par des mains féeriques et illuminées des couleurs de l'arc-en-ciel. Les *senhoras* et les élégants du Para en font monter des bijoux qui ne le cèdent en rien aux plus délicates fantaisies de nos joailliers ; mais c'est surtout la nuit, lorsque ces myriades de bestioles changées en étincelles vivantes se montrent tout à coup à travers les ombres qui recouvrent la campagne, que la nature australe apparaît dans toute sa magnificence. Ces lu-

---

[1] *Destructeur de fourmis*, sur lequel nous reviendrons bientôt.

mières, qui tour à tour s'éclipsent ou tourbillonnent en spires fantastiques au milieu du calme de la forêt, sous les imposantes constellations du ciel antarctique, impriment au paysage un caractère d'une grandeur incomparable. Mille bruits divers chuchotent un langage mystérieux qui semble redire le labeur de la sève et les tressaillements de la vie. C'est l'hymne du désert mêlant sa note au concert des mondes et allant se perdre dans la grande voix de l'infini.

Tels sont les traits les plus saillants de la végétation des tropiques. Les passer tous en revue, serait chose aussi impossible, que de compter les fleurs abritées sous son feuillage. On peut dire que les forces cosmiques ont épuisé ici la somme entière des possibilités et que les formes sorties du jeu de leurs combinaisons, jetées au hasard des siècles, sont aussi nombreuses et aussi variées que les infusoires qui peuplent les solitudes de l'Océan.

Pourquoi faut-il ajouter que cette terre si complaisante aux caprices de la forêt, n'est souvent qu'une marâtre pour l'homme! Des deux immenses bassins qui se partagent la surface du Brésil, un seul, celui qui verse ses eaux dans le Rio de la Plata est accessible dans tous ses points au libre développement des races Européennes. Mais le bassin des Amazones, le plus riche et le plus étendu du globe, semble jusqu'ici le domaine exclusif des puissances aveugles et brutales de la nature. La vie se montre encore dans les ports de l'Atlantique alimentés sans cesse par le commerce du dehors; mais où trouver un centre prospère dès qu'on s'avance dans les plaines de l'équateur ? La sève humaine s'étiole dans cette atmosphère d'eau et de soleil. L'activité cérébrale privée de l'alternance des saisons, c'est-à-dire du froid périodique qui excite les organes au travail, se ramollit à son tour pour faire place à la nonchalance la plus déplorable. Témoins ces descendants des *conquistadores* qu'on rencontre dans les *aldeas* des bords du fleuve. Nés dans le pays, ils n'ont, il est vrai, rien à redouter des effets du climat ; mais on croirait, à les voir à l'œuvre, que cet avantage physique n'a été obtenu qu'au détriment de leur énergie morale. Loin de rappeler quelque chose de cette ardeur qui inspira tant de faits héroïques à leurs ancêtres, ils semblent ne connaître de la vie que l'indolence indienne. Du reste, au milieu d'une existence si facile, où puiseraient-ils l'idée de labeur, et où trouver le point de départ de la civilisation, si ce n'est dans la lutte que les exigences sans cesse renaissantes de la vie engagent chaque jour contre une nature inerte ou ennemie. N'était l'idiome, impossible de les différencier des peaux-rouges qui viennent troquer contre de la *cachaça* ou des cotonnades bariolées, leur maigre récolte de salsepareille, de vanille ou de caoutchouc. Les nations cuivrées semblent seules pouvoir affronter les rigueurs de ce ciel. Et cependant c'est par les influences secrètes de la forêt des tropiques, que s'expliquent les destinées du Brésil. La richesse du sol attirait l'Européen, tandis que la douceur du climat empêchait l'Indien de répondre à l'inquiète ambition des hommes de l'occident. De là, des luttes et l'extermination des tribus du désert. De là encore l'esclavage qui a peuplé le continent austral de machines plus fortes et plus souples arrachées aux côtes de Guinée. De l'action et du mélange de ces races, luttant sous la main de fer du *conquistador* contre les difficultés de cette sauvage nature, devaient naître les grandeurs et les défaillances du jeune empire Américain.

LES RACES

INDIENS — NOIRS — HOMMES DE COULEUR

Quels furent jadis les peuples qu'abritaient ces incomparables dômes de verdure ? Les traditions recueillies par les Missionnaires et les historiens de la conquête, nous apprennent que lorsque Cabral aborda la péninsule australe du Nouveau-Monde, deux nations, les *Tupis* et les *Tapuyas*, se disputaient les rives de l'Atlantique. Les premiers, sortis de l'immense famille des Guaranis, venaient du Sud, et semblaient l'emporter en intelligence sur les tribus qu'ils refoulaient devant eux. Les *Bugres* de Sainte-Catherine et de Saint-Paul en sont les derniers vestiges. Les seconds, représentés par les *Botocudos* qui errent encore aujourd'hui sur les frontières de Minas-Geraes, rappellent le type Mongol, au point qu'un d'eux, Firmiano, qu'Auguste St-Hilaire avait pris à son service, voyant un jour des Chinois dans une rue de Rio-Janeiro, courut à eux, les appelant ses oncles. Ces peuples, qui comptaient plus de cent tribus, lorsqu'ils virent arriver les premières voiles latines, sont réduits de nos jours à quelques milliers d'hommes, essayant encore de conserver leur sauvage indépendance dans les contrées les plus inaccessibles de l'intérieur.

Comme le jaguar, ils reculent dans le désert à mesure que la hache européenne pénètre dans leurs forêts. Les créoles, malheureusement trop intéressés dans la question pour qu'on les croie sur parole, mettent sur le compte d'une certaine impuissance native, inhérente, d'après eux, aux races américaines, cette sorte d'antipathie pour toute espèce de progrès. Il serait peut-être plus juste d'en rechercher la cause dans la haine séculaire que l'indigène a vouée aux conquérants depuis leur apparition sur ses rivages. L'histoire de l'allemand Hans Stade en est un frappant exemple. Prisonnier des Botocudos, qui n'attendaient que le moment où il serait assez gras pour le mettre à la broche, il ne pouvait convaincre ses terribles gardiens qu'il n'appartenait pas à la race de leurs bourreaux. « J'ai déjà mangé cinq blancs, lui dit un jour le chef qui venait le tâter, et tous les cinq prétendaient, comme toi, qu'ils n'étaient pas Portugais. » A bout d'arguments, le prisonnier imagina enfin d'invoquer la couleur de ses cheveux, qui étaient d'un roux ardent, comme ceux, disait-il, de tous ses compatriotes. Cette réflexion le sauva. Les Botocudos, se rappelant que les prisonniers rôtis étaient bruns, lui rendirent la liberté.

Cette haine de bête féroce que le peau-rouge a vouée

aux blancs à cheveux noirs s'explique sans peine si l'on se rappelle le sans-façon avec lequel Espagnols et Portugais prenaient possession de ses forêts. Colomb s'était emparé de San-Salvador au nom de la double couronne de Castille-Aragon, en débarquant l'épée à la main et en bâtissant un fort. Cette revendication ayant été fatale aux *conquistadores*, Cabral voulut s'y prendre, pour le Brésil, d'une manière plus pacifique : au lieu d'élever des bastions, il se contenta de faire dresser deux pierres sur le rivage. Malheureusement, ces pierres ne représentaient qu'un instrument de supplice, la croix. Puis, craignant sans doute que cette exhibition ne fût pas assez éloquente, il mit à côté une potence.

Je ne sais si les Indiens cherchèrent à deviner cet étrange rébus, mais on ne leur en donna guère le temps. A la nouvelle de la découverte, tous les aventuriers du Portugal se ruèrent sur ces plages, qu'on leur avait dépeintes si fertiles et si riantes. Venus pour faire une fortune rapide, ils ne pouvaient se résoudre à défricher eux-mêmes le sol, quelle qu'en fût la richesse. Il fallut donc des esclaves. Le pays des nègres se trouvait par-delà les mers à travers un Océan encore inconnu, et les sauvages étaient là, sans défiance, apportant chaque jour des provisions, ne doutant pas de la gratitude des blancs. Ceux-ci n'hésitèrent pas. Ils traquèrent les indigènes comme des bêtes féroces, surpassant même en atrocités leurs émules de Castille. En vain les papes, qui se piquaient alors de marcher à la tête de l'humanité, déclarèrent-ils à plusieurs reprises le peau-rouge fils d'Adam, et digne de jouir à ce titre de tous les droits appartenant à la famille humaine : la chasse aux esclaves continua en dépit des bulles pontificales, et l'Indien dut reculer devant l'envahissement européen. Cette retraite d'ailleurs fut vaillamment disputée. Ce n'étaient pas, comme au Mexique, comme au Pérou, de timides populations qu'une décharge d'artillerie mettait en fuite ; c'étaient de vigoureux guerriers défendant leur sol avec un acharnement qui étonnait les Portugais eux-mêmes, à cette époque les premiers soldats du monde. Tous les historiens de la conquête s'accordent à dire qu'ils ne seraient jamais venus à bout de soumettre les provinces du Brésil, sans l'assistance de divers chefs de tribus. Un d'eux, Camarão, s'est surtout rendu célèbre dans la guerre contre les Hollandais, qui disputèrent si longtemps aux *conquistadores* leurs riches fermes de l'Océan.

D'une nature plus indolente encore que celle du nègre, et incapable de résignation, l'Indien a péri sous le bâton séculaire du *feitor*, et a disparu du littoral atlantique. Il faut aujourd'hui s'enfoncer dans les forêts reculées qui bordent les grands fleuves pour rencontrer les derniers restes des Guaranis. Cette exploration n'est pas toujours sans danger ; se souvenant encore de l'acharnement avec lequel les Portugais poursuivaient leurs ancêtres, ils portent instinctivement la main à leurs flèches à la vue du blanc qui s'aventure sur leurs rives et qui leur rappelle l'ennemi de leur race. Du reste, la civilisation n'a aucune prise sur ces caractères farouches. Il y a quelques années, deux jeunes enfants indiens trouvés dans les bois, furent amenés dans la maison de l'empereur du Brésil. La sœur, il est vrai, accepta assez facilement les soins qu'on lui prodiguait : elle apprit la langue portugaise, se laissa baptiser, fut mariée plus tard à un blanc, et vivait encore lors de mon passage à Rio-Janeiro; mais le jeune homme, loin de se laisser approcher, cherchait à mordre comme une bête féroce toutes les personnes qui se trouvaient à sa portée. Il est mort étouffant de rage et de désespoir.

Ce caractère indomptable a fait donner aux Indiens des forêts le nom d'*Indios bravos* (Indiens méchants), par opposition aux Indiens des frontières qu'on appelle *Indios mansos* (Indiens doux, apprivoisés). Comme leurs ancêtres, les *bravos* vivent de fruits, de chasse et de pêche; chaque tribu obéit à un chef dont il est difficile d'analyser l'autorité. Supérieurs en force physique aux autres indigènes américains, ils paraissent inférieurs en intelligence, car on n'a trouvé chez eux aucune tradition historique, aucun monument qui rappelât quelques traces de civilisation. Quant à leur religion, la même sans doute que celle de leurs aïeux, je ne puis mieux faire, pour en donner une idée, que de laisser parler mon infortuné compagnon de voyage, Charles Ribeyrolles : [1]

« Parmi les cent tribus éparses entre l'embouchure de l'Amazone et le Rio-de-la-Plata, le plus grand nombre vivait sans dieux, et nul culte n'était pratiqué sous les voûtes éternellement vertes de la forêt vierge. Le

---

[1] *Le Brésil Pittoresque.*

grand temple n'avait d'autre encens que celui des fleurs. Les historiens de la conquête et ceux des missions, prêtent cependant une mythologie très savante à l'une des tribus-mères, à la race tupique. Ils disent que ces Indiens reconnaissaient un dieu, véritable Jéhovah, qu'ils appelaient Tupan (tonnerre). Comme dans toutes les théogonies légendaires, qu'elles viennent de l'Inde, de la Perse ou du Sinaï, ce dieu Tupan avait un contradicteur, un adversaire, un diable qu'ils appelaient Anhanga. Au-dessous des deux majestés du ciel venaient deux séries de génies, les bons et les méchans ; et plus bas, comme simples interprètes ou sacrificateurs, étaient les prêtres, les *devins*, qui vendaient au peuple les secrets des dieux. Toujours la même pyramide ! »

La transition entre les tribus sauvages et les populations civilisées des côtes brésiliennes est marquée par les Indiens *mansos*. Ce sont eux qui cueillent le caoutchouc, l'ipécacuana, la vanille, la salsepareille, en un mot, tous les produits qu'on ne trouve que dans les forêts lointaines. La récolte faite, ils s'avancent dans les cantonnements des blancs pour la livrer et recevoir en échange des produits de l'industrie européenne, couteaux, indiennes, eau-de-vie, etc. Le reste de l'année est occupé à la chasse et surtout à la pêche, leur passion favorite. Nés dans un pays coupé de nombreuses rivières qui débordent chaque année au solstice et couvrent quelquefois des étendues immenses de forêts, ils acquièrent dès l'enfance une telle habitude de la natation que l'eau paraît être leur élément naturel, et qu'on peut les appeler les premiers nageurs du monde. J'ai vu plusieurs fois de petits Indiens, à peine sevrés, se précipiter dans l'eau et y folâtrer des journées entières, sans s'inquiéter des caïmans qui fourmillent dans tous les cours d'eau des tropiques. Les adultes sont à peine vêtus, et quant aux enfants, ils vont, comme les négrillons, entièrement nus. La plupart portent cependant un chapelet passé autour du cou. Ce chapelet, que les Indiens considèrent comme un puissant talisman contre les morsures des serpents, est ordinairement fait de petites graines rouges qui croissent en grande abondance dans les bois. Ceux qui fréquentent les Européens remplacent quelquefois cet ornement par une médaille. Curieux un jour de connaître le nom de la madone chargée de veiller aux destinées d'un affreux petit peau-rouge qui se démenait comme un diablotin dans un ruisseau que nous traversions, je priai mon guide, mi-nègre, mi-Indien, d'aller parlementer avec le drôle, afin qu'il me permît de l'approcher. L'affaire ne réussit pas sans difficulté, à cause surtout de mon costume étranger qu'il voyait probablement pour la première fois. Je parvins cependant, grâce à mon compagnon, qui lui tenait les bras et la tête pour l'empêcher de mordre, à saisir la médaille, et quel fut mon étonnement lorsque je reconnus une pièce de monnaie française de 50 centimes à l'effigie de la république de 1848 !

Comme le nègre, l'Indien ne connaît guère du christianisme que le baptême; il existe toutefois entre eux une différence. Le noir, qui est esclave, porte ses enfants au *padre* de la plantation avec une parfaite insouciance, ni plus ni moins que s'il portait une arrobe de café au marché. L'Indien au contraire aime à se faire tirer l'oreille ; il a pour principe de ne faire rien pour rien, et ne consent à recevoir l'ablution évangélique que devant la perspective d'un verre de tafia, d'un morceau d'étoffe ou de toute autre compensation. Sa conviction n'est qu'une question d'indienne ou d'alcool. Apprend-il qu'on prêche dans les environs, il se met aussitôt en marche, va pieusement s'accroupir autour de celui qui apporte la *bonne nouvelle*, et attend avec impatience la fin du sermon pour demander sa part de douceurs. Les provisions épuisées, il reprend le chemin de sa hutte, et attend en paix que les fidèles de la propagation de la foi aient de nouveau rempli les caisses de leurs mandataires. Le jour où les missionnaires seront en mesure de faire précéder chaque exercice religieux d'une distribution d'eau-de-vie ou de foulards rouges, hommes et femmes se précipiteront en foule pour entendre « la parole de Dieu. »

Il n'est pas rare, au dire des gens du pays, de rencontrer des Indiens faisant métier de leur conversion et se présentant devant chaque *padre* qui arrive pour demander une nouvelle ablution et percevoir la prime qui y est attachée. Dans les premiers temps de la conquête, lorsque l'étendue des déserts et l'absence des chemins rendaient toute communication impossible entre les diverses parties de l'empire, quelques tribus pratiquaient sur une grande échelle cette sorte d'escompte du baptême. Dès qu'un capitaine-général arrivait dans une province, il s'empressait, suivant son humeur, de donner la chasse aux peaux-rouges et d'en faire des esclaves, ou de les convertir pour fonder une colonie. Ceux-ci se laissaient volontiers approcher quand il ne s'agissait que d'être catéchisés, car ils savaient que l'Évangile était toujours accompagné d'une foule de petits avantages fort de leur goût, tels que vêtements, couteaux et surtout une nourriture moins précaire que ne l'offre la vie des bois. Tout allait pour le mieux au début ; les missionnaires, émerveillés de la ferveur de leurs ouailles ne parlaient que des vertus de la gent cuivrée ; mais lorsque les provisions touchaient à leur fin et qu'on annonçait aux nouveaux convertis qu'il fallait planter du maïs et du manioc, sous peine de voir bientôt supprimer la ration, leur zèle de néophytes commençait à s'attiédir. Il arrivait enfin un moment où l'inertie des catéchumènes et l'impossibilité de fournir plus longtemps à leur entretien lassaient la patience des convertisseurs. Exaspérés d'avoir été joués par des peaux-rouges, et se rappelant que les lanières d'un fouet sont d'ordinaire plus éloquentes que les maximes de l'Evangile, les Portugais déclaraient alors les Indiens esclaves comme rebelles au christianisme, et remplaçaient le *padre* par le *feitor*. Cependant nos indigènes ne s'inquiétaient pas trop de ces menaces, se voyant rassurés par la proximité de la forêt, où ils se réfugiaient à la première alerte ; mais ces rapports avec les blancs avaient perverti leurs goûts et leurs habitudes : la vie des bois leur paraissait trop rude, et, comme les Hébreux du désert, ils regrettaient les viandes et les oignons de la fertile Egypte. Ils se mettaient donc en quête d'un nouveau baptême, et un jour on voyait arriver à une centaine de lieues de la province où elle avait résidé jusqu'alors une tribu indienne offrant de se convertir. On écrivait à l'évêque et au capitaine-général, qui, ravis de cette offre, envoyaient moines, vêtements, outils et provisions, avec ordre d'évangéliser ces nouveaux-venus et de fonder une colonie chrétienne. Inutile de dire que cette colonie finissait comme la première, après avoir passé par les mêmes phases, et qu'elle allait demander un troisième baptême plus loin.

Si la religion inquiète peu l'Indien, la politique ne l'émeut guère davantage. Chaque peuplade obéit à un *capitão* choisi parmi les moins déguenillés de la tribu. Que de fois un mulâtre fuyant l'esclavage ou désertant le service militaire, a été proclamé *capitão* par une tribu indienne chez laquelle il s'était réfugié! Ce choix s'explique: l'Indien a le sentiment de son infériorité, même devant la couleur foncée du mulâtre, qui d'ailleurs lui est presque toujours supérieur en force physique. Ajoutez à ce sentiment le prestige des habits et quelquefois des armes sur des gens presque entièrement nus et ne connaissant que la flèche, enfin le besoin d'avoir un chef qui connaisse la langue et les habitudes des blancs pour se faire entendre d'eux lorsque le hasard ou les besoins l'exigent.

Les efforts tentés jusqu'ici pour employer l'Indien du Brésil comme domestique ont été presque sans résultat. Plusieurs *fazendeiros* qui en avaient pris à l'essai, et que j'ai interrogés sur leur compte, m'ont unanimement répondu qu'ils avaient été obligés d'y renoncer, à cause de l'incroyable sans-façon que ces sauvages apportaient dans leur service. Venaient-ils à regretter leurs forêts, ils quittaient la maison sans mot dire à personne, retournaient dans les bois, se construisaient une hutte avec quelques pieux fichés en terre et quelques feuilles de palmier, et là se reposaient de leurs prétendues fatigues, n'interrompant leur *far niente* que pour cueillir quelques fruits ou pêcher quelques poissons. Puis un jour, après deux, trois, six mois d'absence, saturés de vie sauvage, ils venaient reprendre leur travail comme s'ils l'avaient quitté la veille, et ne comprenaient pas que le maître étonné de les apercevoir leur demandât des explications. Ils continuaient ainsi leur besogne pendant quelque temps; mais, bientôt fatigués une seconde fois de la vie civilisée, ils s'échappaient sans bruit de la plantation pour aller se refaire dans les forêts et reparaître l'année suivante. Ces escapades avaient surtout lieu le jour où ils recevaient leur solde. Il va sans dire que tout cet argent passait à acheter de la *cachaça*, et que ce n'était qu'après en avoir cuvé les dernières fumées que l'ancien maître leur revenait en mémoire.

Une population d'humeur si indolente est peu propre aux travaux de l'agriculture, plus pénibles partout que le service de l'intérieur d'une maison. Aussi ne pourra-t-on jamais compter sur cet élément pour la colonisation du pays. On rencontre cependant de ces demi-sauvages qui se donnent le titre de cultivateurs, parce qu'ils ont abandonné l'arc de leurs ancêtres, et qu'ils consentent à semer un peu de manioc ou de maïs pour nourrir leur famille. Dès que ce travail, qui ne dure que quelques jours, est achevé, ils rentrent dans leurs huttes de bois et d'argile, se couchent sur leurs nattes de jonc et passent le reste de l'année dans une immobilité absolue, pinçant de temps en temps pour se distraire une mauvaise guitare qu'ils ont toujours à côté d'eux, car la musique est une de leurs passions favorites. Bien que les forêts qu'ils habitent soient les demeures séculaires de leurs aïeux, ils n'y sont guère en sûreté, quand ils se trouvent dans le voisinage d'une plantation. Tôt ou tard il arrive qu'un colon vient mettre le feu aux arbres pour préparer un champ de caféiers ou de cannes à sucre. Notre peau-rouge prend alors son mobilier, c'est-à-dire sa guitare, et va construire une autre cabane dans les montagnes voisines. Est-il besoin d'ajouter que les choses ne se passent pas toujours aussi paisiblement, et que des résistances désespérées, des vengeances terribles ont maintes fois répondu à l'envahissement des visages pâles.

Ces expropriations violentes sont une des suites naturelles de la conquête telle que la comprenaient les fidèles sujets de sa majesté le roi de Portugal, des Algarves et de l'Océan. Un voyageur français, qui visitait la province de Rio-Janeiro en 1816, rencontra un jour à quelques lieues de la capitale, une députation d'Indiens qui allait demander au roi D. João VI, l'autorisation de conserver dans les vieilles forêts de leurs aïeux, une lieue carrée de terrain où ils pussent bâtir un village et se mettre à l'abri de l'envahissement des colons. Cette tribu, qui appartenait aux *Indios coroados* (Indiens couronnés), dont on retrouve encore quelques débris sur le Haut-Parahyba, occupait alors presque toute la vallée du fleuve. Avant de se résoudre à affronter la majesté royale, ils étaient allés trouver le chef de la province, le baron d'Ubá, et l'un d'eux lui avait tenu ce discours : « Cette terre est à nous, et ce sont les blancs qui l'occupent. Depuis la mort de notre *gran capitão* [1], on nous chasse de tous côtés, et nous n'avons pas même assez de place pour pouvoir reposer notre tête. Dites au roi que les blancs nous traitent comme des chiens, et priez-le de nous faire donner du terrain pour que nous puissions y bâtir un village. »

De toutes les tribus indiennes qui se sont rendues célèbres par leur résistance à l'envahissement des *conquistadores*, celle des Botocudos tient le premier rang, et a marqué de sanglantes pages les annales de la conquête. Il faut le dire à la honte des hommes de notre race, les fils du désert furent vaincus en férocité par les disciples du Christ. Ceux-ci, trouvant la poudre trop lente, empruntèrent à la nature le secours de l'un des plus cruels fléaux qu'elle ait déchaînés contre le genre humain : des étoffes destinées à propager la petite vérole étaient envoyées en présent aux sauvages,

---

[1] Ce grand capitaine, oncle du baron d'Ubá, était un Portugais, José Rodrigues da Cruz, qui avait fondé une colonie d'Indiens sur les bords du Parahyba.

qui bientôt périssaient par milliers, frappés d'un mal invisible dont ils ne pouvaient soupçonner la cause. Quelques rares débris de ces infortunés errent encore aujourd'hui dans les forêts de leurs ancêtres, attendant avec effroi le jour où la hache portugaise viendra abattre leur dernier refuge. Leurs redoutables flèches, de six pieds de long, ne répondent nullement, quand on les examine de près, à l'idée qu'on en a conçue. Presque toutes celles que j'ai vues étaient des roseaux, et semblaient plutôt des jouets inoffensifs que des instruments de mort. Ces armes ultra-primitives, dans un pays où le fer se trouve presque à l'état natif et à la surface du sol, disent assez que ces peuplades sont entièrement rebelles à toute civilisation.

Cette sauvagerie qui forme le fond du caractère indien, semble toutefois tenir moins à un défaut d'activité cérébrale qu'à l'attrait irrésistible de la vie du désert. Les annales portugaises font mention d'un Botocudo qui, trouvé dans les bois encore enfant, fut amené à Bahia et élevé dans un couvent. Ses progrès, son intelligence, ses aptitudes, ayant été remarqués, on redoubla de soins. C'était une précieuse acquisition : on voyait en lui le missionnaire futur de sa peuplade. Comme il témoignait du goût pour les ordres, il fut sacré prêtre. Devenu enfin libre, il sortit du couvent sous prétexte de promenade, entra dans les bois qui entouraient la ville, et ne reparut plus. On sut plus tard qu'au lieu de catéchiser ses compatriotes, il avait repris leur costume primitif et leurs sauvages coutumes. Etait-ce longue préméditation, ou plutôt ne fit-il qu'obéir aux influences mystérieuses des forêts qui l'avaient vu naître !

Le mot de Buffon : « le style, c'est l'homme, » ne s'est peut-être jamais appliqué avec autant d'effrayante justesse qu'à l'informe idiome des Botocudos. Le disque en bois qui orne leur lèvre inférieure, la forçant à tomber le long du menton, met leurs dents à découvert, et les empêche d'articuler les labiales. Se présente-t-il un *b* ou un *p* dans leurs syllabes, ils sont obligés de rapprocher les lèvres avec leurs mains pour produire le son voulu. L'analyse de leurs mots révèle de la manière la plus claire l'enfance de leur état social. Leur montrez-vous un bâton, ils vous répondent *tchoon* (arbre). Pour eux, un bâton n'est qu'un arbre débarrassé de ses branches. Leur demandez-vous ensuite le nom d'une poutre, ils vous répondent encore *tchoon*; d'une branche, d'un morceau de bois, d'un pieu, etc., toujours *tchoon*. Le mot *po* doit à lui seul représenter, suivant l'occasion, la main, le pied, les doigts, les phalanges, les ongles, les talons et les orteils. La bestialité, qui semble être leur code unique, ressort surtout des mots composés. Veulent-ils parler d'un homme sobre, ils l'appelleront *couang-é-mah* (ventre-vide); de la nuit ils diront *tarou-té-tou* (temps de la faim), parce que, aussi gloutons qu'imprévoyants, ils ne savent garder aucune provision, et sont obligés, la nuit, d'attendre avec impatience le retour de la lumière pour donner satisfaction aux exigences d'un estomac toujours inassouvi. Chez la plupart des peuples, du moins chez les nations de l'Occident, la notion du juste a précédé celle de l'injuste, comme l'indique la composition de ce dernier mot dans les diverses langues, *in-juste*, *un-gerecht*, *in-iquus*, *a-dikos*, etc. Chez les Botocudos, c'est tout le contraire : l'état normal, c'est le voleur, *nyinkéck*. Un honnête homme sera par conséquent un non-voleur (*nyinkéck-amnoup*). De même le mensonge (*iapaouin*) étant l'habitude, la règle, la vérité deviendra *iapaouin-amnoup* (un non-mensonge).

Quelle peut être l'origine du disque de bois enchâssé dans la lèvre inférieure et qui leur a valu le nom de Botocudos [1] ? Je l'attribuais à une pratique sacerdotale dont la raison s'était facilement perdue chez une peuplade sans traditions, lorsqu'un infatigable voyageur, Biard, est venu nous apprendre qu'il avait vu ce disque leur servir de table. Ce n'était là probablement qu'une gracieuseté de quelque jeune Botocudo qui voulait mériter un verre de *cachaça*. Cette mise en scène ne serait plus possible chez un individu d'un certain âge, car alors la lèvre, obéissant au poids du disque, se replie sur le menton. J'ai vu un chef de ces sauvages, nommé *capitão* par l'empereur du Brésil, qui avait consenti à accepter un pantalon et à quitter ces affreux bijoux. Les chairs de la lèvre s'étaient assez rapprochées pour fermer la plaie, et ne laissaient plus voir qu'une énorme cicatrice ; mais les lobes des oreilles, moins charnus que la lèvre et moins accessibles au mouvement vital, n'avaient pu reprendre leur ancienne forme. Ils arri-

---

[1] *Botoque* signifie en portugais *tampon de barrique*, d'où le nom de *Botocudos*, — les hommes à la botoque.

vaient presque aux épaules, formant deux anneaux dont l'ouverture mesurait environ deux pouces de diamètre.

On peut encore citer parmi les tribus indiennes restées célèbres dans les souvenirs des Brésiliens : les *Bugres*, dont les dévastations ont longtemps désolé les provinces du Sud ; les *Muras* et les *Mundrucus*, derniers vestiges des puissantes nations qui occupaient les rives de l'Amazone et de ses affluents ; les *Guaycurús*, centaures du désert, qui remplissent parfois de terreur les solitudes de Mato-Grosso. Méditent-ils une attaque ? une troupe de bœufs ou de chevaux est lancée en avant ; derrière viennent les guerriers de la tribu, le pied droit sur l'étrier, la main gauche cramponnée à la crinière, le corps effacé le long des flancs du cheval. Tout-à-coup le cri de guerre retentit, les cavaliers se dressent sur leurs selles et brandissent leurs lances ; l'ennemi fuit épouvanté.

Chez les peaux-rouges comme chez toutes les peuplades primitives, ce sont les femmes qui sont chargées des travaux de la tribu. Elles bâtissent les huttes, portent les bagages et les enfants dans les marches, tissent des étoffes de joncs, et fabriquent les vases d'argile dont elles se servent dans le ménage. L'unique industrie réservée aux hommes est la fabrication des flèches, leur seule occupation la chasse ; tout autre travail serait indigne d'eux. On comprend sans peine qu'à la suite d'un esclavage si dégradant et si pénible, l'Indienne, ne connaissant rien de ce qui développe les qualités de la femme, soit restée ce qu'elle était au sortir du moule de la nature, une femelle pétrie d'argile. Déformée par le travail, défigurée par les mauvais traitements, n'appartenant à la vie que par les côtés les plus bas, elle ne peut qu'inspirer du dégoût à celui qui la voit pour la première fois. Observez ses yeux, vous y surprendrez le regard oblique et craintif de la bête fauve, et rien de ce magique rayon qui révèle l'intelligence. Le sentiment de son inférioritié la porte à fuir l'étranger et à se cacher devant lui. Dans la vieillesse, les rides qui sillonnent en tous sens sa peau tannée, noircie, couturée par l'âge, les coups, le soleil, les fatigues, lui donnent l'aspect d'une vieille tête d'orang-outang, ricanant les plus affreuses grimaces. C'est en contemplant ces créatures étranges que l'on s'explique l'apparition de la sorcière dans le catalogue des superstitions. De telles figures n'offrent rien d'humain; dès lors les gens simples en font des puissances surnaturelles.

Tels sont les aborigènes du Brésil. Sera-ce nous élever vers la civilisation ou nous en éloigner que de passer des sauvages aux noirs? On va en juger.

Rien de plus simple, ce semble, que de tracer la physionomie du nègre; rien de plus complexe pourtant, si, en dehors de toute idée préconçue, on tient à être vrai.

Je venais d'arriver dans une *fazenda*. Je me reposais tranquillement de mes longues chevauchées de la veille, lorsque vers trois heures du matin je crus entendre un clairon sonnant la diane. Ayant quelque peu traîné le sabre dans ma jeunesse, je me levai en sursaut, me croyant dans une caserne de cavalerie. Mon guide, qui couchait dans ma chambre, m'engagea à reprendre le fil de mes rêves.

— Ce n'est rien, *senhor*, c'est le *feitor* qui appelle ses nègres pour les conduire aux champs.

Ce son guerrier annonçait en effet à l'esclave que le sommeil était fini, et que son labeur allait recommencer. Du reste, il n'est pas donné à tous les noirs de s'éveiller au bruit du clairon. Le plus souvent je n'ai entendu qu'un méchant tambour que je ne puis comparer qu'à la caisse avec laquelle les montreurs d'ours courent les foires dans les montagnes des Alpes et des Pyrénées. J'avais refermé les yeux, lorsqu'une explosion soudaine de voix humaines vint m'éveiller de nouveau.

— Ne vous effrayez pas, *senhor*, reprit mon guide, ce sont les nègres qui, avant de partir pour les champs, viennent demander la *benção* (la bénédiction).

La *benção* joue un grand rôle dans la vie du noir. C'est le salut invariable par lequel il vous aborde. Pour formuler une *benção*, suivant les règles, l'esclave doit ôter son bonnet de laine de la main gauche et allonger la droite dans la posture la plus humble. Beaucoup d'entre eux y ajoutent une légère flexion des genoux. Cette attitude rappelle tellement celle du mendiant, que dans les premiers temps de mon arrivée je portais instinctivement la main à la poche de mon gilet. Comme pour se venger de cette vexation du blanc, le noir exige la *benção* des négrillons, et ceux-ci, de leur côté, se la font demander par les *macacos* (singes), qu'ils dressent à cet effet.

Je me rendormis une seconde fois. Une heure après, je fus encore éveillé par un vacarme effrayant : on eût dit une meute de tigres et de chats sauvages se déchirant avec des miaulements affreux. Le bruit se rapprochait sensiblement. Cette fois, je me levai sans attendre l'explication du cicerone, et je me précipitai vers la fenêtre. Le jour commençait à poindre.

Au lieu de bêtes féroces, je ne vis qu'une charrette débouchant de la forêt et remorquée par trois paires de bœufs. Deux noirs, armés de longs aiguillons, conduisaient l'attelage. L'un dirigeait la première couple par les cornes et indiquait le chemin ; l'autre, penché sur l'avant du char, piquait les bêtes retardataires. C'étaient les sifflements gutturaux des nègres, les mugissements des bœufs récalcitrans, les grincements aigus des roues massives qui causaient tout ce bruit, et pourtant il ne s'agissait que de traîner quelques tiges de canne à sucre ; mais les routes sont inconnues dans l'Amérique du Sud. A-t-on besoin de s'ouvrir un passage à travers la forêt pour transporter la récolte, on envoie la veille une cinquantaine d'esclaves qui mettent le feu à quelques arbres, coupent les branches gênantes et portent un peu de terre dans les creux trop profonds. Cette besogne achevée, ils se retirent, croyant avoir fait une chaussée ; puis survient pendant la nuit un orage qui, en quelques heures, précipite sur la terre des avalanches d'eau. Ces pluies diluviennes tombent par torrents, ravinent le chemin s'il est en pente, entraînent toute la terre meuble et creusent des ornières infranchissables ; si le chemin traverse un bas-fond, les eaux y convergent de tous les coins de la forêt, s'y accumulent et le changent en lac. De là toutes les difficultés qui rendent si pénibles les voyages dans l'intérieur du Nouveau-Monde, et qu'on ne peut surmonter qu'à grand renfort d'hommes et de mules.

Si les nègres ignorent les avantages du macadam, en revanche ils savent improviser d'héroïques expédients pour stimuler la nonchalance de leurs bêtes, quand le chemin présente trop de difficultés. Ont-ils épuisé leur répertoire de caresses, de cris et de coups, ils laissent là l'attelage, ramassent quelques branches desséchées sous le ventre de leurs quadrupèdes, et y mettent le feu. Inutile d'ajouter que ce remède est irrésistible.

Comme il était trop tard pour me recoucher, je résolus d'aller visiter la plantation et de surprendre les esclaves au travail. Au bout d'une demi-heure de marche à travers d'anciennes cultures abandonnées, j'arrivai sur un petit plateau couvert de cannes à sucre; une centaine de noirs étaient occupés à couper les cannes et à les porter en fagots sur des charrettes qui devaient les amener à la fabrique. Un *feitor* veillait aux chargements, un autre à la coupe. Ce dernier, qui présidait d'ordinaire aux exécutions disciplinaires, avait un aspect menaçant. C'était un grand mulâtre aux bras musculeux, à la physionomie bestiale, au teint brûlé par le soleil. Un vieux chapeau de paille, un pantalon de toile et une chemise rayée composaient son accoutrement. A sa ceinture était suspendu un énorme *palmatorio* (espèce de large férule destinée à réprimer les fautes légères). Debout, en arrière du groupe, la main droite appuyée sur un long fouet, l'œil fixé sur son escouade, il gourmandait sans cesse, faisant avancer ou reculer sa ligne, comme un sergent-instructeur qui dirige la manœuvre d'un peloton d'infanterie. A quelque distance, sur la lisière de la forêt, trois ou quatre négresses, portant sur le dos leurs nourrissons cousus dans un sac, préparaient le repas des travailleurs. Deux énormes marmites d'*angú* (bouillie de maïs) et une autre de *feijão* (haricots) cuisaient à petit feu sur trois cailloux, tenant lieu de chenets. Les négrillons trop jeunes pour travailler la terre attisaient et entretenaient le feu. Chaque négresse veillait sur la marmite qui lui était confiée, remuant de temps en temps le contenu avec une énorme écuelle, afin de rendre la cuisson uniforme. Dans ses moments perdus, elle détachait son nourrisson pour lui donner à téter. Des calebasses entassées à côté des marmites représentaient la vaisselle. Le nègre, comme l'Indien, ne connaît d'autre fourchette que ses doigts.

J'étais désireux d'assister à un repas d'esclaves, et j'attendis assis sous un *rancho* que l'heure sonnât. Je contemplais les lignes des travailleurs harcelés par les cris incessants et le fouet du *feitor*; malheur aux retardataires qui, se laissant devancer, se trouvaient hors du rang! Malgré cette hâte apparente, il était aisé de voir, au jeu de leurs muscles et à l'expression de leur physionomie, qu'ils en faisaient tout juste assez pour échapper aux coups du *tocador* (toucheur) et pour attendre le plus patiemment possible l'heure du déjeuner. Armés d'une faux recourbée clouée à un long manche de bois, ils coupaient leurs cannes par un mouvement automatique dont le ressort était visiblement placé dans l'axe du fouet que tenait le *feitor*. Le moment du déjeuner arriva enfin. Vers neuf heures, à un signe du surveillant, le travail cessa comme par enchantement sur toute la ligne, et l'on s'approcha des marmites. Deux rangées de calebasses étalées sur le sol contenaient les rations. Chacun prit une calebasse d'*angû*, une autre plus petite de *feijão*, alla s'asseoir sur une pierre et se mit à dévorer sa pâture sans mot dire, avec ce même flegme, cette même froide résignation qu'il avait naguère sous le fouet du garde-chiourme, et qui, acquise dès l'enfance, semble former le fond du caractère de l'esclave. Le soir, on leur distribue une seconde ration de bouillie de maïs et de haricots, et à la nuit close ils reprennent le chemin de leurs cases.

J'ai revu depuis bien des fois les nègres aux champs, et je me suis assuré que le programme d'un jour est pour eux le programme de toute l'année, de toute leur vie. Quand ils ne cueillent pas, ils sèment, et, les semailles faites, ils sarclent sans discontinuer jusqu'à la récolte, car les herbes poussent vite dans ces pays chauds et humides. Le dimanche, le travail est suspendu. Le Portugais est trop bon catholique pour faire travailler ses nègres le jour du repos ; mais il leur permet ce jour-là de travailler pour leur compte ; il leur donne même à chacun un coin de terre où ils cultivent du maïs qu'ils vendent aux marchands de mules. Le prix de la récolte est destiné à renouveler leur vestiaire ; mais le nègre des champs, peu fashionable de sa nature, préfère volontiers une bouteille de *cachaça* ou une pipe de tabac à une chemise neuve. Il s'en va donc le plus souvent déguenillé, au grand désespoir du *senhor*.

Le dimanche apporte néanmoins quelque agrément à l'esclave. N'ayant pas de souci ce jour-là pour l'heure de son lever, il en profite la veille en dansant une partie de la nuit. L'orchestre est formé par les négrillons, qui frappent de leurs mains une espèce de tambour placé entre leurs jambes, et formé d'un tronc d'arbre creux dont l'ouverture est recouverte d'une peau de chien ou de mouton ; le plus souvent ils s'accompagnent en chantant afin d'augmenter le vacarme. On ne voit d'ordinaire qu'un danseur au milieu du groupe ; il saute, gambade, gesticule ; puis, quand il sent ses forces l'abandonner, il se précipite sur un des assistants qu'il désigne ainsi pour lui succéder : le choix tombe ordinairement sur une femme. Celle-ci entre à son tour dans le cercle, se livre à toute sorte d'improvisations chorégraphiques, puis, fatiguée, va choisir un homme pour la remplacer. La scène se prolonge ainsi, jusqu'à ce que la lassitude des acteurs y mette un terme.

Si le nègre est chasseur, il achète un fusil de 10 *milréis* (25 fr.), et va tuer un *agouti* (lièvre d'Amérique), un tatou, un *macaco* (singe) ou un lézard. L'anniversaire de la naissance du maître est pour l'esclave un jour de réjouissance et de grand festin : on lui prépare de la *carne seca* (viande sèche), et quelquefois on lui distribue une ration de *cachaça*. Tout alors s'élève au paroxysme, les contorsions des danseurs, le bruit du tamtam et les chants des négrillons. Les cris de *viva* ô senhor (vive le maître)! *viva a senhora!* interrompent seuls les fantaisies inouïes de l'orchestre et le tumulte exorbitant de la danse.

Telle est d'ordinaire la vie des noirs dans les plantations. Quelques-uns ont un sort plus doux : ce sont ceux que le maître a attachés à son service personnel. Leur condition est alors à peu près la même que celle des domestiques européens. S'ils commettent une faute qui mérite une correction corporelle, ils s'esquivent avant d'être saisis, courent à toutes jambes dans une *fazenda* voisine où ils connaissent un ami ou un parent de leur maître, et le prient de les *apadrinhar* (obtenir leur pardon). Ces grâces-là ne se refusent jamais, quels que soient d'ailleurs les antécédens du solliciteur. Le *fazendeiro* lui fait d'abord une morale proportionnée à la gravité de la faute, et, après l'avoir averti qu'il ne devra plus désormais s'adresser à lui s'il récidive, il finit par lui donner une lettre de présentation pour son maître. Muni de ce talisman, le coupable se présente sans crainte, car une demande de pardon, même émanant d'un inférieur, est chose sacrée pour le Brésilien. Malheureusement, comme il y a toujours moyen d'éluder une difficulté, il arrive souvent que le maître, après avoir pris lecture de la lettre, dit au noir : « Je te fais grâce, à la prière du *senhor*, des cent coups de *chicote* (fouet) que tu as si bien mérités ; mais comme tu es un incorrigible, je ne te veux plus dans ma maison, et tu vas rejoindre tes camarades de la plantation. » C'est la punition la plus terrible pour un esclave, car la vie des champs a toutes les horreurs de la servitude, sans offrir aucune de ses compensations.

Les corrections peuvent se diviser en trois classes :
les fautes légères sont expiées par quelques coups de
palmatorio sur la paume de la main ; une douzaine de
coups est le minimum. Ce genre de punition est surtout appliqué aux femmes et aux enfants. On se sert
de *chicote* (fouet) pour les fautes graves et les hommes
robustes. Le patient, solidement attaché à un poteau,
est entouré de ses camarades, qui assistent à l'exécution
afin d'ajouter à la solennité du supplice et de recevoir
eux-mêmes des impressions salutaires pour l'avenir.
Un grand nègre ou mulâtre remplit les fonctions de
bourreau. A chaque coup, il s'arrête pour reprendre
haleine et laisse pousser au patient un cri aigu suivi
d'un gémissement prolongé. On ne donne guère plus de
cent coups à la fois ; si la punition est plus forte, on
remet l'excédant au lendemain ou aux jours suivants.
Quand le nombre de coups a été considérable et la main
de l'exécuteur vigoureuse, on porte le pauvre diable à
l'infirmerie, où l'on panse ses plaies avec un mélange
d'eau salée et de vinaigre.

Vient enfin le *carcere duro* pour les malfaiteurs émérites. C'est ordinairement une cellule (*tronco*) où le
patient est immobile, ses pieds et ses mains étant soliment fixés à des poteaux. On n'abuse pas trop de cette
punition, surtout pendant le jour, car il importe de ne
pas empêcher le travail du noir. On l'enferme donc seulement la nuit, et on remplace la prison diurne par
une ration de coups de *chicote* administrée le soir ou
le matin, soit avant, soit après l'incarcération.

On n'a pas trop souvent recours, il faut le reconnaître, aux bons offices du *tocador*, surtout chez les petits propriétaires, qui peuvent, à un moment donné, être obligés de vendre leurs esclaves. La bastonnade laisse des stigmates aux épaules et aux reins, et c'est sur cette partie du corps que l'acheteur va lire le degré de moralité du nègre. Un fait assez curieux prouvera d'ailleurs combien certains maîtres savent ménager au besoin la peau des esclaves. On a pendu, il y a quelques années, à Rio-Janeiro, un noir qui en était à son septième assassinat. Six fois il avait tué le *senhor*, et six fois il avait changé de main, vendu par les héritiers du mort comme un excellent *travailleur*. Plutôt que de le livrer à la justice pour venger la mort de leur père, ils avaient préféré rendre le bien pour le mal en lui laissant la vie sauve et les reins intacts. D'un caractère moins évangélique, les parents de la septième victime dénoncèrent le meurtrier, qui fut condamné au gibet. Il marcha au supplice d'un air calme, et, avant de livrer sa tête à l'exécuteur, cria d'une voix forte aux nombreux noirs qui l'entouraient : « Si chacun de vous avait suivi mon exemple, il y a longtemps que notre sang serait vengé. » Ces paroles n'eurent aucun écho et n'en auront jamais au Brésil, bien que le nombre des esclaves l'emporte de beaucoup sur celui des blancs, à cause des jalousies de races que les Européens ont soin d'entretenir parmi les diverses tribus. Ces exemples de maîtres succombant sous le poignard ou le poison des vengeances africaines, ne sont pas rares dans les plantations. Ils étaient encore plus fréquents autrefois, lorsque la traite amenait chaque jour des cargaisons de noirs qui avaient connu la liberté. Ceux-là sont morts ou s'éteignent graduellement, et ceux qui sont nés dans le pays, abrutis par l'esclavage, ont oublié la terre libre des aïeux.

Le nègre des villes a un sort plus doux que ses frères des champs. A Bahia, à Pernambuco et à Rio-Janeiro, les trois grandes métropoles de la servitude, on voit les rues, les marchés et le port inondés de ces îlotes au noir et luisant épiderme, qui font la grosse besogne de ces cités populeuses. La surveillance des *feitors* étant impossible dans un pareil travail, les propriétaires laissent leurs esclaves libres moyennant une redevance quotidienne d'un *milréis* (2 fr. 50 cent.), que ceux-ci apportent religieusement à la fin de la journée. Cette condition est loin d'être dure pour l'Africain : sobre et robuste, il se place aux abords du port, de la douane ou des grands magasins, partout où il faut décharger et transporter les marchandises, et gagne quelquefois jusqu'à 10 *milréis* par jour (25 francs). Quand il a réalisé des économies suffisantes, il vient trouver le *senhor*, lui présente un portefeuille contenant le prix de sa rançon et lui demande au nom de la loi, sa liberté.

Souvent le maître, au lieu de livrer l'esclave à lui-même le loue par l'entremise des journaux. La 4ᵉ page est consacrée à cet effet. Ouvrez au hasard, vous trouverez à côté d'un mobilier ou d'une maison vendue aux enchères, une kyrielle d'annonces ainsi conçues :

« *Aluga-se* (à louer), une excellente nourrice de dix-huit ans, très propre, très soigneuse pour les enfants et qui sait en outre faire la cuisine, laver le linge, coudre et repasser. »

Ou bien :

« *Vende-se* (à vendre), un jeune noir robuste, sachant cuisiner, faire la barbe, conduire des animaux de charge et servir d'écuyer. Il se trouve à la maison de correction pour une faute légère que l'on racontera à l'acheteur. »

Quelque douce que soit l'existence des nègres des villes auprès de celle que mène le nègre des plantations, ce n'est pas cependant assez pour beaucoup d'entr'eux, car si on jette un coup d'œil sur la 3º page, on voit au milieu d'annonces de toutes sortes, se détachant en gros caractères :

ATTENÇAO (attention).
100 milréis de récompense (250 francs).

« Un noir nommé Francisco, de nation Mozambique, âgé de 45 à 50 ans, a disparu dimanche dernier. Voici son signalement : quelques cheveux blancs, taille ordinaire, peu de barbe, la figure ravagée par la petite vérole, chemise de coton rayé, pantalon de toile et chapeau de paille. Il a reçu en ville 2 arrobes (64 livres) de café qu'il était allé chercher et n'a plus reparu au logis. On prie les autorités de la police de veiller à sa capture et on proteste avec toute la rigueur de la loi contre celui qui lui donnerait asile. »

Le plus souvent le fugitif est ramené à domicile, grâce au *capitão do mato* (capitaine des bois), chargé de l'arrestation des nègres marrons. On l'envoie d'abord à la maison de correction, où on lui administre une bastonnade proportionnée à la durée de la fugue, à moins que le maître, désirant le vendre, ne veuille conserver son dos intact. Quelques-uns poussés par la faim, viennent se livrer eux-mêmes après avoir obtenu une lettre de présentation d'un ami de la maison ; nous avons dit que cette faveur ne se refusait jamais. Les plus aventureux s'expatrient afin d'échapper aux poursuites, passent en Europe, s'ils rencontrent un capitaine qui les accepte à son bord, ou s'enfoncent dans l'intérieur jusqu'aux territoires indiens que le fouet du *feitor* n'a jamais pu atteindre.

Que pensez-vous de l'esclavage? Le noir est-il réellement d'intelligence atrophiée? Croyez-vous qu'il soit de la même souche que le blanc?

Telles sont les questions que l'on pose d'ordinaire aux voyageurs qui ont visité les Amériques. Les réponses étant grosses de chicanes et de contradictions, je me contenterai de rappeler en quelques mots les éléments du débat, laissant au lecteur le soin de conclure.

Dans les premiers temps où l'on commença à faire trafic de chair noire, la Bible était encore l'unique code des nations latines. Les bonnes âmes qui voulaient arracher l'esclave aux griffes du planteur, se rappelant que Cham était allé chercher fortune du côté de l'Afrique, pensèrent que sa postérité changeant de robe par l'effet du climat, avait produit peu-à-peu les peuplades rances et laineuses de l'équateur. Elles présentèrent alors le peau-noire comme un membre perdu de la grande famille humaine, et crurent avoir gagné son procès. Mais le planteur Américain est un animal tenace, qui ne lâche pas facilement sa proie. Il avisa à son tour que Cham avait été maudit par le patriarche de la vigne et objecta aussitôt, d'après de nombreux exemples tirés de l'ancien testament, que cette malédiction atteignait toute sa race. Bientôt allant plus loin, il prétendit que l'esclavage était œuvre de haute moralité, puisque par l'ablution baptismale il faisait d'un noir suppôt du démon une immaculée recrue du ciel; et le bétail humain d'alimenter plus que jamais les marchés du sud!

Les théologiens des deux camps avaient oublié de lire la Genèse au nom de laquelle ils forgeaient leurs innocentes armes. Le monde de la Bible comme le monde d'Homère n'embrassait que les rives d'un lac, la Méditerranée; à peine avait-il quelques vagues notions d'un Océan qui l'entourait de toutes parts. Ses dénombrements ne sortent guère de l'horizon des races sémitiques. Quant aux peuplades noires, laineuses et crépues du sud de l'Afrique, il n'en est pas fait plus de mention que des Mongols, des Indiens, des Papous et autres tribus bimanes que la boussole à révélées depuis. D'un autre côté on a fait l'observation que si des chercheurs d'aventure poussant vers l'équateur avaient perdu leur blancheur adamique par suite du temps et du soleil, ce même phénomène se produirait encore de nos jours dans les mêmes conditions. Par conséquent les Portugais qui depuis plus de quatre siècles sont établis sur les côtes de Guinée, tireraient aujourd'hui sur l'ébène, tandis que les nègres, transportés dans les colonies depuis cette époque, auraient pris des teintes plus claires et une laine plus soyeuse. Il n'en est rien cependant, et ni les uns ni les autres ne paraissent disposés à renoncer à l'épiderme de leurs ancêtres.

Du reste, on sait aujourd'hui que le noir diffère de l'européen par des caractères physiologiques, autrement importants que des nuances épidermiques. Aussi les esclavagistes qui ne cherchent pas à calmer les cris de la conscience humaine par d'hypocrites ou de niaises interprétations bibliques, avouent-ils franchement la différence d'origine des deux races. Toutefois, comme cela ne suffit pas pour constituer en faveur de l'une d'elles un droit d'oppression sur l'autre, ils se hâtent d'ajouter que la souche Éthiopienne est inférieure en intelligence, par suite passible de servitude. Ici encore l'observation vient leur donner de fréquents démentis.

Le noir ne provient pas d'une souche unique, comme on serait tenté de le croire, mais de plusieurs types distincts, qu'accusent les caractères physiques des races et la comparaison de leurs idiomes. Les nègres de la côte Mina, par exemple, reproduisent, sauf la couleur, le type caucasique : front élevé, nez droit, bouche régulière, figure ovale, formes athlétiques, tout révèle en eux une nature forte et intelligente; l'œil et la lèvre trahissent seuls la sensualité que la constitution anatomique semble imposer à tout le groupe éthiopien. Les individus de cette origine qui jouissent de la liberté donnent chaque jour des preuves non équivoques d'une aptitude supérieure. J'ai vu des ouvriers, des négociants, des prêtres, des médecins, des avocats nègres qui, de l'aveu même des gens du pays, pouvaient hardiment rivaliser dans leur œuvre avec les blancs. C'est à cette vigoureuse race qu'appartenaient ces rois du Soudan qui pendant de longues années ont eu la haute main sur les empires de cette immense contrée. Au Brésil, n'a-t-on pas vu le noir Henriquez Diaz, si célèbre dans les annales portugaises, forcer par sa bravoure et ses talents militaires le roi D. João IV à le nommer colonel et chevalier de l'ordre du Christ? Les Hollandais se souviennent encore des terribles coups qu'il leur porta dans la guerre dite de l'indépendance, à la tête de son régiment d'Africains.

Malheureusement, à côté de ces races privilégiées se trouvent certaines tribus déshéritées, qui semblent autant se rapprocher de la brute que de l'homme, et conduire par degrés insensibles à l'homme-singe de l'Océanie. L'esclavage d'ailleurs, s'emparant du nègre dès son enfance pour en faire une machine à sucre ou à café, atrophie non-seulement l'intelligence, mais encore tous les nobles instincts de la nature humaine, pour ne laisser place qu'aux mauvais penchants. C'est là en grande partie le secret de l'infériorité des prétendus « fils de Cham. » Il faut ajouter que même dans les tribus les mieux douées, on remarque souvent certain manque d'initiative qui semble trahir un défaut d'activité cérébrale. Ce fait ressort nécessairement de la constitution physique du noir. La portion inférieure du corps à partir de la ceinture est plus fournie chez lui que chez l'Européen, et par une sorte de compensation organique qu'on retrouve si fréquemment dans les diverses séries de l'échelle animale, son encéphale doit être moins développé que le nôtre. Cette différence qu'on peut remarquer chez d'autres peuplades sauvages, est surtout sensible dans les femmes, qui rappellent toujours plus ou moins la Vénus Hottentote.

Infortuné Paria! tel est ton bilan ; tu le vois, il n'y a pas lieu d'être fier. Je ne parle pas de ton épiderme huileux et rance, qui bien des fois m'a chassé de ta case. Ce que je te reproche, c'est ton insouciance de la dignité humaine que tes ennemis considèrent comme une abdication à leur profit. Ta tête manque d'énergie; ce n'est pas ta faute, je le sais ; ta force est ailleurs ; le cerveau qui sommeille sous ton crâne cotonneux ne rêve qu'amour, farniente et *cachaça*. Depuis plus de trois siècles de servitude, tu attends encore un Spartacus pour briser tes chaînes ; et cependant quels sont les droits de tes superbes dominateurs ? Il n'en est qu'un, mais terrible, irrésistible, celui de l'aigle dans les airs, du lion dans les forêts : le droit du plus fort, le seul que daigne employer la nature notre institutrice commune, le seul que l'on rencontre dans l'histoire des hommes et des sociétés, le seul qui ne soit pas un mot destiné à orner une charte ou à équilibrer un code. Ton patron t'a porté le dernier coup. Au lieu de t'adresser à un homme d'énergie comme le fier Henriquez Diaz, tu t'es mis sous la protection d'un marmiton de ta couleur : marmiton de moines, qui oubliait ses fourneaux sous prétexte d'extase, et ne s'est fait connaître que par sa fainéantise. Ce choix ne révèle que trop ta destinée !

On augurerait mal de l'avenir du Brésil, si l'on ne voyait à l'œuvre que l'Indien et le nègre. Celui qui veut connaître tous les éléments de vitalité que renferme la population brésilienne, doit observer les hommes de couleur, qui semblent avoir puisé dans le mélange des races la vigueur que réclame, pour être fécondée, cette âpre et torride nature des tropiques. Le nombre toujours croissant des hommes de couleur s'explique par les conditions de l'émigration européenne. Il n'y a guère de femmes qui s'expatrient, surtout au-delà de l'Océan ; vingt-cinq mille Européens au contraire abordent tous les ans au Brésil, et vont se répandre les uns dans les villes, les autres dans les terres, suiv ; les goûts, les aptitudes ou les ambitions. Faute de femmes blanches, ils s'allient aux négresses ou aux Indiennes, et donnent ainsi naissance à des générations de métis qui, se croisant à leur tour, fournissent toutes les nuances de l'espèce humaine. Ces croisements si divers peuvent se ramener à trois souches primitives : le *mameluco*, le mulâtre et le *cabocolo*.

De ces trois types, c'est le *mameluco* qui offre la physionomie la plus étrange. On appelle ainsi les descendants des anciens *conquistadores* qui prirent les Indiennes pour épouses après avoir exterminé les guerriers du désert. Ils occupent une zone immense sur les deux rives du Rio-de-la-Plata (fleuve de l'argent), depuis la côte de l'Atlantique jusqu'aux forêts les plus reculées de l'intérieur. Les provinces méridionales en sont presque exclusivement peuplées. Habitués à manier le cheval dès leur enfance, les *mamelucos* ne mettent presque jamais pied à terre. C'est à cheval qu'ils vaquent à leurs occupations, qu'ils chassent, qu'ils pêchent, qu'ils causent de leurs affaires. Armés du *laço*, ils forment ces redoutables centaures si connus dans l'Amérique du Sud sous le nom de *gauchos*, et qu'on peut considérer comme les premiers cavaliers de l'univers. Ils forcent en se jouant les animaux les plus agiles, tels que le *nandù* (autruche d'Amérique), et les atteignent de leurs terribles *bolas*[1]. C'est parmi eux qu'on rencontre aujourd'hui les plus intrépides soldats et les meilleurs colons du Brésil et de la République-Argentine. Accoutumés à lutter contre les difficultés de la vie du désert, à respirer l'air des grandes plaines, à courir dans les immenses *campos* du sud de toute la vitesse de leurs coursiers sauvages, ils diffèrent notablement de leurs congénères abâtardis des opulentes *fazendas* de la côte ou des voluptueuses cités voisines de l'Atlantique. Une seule chose leur est commune à tous : c'est un sentiment loyal et profond des devoirs de l'hospitalité. Il faudrait remonter aux légendes homériques pour rencontrer en Europe l'accueil que la plus petite plantation offre au voyageur dans les forêts du Nouveau-Monde.

Comme tous les hommes de couleur, le *mameluco* s'inquiète peu de son logement. Le *rancho* lui suffit. C'est un hangar qui, suivant les lieux, doit servir d'abri aux provisions, aux habitants, aux mules, aux voya-

---

[1] Les *bolas* sont des boules de plomb qui terminent le *laço*.

geurs, et souvent à tout cela à la fois. Aussi rien de plus simple et en même temps de plus varié que l'architecture de cet abri. Le *rancho* de la *venda* (auberge) ne saurait être le même que celui de la forêt, qui diffère bien plus encore du *rancho* de la plantation. Le rancho primitif n'est autre chose que la hutte du nègre et de l'Indien : il consiste en quatre pieux fichés en terre et supportant une toiture de chaume ou de feuilles de palmier ; c'est celui que l'on rencontre dans les champs en culture ou sur la lisière des forêts : il suffit de quelques heures pour l'élever et d'un ouragan pour le détruire.

Le véritable *rancho* est celui des *tropeiros* (conducteurs de caravanes). On ne le rencontre guère que sur les bords des chemins fréquentés. C'est la hutte primitive élargie, agrandie, appropriée, non plus à une famille de sauvages, mais à une caravane entière. Des piliers de maçonnerie sont placés aux quatre angles; le toit, recouvert de briques, est soutenu par une charpente solide. De nombreux poteaux, distribués dans l'intérieur, sur plusieurs lignes symétriques, servent de supports à la charpente, et permettent en même temps aux *tropeiros* d'y attacher les mules, afin de charger et de décharger les sacs de café, les boucauts de sucre ou les balles de coton. C'est là qu'ils font cuire leurs aliments et qu'ils reposent la nuit sur les harnais de leurs bêtes, pendant que celles-ci paissent dans le *pasto* du voisinage. L'entrée est gratuite, mais le propriétaire se dédommage amplement sur la consommation que l'on fait dans sa *venda* et sur le mil qu'il donne aux mules.

Vient enfin le *rancho* de la *fazenda*; c'est la hutte devenue maison, ou plutôt maison-écurie. Hommes et bêtes y logent à la fois; des murailles en terre remplacent les poteaux extérieurs; une porte, quelquefois une fenêtre, lui donnent comme un faux air de ressemblance avec une étable de nos campagnes, qui serait ouverte à tous les vents.

Outre les chevaux qu'il va vendre dans les grandes foires ou qu'il conduit dans les provinces du nord, le *gaucho* élève encore d'innombrables troupeaux de bœufs. Dans les premiers temps, il n'en retirait que le cuir et abandonnait la chair aux *urubús* (vautours). Peu à peu il s'habitua à boucaner la viande et à confectionner cette *carne seca* (viande sèche) dont on fait aujourd'hui un si grand usage dans toute l'Amérique du Sud. Plus tard il se servit du suif pour la fabrication du savon, et enfin j'ai entendu parler, pendant mon séjour au Brésil, de projets de fabriques de noir animal qui devaient utiliser les os. Le *gaucho* a aussi des troupeaux de brebis, mais, en véritable *hidalgo*, il les fait garder par des chiens qu'il dresse au rôle de berger. Le chien part le matin avec son troupeau, portant sa pitance dans un panier suspendu à son cou, et le ramène à la nuit tombante.

Quand le *gaucho* n'a pas de patrimoine, il se fait *péon* (dompteur de mules) dans les *fazendas* du voisinage. Le *péon* est généralement un homme d'une nature sèche, mais musculeuse et solidement charpentée; son teint et sa peau, fortement bistrés, annoncent que sa vie se passe au grand air. Une chemise de couleur, un pantalon de toile rayée et un énorme coutelas suspendu à sa ceinture composent tout son costume. Ses yeux s'abritent sous un chapeau de paille roussi par les feux des tropiques. A ses pieds nus et calleux sont attachés des éperons gigantesques, comme ceux que portaient nos paladins du moyen âge. Un éperon européen serait sans action sur le derme de la mule américaine.

C'est un sujet d'étonnement et d'admiration pour les voyageurs comme pour les Brésiliens eux-mêmes, que la vigueur déployée par cet homme quand il veut dompter une bête rétive et sauvage. Il se place à quelque distance d'un mur ou d'une haie, tenant d'une main le bout du *laço*, tandis que l'autre retient le nœud coulant et le reste de la corde, disposé en cercles concentriques. Pendant que des noirs armés de longues perches poussent avec de grands cris ces animaux vers le passage, le *péon* fait tournoyer les nœuds de son *laço* au-dessus de sa tête, afin de leur donner la force de projection nécessaire, les lance tout-à-coup au moment où la victime choisie passe devant lui, et s'inclinant aussitôt dans la direction opposée, raidit ses membres de toutes ses forces tandis que son corps prend une direction de plus en plus oblique. On dirait alors une énorme cheville de fer fixée au sol suivant le prolongement de la corde. Le quadrupède, se sentant le cou saisi, regimbe d'abord en s'enfuyant de toute sa vitesse; mais, après quelques soubresauts, il s'arrête suffoqué par le lien. Le dompteur s'approche, lui passe une bride, l'enfourche, et, après l'avoir dégagé du *laço*, commence son éducation. Les premières leçons sont des plus laborieuses : l'animal se cabre, se renverse, cherchant à se débarrasser à la fois de l'écuyer, du mors et de l'éperon : peines perdues, la victoire reste à l'homme. Ce dur métier, condamnant les muscles à une forte tension et à des efforts continuels, use le *péon* avant l'âge, et, quelle que soit l'habileté de ces centaures, ils n'échappent pas toujours aux dangers inséparables de leur rude carrière. Un jour, j'aperçus un cheval fuyant à toute bride, tandis que le cavalier, retenu par le *laço*, tournoyait sur lui-même derrière sa monture, sans pouvoir s'accrocher au sol des pieds ni des mains. Confiant dans sa force et son adresse, il avait eu l'imprudence de fixer le *laço* à sa ceinture, et, ayant perdu l'équilibre, il suivait à travers l'espace les soubresauts de sa bête. Heureusement, celle-ci s'étant réfugiée dans le *rancho* voisin, il en fut quitte pour quelques écorchures.

Le mulâtre a pour père un Européen et pour mère une fille d'Afrique. Celle-ci n'étant guère transplantée que dans les exploitations agricoles ou dans les centres de commerce, c'est-à-dire près de la côte ou d'un fleuve, il en résulte que le mulâtre est plutôt un produit des villes et des fermes du littoral que de l'intérieur. Ordinairement libre, on l'applique à toutes les fonctions qu'on suppose trop pénibles pour l'indolence de l'Indien, trop élevées pour l'intelligence atrophiée du nègre esclave, et trop serviles pour la dignité du blanc. Il devient donc, suivant ses aptitudes et suivant le besoin, charpentier, forgeron, tailleur, maçon, bouvier, soldat, etc. S'il descend d'un homme riche et qu'il ait reçu de l'éducation, il entre dans le commerce, dans le clergé, dans le corps médical, dans la magistrature, et siége même au congrès. Il perd alors sa physionomie propre, et vous ne voyez plus en lui qu'un *gentleman*.

Comme son voisin le *mameluco*, le mulâtre abandonné à lui-même se sent une vocation irrésistible pour les mules et les chevaux. C'est lui qui tient les *vendas* du chemin, qui sert de guide dans les voyages, que l'on rencontre dans tous les métiers interlopes. Dans les plantations, il devient garde-chiourme des nègres, dresseur de mules ou *arréador*. On appelle ainsi le chef de la caravane qui porte périodiquement les produits de l'intérieur, coton, sucre, café, à travers les montagnes jusqu'au port le plus voisin. Rien de plus pittoresque que ces longs convois de mules que l'on rencontre à chaque instant dans les forêts du Brésil. La bête qui ouvre la marche, la *madrinha*, porte une clochette qui sert de signe de ralliement; les autres suivent à la file, par groupes de sept. Chacune de ces petites escouades est sous la conduite d'un noir. On part le matin après la distribution du mil; on chemine une partie du jour, et on s'arrête de bonne heure pour donner aux conducteurs le temps de préparer leur repas, et de vérifier si les bats n'ont pas blessé leurs mules; celles-ci, l'inspection faite, se répandent dans le *pasto* du voisinage, où elles restent livrées à elles-mêmes jusqu'au lendemain.

Arrivée à l'entrepôt, la caravane décharge ses marchandises, prend en échange les denrées nécessaires à la *fazenda*, sel, huile, farine, vin, *carne seca*, *bacalhão* (morue sèche), etc., et se remet en marche. C'est alors que l'arréador doit redoubler de vigilance pour empêcher les nègres de percer les caisses et de faire main basse sur les provisions ; le vin et la *carne seca* sont principalement l'objet de leur convoitise : aussi est-il rare, malgré toute l'adresse de l'arréador, qu'un de ces convois arrive intact à destination.

Tous ces petits larcins ne sont que des bagatelles auprès des soucis que causent les mules dans la saison des orages, lorsque de longues pluies ont détrempé le sol, creusé des ornières et rendu les chemins impraticables. Au bout d'une heure de marche, la caravane offre l'aspect le plus piteux : les bêtes ne vont plus que clopin-clopant, haletant à la peine, enfonçant à chaque instant leurs pieds à demi-déferrés dans des trous profonds et remplis d'une argile tenace, jusqu'au moment où l'une d'elles tombe pour ne plus se relever. Aux cris du *tocador*, la troupe fait halte, et l'arréador arrive pour donner ses ordres. On décharge la bête, on lui passe un laço au cou, et tous les nègres, saisissant la corde, tirent à eux, tandis que le chef stimule l'animal à grands coups de fouet. Après une demi-heure d'efforts et de cris inutiles, l'arréador abandonne enfin sa mule près d'expirer, et continue sa route. Pour ne pas perdre le 8 arrobes (256 livres) de café que portait l'animal, et qui représentent une valeur de 40 milréis (100 fr.), il ordonne à ses noirs de les distribuer sur la charge des bêtes valides. Celles-ci sentant d'instinct qu'un surcroît de fardeau est un mauvais moyen pour avancer plus facilement, rassemblent toute leur énergie et lancent force ruades aux nègres avant de céder. Cependant on se remet en marche. De nouvelles ornières ne tardent pas à se présenter. Bientôt une autre mule tombe à son tour : nouveaux essais infructueux pour la retirer et nouvelles surcharges imposées aux bêtes survivantes; mais cette fois, comprenant que c'est pour elles une question de vie ou de mort, elles opposent une si vive résistance qu'elles forcent leurs *tocadores* à se tenir au large et à garder pour un moment plus favorable l'application de leurs étranges principes de mécanique. On se décide alors à laisser sur place les sacs de café, bientôt envahis par ces myriades de petits rongeurs qui fourmillent dans les forêts brésiliennes, et qui viendront percer les sacoches pendant que les *urubús* (vautours) dépèceront la mule.

Je me rappelle avoir été témoin d'une de ces descentes de caravanes dans la *Serra do mar*, cordillère maritime qui sépare les eaux du Parahyba des côtes de l'Océan. Ce lieu est très-fréquenté par les troupes de mules qui portent à la capitale les produits de l'intérieur. C'était après les grandes pluies de l'été. La route était indiquée sur les deux revers de la montagne par une suite non interrompue de débris de toute sorte, notamment par une quantité si prodigieuse de fers à cheval qu'on aurait pu remonter des régiments entiers de cavalerie; de distance en distance, nous trouvions un bœuf abandonné sur place ou une carcasse de mule répandant une odeur insupportable et couverte d'*urubús* qui ne semblaient nullement s'inquiéter de notre approche, tant ils avaient conscience de l'utilité de leur fonction. Arrivé au sommet de la *serra*, je rencontrai un *tropeiro* de la province de Minas qui me conta ses infortunes. Il était parti avec une centaine de bœufs pour aller chercher quatre chaudières à sucre; l'orage l'avait surpris en route, il n'avait pu gravir la montagne qu'en sacrifiant la moitié de ses bêtes, et il était obligé d'attendre que ses *tocadores*, qu'il avait envoyés en avant, lui en amenassent encore cinquante pour continuer son chemin. Ces détails permettent de deviner quelle effrayante consommation de bêtes de somme se fait annuellement dans les *fazendas* du Brésil. Aussi chaque ferme a-t-elle une pépinière de jeunes mules que des *peones* sont chargés de dresser. Ces animaux viennent ordinairement des provinces du sud.

Les *cabocolos*, le troisième groupe des gens de couleur, sont peu nombreux dans les villes de la côte. Ils proviennent du mélange des deux races vaincues et proscrites, le nègre et l'Indien. On les rencontre surtout dans l'intérieur, à la limite des forêts, qui leur servent à la fois de refuge contre leurs persécuteurs et d'asile pour leur fainéantise. C'est ordinairement le père qui représente l'élément africain. L'Indien est trop fier de sa supériorité de peau-rouge pour s'approcher d'une négresse; en revanche, les Indiennes quittent volontiers leurs maris cuivrés pour suivre les noirs. Les occupations des *cabocolos* sont à peu près les mêmes que celles des Indiens demi-civilisés avec lesquels ils sont mêlés. Ils cueillent la salsepareille, le caoutchouc, la vanille, et fabriquent des poteries qui ne manquent pas d'une certaine élégance, bien qu'elles rappellent un peu trop celles des peuples primitifs. Ceux du Pará ont même acquis un certain renom dans ce genre d'industrie. Ils obtiennent quelquefois des effets d'un grotesque inimitable avec leur argile noire entrecoupée de bandelettes rouges. Il est à remarquer que ces artistes des forêts s'appliquent de préférence à reproduire les formes du caïman, l'animal le plus redouté du pays. L'homme naît faible; son premier sentiment est toujours la crainte, son premier culte la terreur.

Les *cabocolos* qui vivent dans les villes ou dans le voisinage des plantations, se font ouvriers ou domestiques; mais ces *lazzaroni* du Nouveau-Monde ne travaillent que sous l'aiguillon de la faim. C'est là malheureusement un reproche qui doit s'étendre à tous les gens de couleur. Saint-Hilaire raconte que dans son passage à Saint-Paul, ayant besoin d'une malle pour continuer son voyage, il s'adressa inutilement à tous les ouvriers de la ville. Il désespérait de l'obtenir, lorsque le gouverneur, apprenant ses démarches, plaça un factionnaire chez un menuisier jusqu'à ce que celui-ci consentît à livrer la malle. Ce moyen était infaillible, mais on ne l'employait que dans les circonstances solennelles et seulement pour les amis du gouverneur. Dans les cas ordinaires, lorsqu'un bourgeois, par exemple, désirait une paire de souliers, il la commandait à plusieurs ouvriers à la fois, et s'il n'avait pas trop mauvaise chance, il s'en trouvait un sur le nombre qui, pressé par la faim, se mettait à l'œuvre.

Après avoir passé en revue les diverses races qu'abrite le *rancho*, il resterait à rechercher quel rôle ont joué chacune d'elles dans les destinées du Brésil.

Notre réponse à cette question a pu être facilement pressentie. L'Indien, on l'a vu, s'enfonce de plus en plus dans ses forêts séculaires en haine de la civilisation, qui ne lui a apporté que des maux. Le noir succombe à la peine, broyé sous les engrenages de cette impitoyable machine qu'on appelle la production. Le *cabocolo*, produit hybride de tribus sauvages, n'a hérité que de l'indolence des deux races et de leur inaptitude au travail actif et fécondant. Restent donc le *mameluco* et le mulâtre, qui ont puisé dans le sang portugais quelques germes de cette activité fiévreuse qui a rendu leurs aïeux si célèbres dans les annales de la navigation. Malheureusement, ils sont loin de suffire seuls à l'œuvre. Le dogme du *far niente*, importé par leurs pères, s'allie trop bien à la douceur du climat, à la richesse du sol, et leur nature indolente et sensuelle s'en accommode trop pour qu'ils n'en fassent pas leur unique loi. D'ailleurs à quoi leur servirait le travail, sans débouchés, sans routes, sans industries? Les plus courageux, c'est-à-dire ceux qui habitent les environs du Rio-de-la-Plata, ne connaissent que les chevaux et le bétail. Un *rancho* et quelques pâturages leur suffisent. Leurs frères du Pará, énervés par la chaude atmosphère qui les enveloppe, ne se distinguent guère de l'Indien. Ils passent le temps à dormir ou à se baigner. Ce n'est donc que par une infusion incessante de sang européen, par la réhabilitation du travail s'accomplissant dans les idées et les mœurs, enfin par l'action vivifiante que les chemins de fer exercent partout sur leur passage, que la civilisation poursuivra ses conquêtes et prendra possession de ces espaces immenses encore livrés aux seules forces de la nature. Ajoutons que le dédain professé par l'homme de couleur pour toute espèce d'occupation, ne provient pas uniquement de l'action du climat; il a surtout sa source dans un préjugé répandu dans les pays serviles, qui veut que le travail déshonore ; et ce préjugé, conséquence de l'esclavage, ne peut disparaître qu'avec lui.

LA VIE CRÉOLE.

INTÉRIEUR DE LA FAZENDA.

La vie créole peut être étudiée sous deux faces distinctes : la *fazenda* et la *cidade*, c'est-à-dire chez le planteur et chez le citadin. Ce dernier n'en offre à vrai dire que le côté le moins accentué. Toute colonie tend en effet à se calquer sur la métropole, et ce que l'on voit à Bahia ou à Rio-Janeiro rappelle une civilisation peu différente de celle de Lisbonne. Si l'on veut connaître à fond les mœurs Brésiliennes, il faut affronter les *picadas* (sentiers) des forêts vierges, enfourcher bravement une mule, et chercher les créoles là où se sont conservées intactes les vieilles coutumes, dans une *fazenda*.

Qu'est-ce que la *fazenda* ? C'est une vaste étendue de terrains plantés de cannes à sucre, de caféiers, ou de cotonniers, dont le centre est occupé par un grand rectangle de bâtisses blanches. Le côté réservé au maître, au *senhor*, s'annonce par une architecture régulière et un perron. Les poutres qui soutiennent la toiture, s'avançant de quelques pieds au-delà du mur extérieur, forment du côté du nord une *varanda* qui permet au *fazendeiro* de voir, à l'abri du soleil et de la pluie, tout ce qui se passe dans la vaste enceinte. C'est là qu'on vient respirer les fraîches senteurs matinales ou les tièdes brises du soir. Deux ou trois négrillons jouant avec un *macaco* apprivoisé et quelques perruches bavardes aux pennes bleues égaient ce péristyle de leurs cabrioles et de leurs cris. En face s'étend une suite de grandes salles destinées à emmaganiser la récolte. A l'un des angles se trouvent les cylindres qui broient la canne ou les pilons qui écossent les grains. Toutes ces machines sont mues par une grande roue de bois que fait tourner une chute d'eau. Les deux autres côtés du quadrilatère, bâtis en terre glaise, contiennent les cases des nègres et des *feitors*. L'immense cour qui occupe le centre sert de séchoir pour le café, le mil, le côton, etc. On y entre par deux portes de bois qui séparent l'habitation du maître de celle des esclaves. Les magasins et le pavillon du *senhor* possèdent seuls un plancher, qu'on élève de quelques pieds au-dessus du sol, en prévision des inondations du solstice. Tous ces bâtiments n'ont qu'un rez-de-chaussée : la chaude température propre au pays explique facilement l'aversion des créoles pour les étages supérieurs.

Derrière la *fazenda* et à quelque distance, on rencontre, suivant la disposition des lieux, le *rancho*, le jardin, l'infirmerie, et les divers parcs affectés aux bœufs, aux brebis et aux cochons. Puis çà et là, au milieu des taillis, des *pastos* (pacages) ou au bord des chemins, on voit, adossées à un arbre, les huttes des *agregados*. On appelle ainsi les esclaves que les riches *fazendeiros* affranchissent, soit par testament, soit pour récompenser des services. Le plus souvent ces gens, énervés par la servitude, surtout lorsque la liberté leur vient tard, ont hâte de se livrer au plus complet *far niente*, sous prétexte de se reposer de leurs labeurs passés. Ils se retirent alors dans un coin de forêt, sur les possessions de leur ancien maître, s'y construisent une cabane avec des pieux et de la terre glaise, sèment quelques grains de *feijão* et de mil autour de leur demeure, et passent le reste de l'année dans ce repos absolu qu'ils ont rêvé toute leur vie comme l'idéal de la félicité humaine. Leurs enfants, élevés dans la liberté la plus complète, se considèrent naturellement comme les propriétaires du sol, et lorsque le *fazendeiro* veut défricher ses bois, il est d'ordinaire obligé de recourir à la force pour faire déloger ses locataires.

Autour de la *fazenda* s'étendent, sur un espace de plusieurs lieues carrées, les plants de caféiers, les pacages, les champs de cannes ou de cotonniers, et enfin, à la périphérie, de larges zones non encore exploitées de forêts vierges. Tout cela est traversé de *picadas* qui le plus souvent, surtout dans la saison des orages, ne présentent qu'un pêle-mêle sans nom d'ornières profondes, de ruisseaux fangeux, de troncs déracinés et d'épaisse poussière ; mais quelle splendeur dans le paysage ! que d'harmonies dans le ciel ! Tantôt ce sont des troupeaux de mules ou de bœufs à demi sauvages que vous rencontrez dans les plantations abandonnées et transformées en *pastos* (pacages), tantôt des oasis de verdure dont les arbres, faisant voûte, arrêtent les rayons du soleil et vous pénètrent des plus suaves senteurs. Au-dessus de vos têtes, de petits ouistitis, suspendus aux lianes, cabriolent avec de charmantes grimaces, tandis que, sous le vert sombre des feuilles, des milliers d'oiseaux au plumage éclatant chantent leurs joies, leur butin ou leurs amours. Par intervalles, un *araponga*, perché sur un vieux tronc dénudé par la foudre, domine tout ce caquetage de ses notes sonores. Cette vierge et sauvage nature, qu'on pouvait contempler encore, il y a quelques années, aux portes de Bahia et de Rio-Janeiro, s'éloigne de jour en jour ; le café épuise le sol, et comme l'Indien et le jaguar, la forêt recule devant le colon et la civilisation.

Le mode de préparation des terres est le même pour toute sorte de culture. On met le feu au bois ou au taillis qui recouvre le champ qu'on veut ensemencer. Si l'on s'attaque à une forêt vierge, l'opération dure quelquefois des semaines entières. Souvent survient un orage qui arrête tout. On recommence alors le lendemain et les jours suivants, jusqu'à ce que les arbres soient tombés, et que la plupart aient été réduits en cendres. Lorsqu'on opère sur un terrain en pente, on réserve de distance en distance des troncs qu'on placé en travers pour empêcher les pluies de raviner le sol. Cette méthode de défrichement, qui s'éloigne si fort de nos habitudes, et que les Européens ont tant blâmée, est la seule praticable au Brésil. La hache n'a aucune prise sur cette vigoureuse végétation. Le bois, d'une dureté excessive par suite de l'énorme quantité de ligneux que dans ce climat la sève condense sans cesse dans les cellules de la plante, résiste aux outils les mieux trempés, et épuiserait inutilement les forces du nègre. D'un autre côté, point de routes, point de débouchés à un utile emploi de ces richesses. Le feu est donc le seul agent qui puisse en débarrasser le sol. Ajoutons que les cendres ainsi obtenues forment le plus énergique engrais qu'on puisse imaginer. C'est pour ainsi dire la quintessence du terrain préparée par la lente élaboration des siècles et rendue au réservoir commun. Cette coutume entraîne néanmoins quelques inconvénients. Maintes fois, surtout quand le vent s'élève, le feu gagne la plantation voisine. Le moyen usité en pareil cas pour arrêter l'incendie mérite d'être noté. Une escouade de nègres va déposer des fagots secs à quelques mètres du brasier sur une ligne parallèle aux champs qu'on veut préserver, et y promène la torche. L'air placé entre les deux foyers de combustion, s'échauffant rapidement, devient plus léger, s'élève et forme un vide qui, attirant aussitôt la flamme, l'empêche de se porter du côté opposé et de gagner plus loin.

Des effets d'un autre ordre atteignent l'homme lui-même, et le voisinage des forêts incendiées n'est pas sans exercer une action fâcheuse sur les constitutions délicates. Les torrents de gaz que le feu dégage pendant des semaines entières sur une immense étendue de terrains, finissent par oppresser gravement la poitrine et embarrasser les poumons. La première fois que je chevauchai dans la *serra* (chaîne de montagnes) qui entoure Rio-Janeiro, l'air, vers le milieu de la journée, me sembla plus lourd que sur le bord de la baie, bien que le contraire dût arriver, puisque je me trouvais déjà au milieu des montagnes. En même temps le ciel me paraissait moins limpide, et des horizons fauves avaient remplacé les teintes d'azur. J'attribuai d'abord cet effet à la fatigue de mes organes. Cependant, une certaine oppression qui rendait la respiration laborieuse, m'annonçait qu'il se passait dans l'atmosphère quelque chose d'anormal. Enfin, à un coude de la route, me trouvant en face du soleil, je le regardai fixement ; ce n'était plus l'astre éblouissant des tropiques nageant dans des vapeurs de pourpre et d'or, mais un disque d'un rouge sombre perdu dans un brouillard d'hiver. Mon étonnement redoubla. Profitant d'une halte que le guide faisait pour équilibrer les bagages, je lui indiquai du doigt l'objet de mes préoccupations.

He queimada (c'est un incendie)! me répondit-il aussitôt avec ce laconisme qui caractérise la race portugaise.

Je ne m'expliquais pas trop comment un incendie que je ne voyais pas pouvait à ce point obscurcir le soleil et rendre l'air irrespirable. Quelques instants après, comme nous atteignions le sommet d'une colline dont les plantations encore peu élevées permettaient à la vue de s'étendre au loin, j'eus le mot de l'énigme. Ce n'était pas un incendie, mais bien des centaines d'incendies qui s'élevaient de tous les points de l'horizon. Nous touchions alors au printemps austral, et les *fazendeiros* se hâtaient de brûler les forêts et les champs en friche qui devaient servir aux semailles. La plus petite ondée suffit pour dissoudre ou entraîner les gaz que la combustion a répandus dans les airs; mais j'ai vu quelquefois s'écouler des semaines entières sans pluie au plus fort des *queimadas*, et bien que la chaleur ne fût pas encore excessive, je dois avouer que c'est dans ces moments que j'ai le plus souffert au Brésil. Ces incendies durent ordinairement six semaines ou deux mois. Commencés en juillet ou en août, suivant la latitude, ils doivent être terminés dans le courant de septembre ou d'octobre, afin qu'on ait le temps de planter et d'ensemencer avant la saison des pluies.

Avant d'arriver à une *fazenda*, le voyageur, en observant les terres cultivées qu'il traverse, peut déjà se rendre compte des diverses formes que revêt l'exploitation du sol au Brésil. Les caféiers, les cannes à sucre, les cotonniers appellent successivement son attention.

La culture la plus importante du Brésil est sans contredit celle du caféier, car ce pays fournit, à lui seul, pour l'exploitation de cette précieuse denrée, plus que toutes les autres colonies ensemble. L'arbre ne s'élève pas très-haut; ses feuilles rappellent assez celle du laurier, tout en étant plus petites et plus écartées. Les plants sont rangés en ligne le long des mornes, comme les vignes des coteaux bordelais, seulement plus espacés. Le caféier ne commence guère à entrer en rapport qu'au bout de quatre ou cinq ans. Après une vingtaine d'années, la sève s'épuise ; mais si l'on coupe les branches, opération qui donne une nouvelle énergie au tronc, on obtient encore dix années de récolte. Les fleurs sont blanches, à cinq pétales, et disposées en grappes ; le fruit, quand il commence à mûrir, ressemble à une petite cerise rouge. Le goût de l'enveloppe n'est pas désagréable ; dès qu'elle noircit, les graines sont mûres et l'on fait la récolte. A mesure qu'ils sont détachés de l'arbre, les fruits sont portés sur une aire placée d'ordinaire devant l'habitation ; là le soleil sèche les graines et achève de noircir l'enveloppe. Après quelques jours d'exposition en plein air, on les porte sous des pilons de bois mus par une roue hydraulique. Chaque fruit contient deux grains de café juxtaposés par leurs surfaces planes et retenus par l'enveloppe. Le mouvement de va-et-vient des pilons sépare facilement la graine du péricarpe. Il ne reste plus qu'à passer au crible. Les grains les plus gros et les plus mûrs sont mis de côté et réservés pour l'usage du *fazendeiro*. Trois ou quatre années d'emmagasinage leur donnent une force et un arome dont les Européens n'ont aucune idée. Le café est comme le vin; plus il vieillit, plus il se dépouille de son amertume et développe son parfum.

La grande occupation des nègres entre l'époque des semailles et celle de la récolte est le sarclage des plantations. Il faut avoir vécu sous les tropiques pour se rendre compte de la rapidité et de la puissance qu'acquiert la végétation dans la saison des orages, lorsque l'eau, le soleil et l'électricité ruissellent de toutes parts. Sucre, café, coton, seraient rapidement étouffés par le *capim* (mauvaises herbes), si on ne se hâtait de l'arracher.

Le café épuise le sol. Un terrain qui a alimenté une plantation de caféiers pendant vingt ou trente ans est une terre complétement perdue pour l'agriculture. Il faut attendre qu'une autre forêt vierge tire des entrailles du sol les éléments d'une végétation nouvelle. J'ai vu d'anciennes plantations de café abandonnées, au dire des gens du pays, depuis bien des années. L'œil n'apercevait que des mornes dénudés à leur sommet, chose étrange dans une terre où la sève semble jaillir de la pierre. Les pluies, n'étant arrêtées par aucun obstacle, avaient emporté le sol arable, et laissaient la roche à découvert. La vallée, il est vrai, profitait de ces détritus. Là, les plantes, trouvant un point d'appui pour retenir l'humidité, s'élèvent en toute hâte, gagnent peu à peu le pied de la colline, et indiquent qu'elles la reconquerront un jour. C'est ainsi que, dans une longue succession de siècles, se sont formées et se forment journellement les forêts qui recouvrent les montagnes de granit.

Les plantations de cannes à sucre ressemblent, à s'y méprendre, à des champs de roseaux. La grosseur des cannes varie suivant l'altitude ou plutôt suivant la quantité d'eau et de soleil qu'elles reçoivent. J'ai vu plusieurs fois sur les plateaux de l'intérieur la canne indigène, que les noirs appellent canne de *macaco* (canne de singe); elle m'a généralement paru de la grosseur d'un roseau ordinaire, tandis que certaines espèces atteignent, dans les régions basses et humides, des proportions gigantesques. Le mode de culture varie aussi suivant la localité. En certains endroits, on pratique des coupes annuelles dans la même plantation pendant plusieurs années de suite, tandis que dans d'autres on se contente d'une ou de deux.

La fabrication du sucre est trop connue pour que j'entre dans de longs détails à ce sujet. La tige coupée est immédiatement portée sous un cylindre qui la broie. Le jus, de couleur verdâtre, est conduit par une rigole dans une série de chaudières qui le concentrent graduellement. Les gens du pays attribuent à cette liqueur une foule de propriétés curatives, et ne manquent pas de s'en régaler. Les noirs surtout en font grand usage, mais ils trouvent plus commode de mordre à pleines dents dans la canne. La liqueur ainsi obtenue a une saveur fraîche et sucrée, tandis que le jus venu des cylindres, contenant tous les sucs qui se trouvent dans la tige, laisse à la bouche un arrière-goût d'herbage. Quelques pintes de lessive tirée des cendres de certaines plantes riches en potasse entraînent la plus grande partie de ces matières; le reste est éliminé plus tard par la clarification.

Quand l'action du feu commence à se faire sentir, un esclave posté devant la dernière chaudière, observe attentivement la coloration de la liqueur et les divers degrés de consistance : une longue habitude lui tient lieu d'aréomètre. Dès que le jus tourne au sirop, il le retire et le verse dans des baquets, où il refroidit. Le sucre est fait : il se présente d'abord sous la forme de petits grains roussâtres; il ne reste plus qu'à clarifier et à sécher. Le résidu de la liqueur, appelé mélasse, donne par la distillation la *cachaça*, ce nectar du nègre, de l'Indien et de beaucoup de blancs. Cette *cachaça*, après un séjour de quelques mois dans des tonneaux fabriqués avec certaines espèces d'arbres, perd son goût sauvage et devient une eau-de-vie que les connaisseurs mettent au rang du fameux rhum de la Jamaïque.

La culture du sucre exige plus de bras et plus de fatigues que celle du café, mais elle est plus productive, surtout depuis que les eaux-de-vie ont atteint un prix si élevé. Elle a cependant aussi ses inconvénients. Quand l'année est trop pluvieuse, la sève surchargée d'eau, ne se concentre pas facilement, et exige une cuisson très prolongée. Dans les temps de sécheresse, la canne rend peu; elle donne néanmoins toujours un produit, même dans les années les plus calamiteuses, tandis que le café peut manquer complétement. Malgré cette chance redoutable, c'est le café que les petits propriétaires cultivent de préférence. La récolte n'offre aucune difficulté. S'ils n'ont pas de machine pour la décortication du grain, ils vont chez le voisin. La construction et l'entretien d'une sucrerie exigent au contraire des avances considérables que peuvent faire seuls les riches planteurs.

La culture du coton ne date pas de loin au Brésil,

et, sauf quelques localités, on peut dire qu'elle n'y est encore qu'exceptionnellement répandue. Peut-être la guerre qui vient de désoler les États-Unis lui donnera-t-elle une impulsion décisive. Cette culture, aussi simple que celle du café, exige encore moins de soins. Rien de plus pittoresque qu'un champ de cotonniers en fleur. L'arbre n'est pas d'ordinaire très-haut, certaines espèces même ne sont que des arbustes traînant jusqu'à terre leurs nombreux rameaux ; mais, dès que le bouton s'ouvre aux chaudes haleines du printemps, on voit la campagne parsemée de grands pétales jaunes qui semblent autant de papillons butinant dans la rosée du calice. Au bout de quelques semaines, ces fleurs se referment, pendant que d'autres éclosent. Le fruit mûrit aux rayons du soleil, le précieux duvet se forme. Bientôt le calice s'ouvre une seconde fois, étalant ces houppes soyeuses qui font l'admiration des étrangers et la joie de la plantation. Le soir, quand, après une journée brûlante, la coque, largement ouverte, laisse tomber ces touffes blanches en longues grappes et que la brise de l'Océan vient agiter le feuillage des arbres, le spectacle devient indescriptible. A voir ces grappes folâtres frissonnant au moindre souffle, tantôt se dérobant à demi, tantôt étalant avec orgueil leur incomparable blancheur, on dirait un immense bouquet de verdure, agité par des mains invisibles, qui feraient à la fois jaillir et disparaître de féeriques cristallisations de neige.

La cueillette du coton n'offre aucune difficulté. Le fruit détaché de l'arbre, séché devant l'habitation et débarrassé de la coque, est porté devant deux cylindres qui tournent en sens contraire. Il s'agit de dépouiller les graines du duvet qui les recouvre ; l'ouverture des cylindres assez grande pour laisser pénétrer les fibrilles et trop étroite pour donner passage à la graine. Ainsi arrêtée, celle-ci retombe, tandis que le coton est entraîné par la machine.

C'est à ces trois termes, — sucre, café, coton, — que se réduit, à vrai dire, l'agriculture brésilienne. Le blé ne paraît sous forme de pain que sur la table des riches et des Européens ; la classe pauvre et les habitants de l'intérieur ne le connaissent que de nom. On y supplée par le manioc, le riz, le maïs et le *feijão* (haricots). Quant aux autres denrées des tropiques, vanille, cannelle, cacao, caoutchouc, salsepareille, etc., ce sont les Indiens qui cueillent ces produits dans les forêts où le hasard les a jetés, et qui, à des époques fixes, viennent les troquer contre des vêtements, des armes ou de la *cachaça* dans les comptoirs portugais.

Pénétrons maintenant dans la *fazenda*, et observons la vie du planteur. Cette vie est assez active pour le propriétaire sérieusement décidé à s'occuper de ses affaires. Dès la pointe du jour, il se lève, monte à cheval, et, accompagné d'un écuyer, profite de la fraîcheur du matin pour inspecter le travail des nègres et visiter ses domaines : parfois il a à réparer un pont emporté par un orage, à percer un nouveau chemin au milieu d'une forêt, à changer un *pasto* ou à faire monter une machine. De retour vers neuf heures, il fait rapidement sa toilette, et, traversant la *varanda* en allant déjeuner, emmène avec lui tous les convives que les hasards des chemins ont réunis dans la matinée : chasseurs, *mascates* (colporteurs), muletiers, etc. Les voyageurs qui arrivent de la *cidade* apportent les nouvelles du jour; et chasse, ministère, constitution, mules, nègres, tout est objet de discussion. Le repas achevé, chacun prend un *palhito* (cure-dent de bois), et revient sous la *varanda*, où les noirs apportent le café. Peu à peu le silence se fait dans l'habitation; les étrangers ont repris leurs mules et continuent leur chemin. Le *fazendeiro* profite alors de ce répit pour continuer son inspection, si quelque affaire urgente l'appelle au dehors. Dans le cas contraire, il rentre dans son appartement, fait la sieste, lit les journaux, écoute les rapports des *feitors*, et met en ordre sa correspondance.

A trois heures, on se remet à table. Le personnel des convives a subi quelques changements. Au lieu d'un *mascate*, on voit figurer un *gentleman* de la *cidade* qui, par ordre des médecins, vient attendre à la campagne que les fortes chaleurs soient passées. Une famille d'émigrants est venue demander l'hospitalité pour la nuit. Avec des hôtes d'origine si diverse, la conversation ne saurait languir. On atteint ainsi le moment où les feux du soleil commencent à diminuer. Vers quatre ou cinq heures, chacun va respirer la brise du soir; la journée est finie, elle ne se prolonge que pour les nègres. La nuit venue, on sert le thé. Tous les voyageurs que le crépuscule a surpris dans les environs de la *fazenda* sont invités à y prendre part. C'est l'heure des causeries intimes. Souvent on taille une partie de lansquenet, et le sommeil est alors complétement oublié; mais dans la vie normale le créole se couche de bonne heure et se lève de même. Cette règle est d'une bonne hygiène sous les tropiques.

Certains jours sont donnés à la chasse. Un intendant est alors chargé de veiller sur les nègres. Les bois regorgent de fauves et de gibier de toute sorte, et le planteur n'a point à redouter les gardes champêtres ni la morte-saison. Aussi le voit-on courir sans relâche le sanglier, le tapir, le bœuf sauvage, dans ses immenses forêts. Les courses durant quelquefois plusieurs jours, il s'arrête pour déjeuner dans la première *fazenda* qu'il rencontre sur son chemin, remonte à cheval le repas achevé, court les bois tout le reste de la journée, et va coucher, plusieurs lieues plus loin, dans une nouvelle plantation. S'il s'est trop enfoncé dans la forêt loin des habitations, ses nègres lui font rôtir un agouti, espèce de lièvre très commun en Amérique, ou lui préparent un chou-palmiste dans une casserole de bambou; puis ils construisent un *rancho* avec des branches d'arbres, font un lit de feuilles sèches, l'entourent des selles des mules, qui servent de rempart, et se placent en dehors, autour d'un grand feu, afin de protéger le sommeil du *senhor*, qui dort enveloppé de son manteau. S'ils entendent un animal venir à eux, ils tirent un coup de fusil dans la direction du bruit, croyant avoir affaire à une *onça* (jaguar), et tuent quelquefois les mules qui paissent à côté d'eux. D'autres fois aussi, pendant les nuits froides, il arrive aux dormeurs de s'éveiller tout à coup et de secouer vivement leurs manteaux, afin de chasser une *cobra* (serpent) qui cherchait à se glisser sous les couvertures pour se réchauffer.

Ces chasses ne sont pas toujours sans danger. Je me rappelle avoir vu un énorme *jaracotinga*, trigonocéphale des plus vénimeux, s'abattre sur les chiens pour se venger sans doute d'avoir été troublé dans son repos. Quatre de ces animaux furent successivement mordus : le premier expira aussitôt comme foudroyé ; le second vécut une heure dans d'atroces souffrances, et le troisième arriva au lendemain ; seul le quatrième échappa aux suites de la morsure ; le hideux reptile avait épuisé son venin sur les trois premiers. D'autres fois, c'est une *onça* blessée qui se rue sur l'imprudent chasseur. Les armes de précision sont encore peu connues au Brésil, surtout dans l'intérieur. Cet animal devient heureusement de plus en plus rare dans les grandes plantations ; il fuit le voisinage de l'homme, cet implacable destructeur des forêts qui lui servaient de retraite. Vient-il cependant à se révéler dans une *fazenda* par la disparition successive de quelques têtes de bétail, vite on organise une battue, qui d'ordinaire produit plus de bruit que d'effet, car pour trouver un véritable tueur de tigres, il faut aller dans les *campos* du sud, chez le *gaucho*.

Le *gaucho* n'a pas besoin de carabine. Son cheval et ses *bolas* lui suffisent. Dès qu'il entend ou qu'il aperçoit un jaguar, il s'élance vers lui au galop. Le tigre s'arrête étonné de tant d'audace. Arrivé à la distance de quelques pas, le cavalier lance son redoutable *laço*, et, faisant aussitôt volte-face, il reprend sa course de toute la vitesse de son cheval. Des rugissements épouvantables et les soubresauts du *laço* l'avertissent que le coup a porté juste et que l'animal étranglé se débat dans les étreintes de l'agonie. Quand les cris ont cessé, le chasseur met pied à terre, et tirant son coutelas de sa ceinture, achève sa victime.

Quand le planteur n'est pas en chasse, c'est qu'il voyage pour se distraire ou rendre des visites chez ses voisins. Le luxe qu'il déploie dans ces occasions n'est pas sans offrir un certain cachet d'élégance et d'originalité. Ne pouvant faire passer d'équipage à travers les *picadas* de la forêt, il va toujours à cheval ou sur une mule richement caparaçonnée, les *senhoras* elles-mêmes n'ont pas d'autres montures. Une troupe de cavaliers de toute nuance suivent pour faire honneur au *senhor*. Les deux premiers, remplissant plus spécialement les fonctions d'écuyer, portent la livrée de la maison. Plus l'escorte est nombreuse et soulève de poussière, plus on se fait une haute idée de l'importance du visiteur. Parfois cependant la caravane se réduit à des proportions beaucoup plus simples. Je rencontrai un jour, dans une de mes excursions, une famille qui se rendait de la province de Minas à celle de Saint-Paul. Une forte et robuste négresse ouvrait la marche, portant dans un berceau posé sur sa tête un nourrisson de quelques mois qu'elle allaitait, et qu'une légère toile abritait seule contre les ardeurs dévorantes d'une chaleur sénégalienne. Venait ensuite un vieux nègre pliant sous le poids d'une immense corbeille où l'on voyait pêle-mêle tous les ustensiles du ménage. D'une main il retenait son fardeau, de l'autre il menait par le licou une mule dont les flancs étaient battus par des espèces de volières à deux compartiments. A travers les barreaux de la première j'aperçus une figure d'enfant faisant face à un petit singe. Dans la seconde se trouvait un autre enfant, et devant lui un magnifique ara au bec énorme, au plumage rouge, aux pennes bleues. Le fond de ces deux cages servait de malle et contenait le linge des voyageurs. Le chef de la maison, avec sa femme en croupe, suivait de l'œil tous les mouvements de la turbulente ménagerie. Un énorme parasol garantissait le couple des fureurs ardentes du soleil. Un chien qui suivait à pied faisait escorte.

Je m'arrêtai pour laisser défiler la caravane, car il n'est guère possible de cheminer deux de front dans les sentiers des forêts américaines. Comme le *macaco* passait à côté de moi, il avisa quelques bâtons de *rosca* (biscuit) dans mes larges bottes, où, comme tous les voyageurs du désert, je tenais mes provisions, et allongeant ses bras à travers les barreaux de sa cage, il enleva prestement deux biscuits. Son compagnon, pensant qu'un seul devait lui suffire, essaya de lui tirer le second des mains et d'en faire son profit ; le quadrumane, peu initié aux doctrines évangéliques, défendait son bien en montrant les incisives. Le *papagaio* (perroquet), voyant de son gros œil inquiet qu'on festinait chez ses voisins, voulut aussi sa part, et se mit à crier et à battre des ailes pour qu'on s'occupât de lui ; soit frayeur, soit tentation, l'autre petit garçon se mit aussi à pleurer, et le désordre fut au comble. Je fus obligé, pour mettre fin à ce vacarme, de descendre et de distribuer tout mon biscuit.

— *He gente pequena* (ce sont de petites gens), me dit le guide dès que nous fûmes éloignés.

— Et à quoi reconnaissez-vous cela ?

— Oh ! *senhor !* il n'y a pas à s'y tromper. Si c'étaient des gens riches, ils emmèneraient avec eux beaucoup d'esclaves et de mules pour leur faire escorte; ils ne laisseraient pas leurs enfants mourir de faim, ainsi que ces pauvres bêtes, qu'ils auraient mieux fait de laisser dans la forêt à la grâce de Dieu, et vous n'auriez pas été dévalisé par ce damné *macaco*.

Quand une *senhora* ne peut pas supporter une monture, on cherche alors d'autres expédients. Tantôt on a recours à une charrette traînée par six paires de bœufs, tantôt on se sert d'une litière soutenue par deux mules. La première, attelée comme à l'ordinaire, conduit la marche, tandis que la seconde, placée à l'arrière, touche presque de sa tête le siége de la *senhora*. Toutefois, comme les fondrières des chemins rendent les soubresauts inévitables, on préfère, quand on veut transporter une malade, se servir d'un hamac suspendu à une forte traverse, que deux nègres robustes portent sur leurs épaules. Si la route est longue, la litière est suivie d'une escouade d'esclaves qui se relaient.

Souvent, sous prétexte de rendre visite, le créole

va monter une partie de cartes chez un voisin. Le jeu est la passion dominante de l'Américain. C'est le jeu qui absorbe souvent ses revenus, au grand détriment des routes, des canaux, des chemins de fer, en un mot de la prospérité du pays. Une des variantes du jeu est la loterie, cette lèpre léguée au Nouveau-Monde par les anciens *conquistadores*, et qui a pour représentant le *bilheteiro.*

Le *bilheteiro* (marchand de billets) est un jeune homme ; il n'y a qu'un homme jeune en effet qui puisse suffire aux exigences d'une vie aussi pénible. Dès qu'une loterie est organisée, le *bilheteiro* monte à cheval, voyage de nuit comme de jour, été et hiver, supporte dans la même journée le feu d'un soleil de plomb et le froid glacial d'une pluie torrentielle, et ne s'arrête guère pendant plusieurs semaines consécutives que quelques minutes pour offrir ses billets et réparer ses forces avec un peu de riz ou de *feijão*. On peut dire que c'est dans son portefeuille que vient s'engouffrer une bonne partie des valeurs du pays. Dès qu'il apparaît à la porte de l'habitation, tout le monde s'empresse autour de lui comme autour du dispensateur de la fortune. On s'enquiert du nom de l'heureux vainqueur de la dernière loterie, et l'on se hâte de prendre de nouveaux billets ; ceux-ci épuisés, il reprend le chemin de la ville, tire la loterie, et repart aussitôt pour une nouvelle expédition. Une telle existence l'use rapidement. Il meurt avant l'âge, criblé de douleurs rhumatismales et les jambes dévorées par l'éléphantiasis, suite trop fréquente de ses fatigues et du manque de tous soins hygiéniques. Les partisans des causes finales pourraient trouver dans cette mort prématurée une juste punition des méfaits du *bilheteiro*, qui entretient dans le pays une véritable plaie morale ; mais sa carrière, à vrai dire, ne se termine pas toujours aussi tristement. Parcourant toutes les fermes à cinquante lieues à la ronde, il note en passant les mulâtresses riches et les veuves d'un certain âge qui ne peuvent prétendre aux nobles héritiers des *fazendeiros*. Il choisit celle qui lui semble le mieux à sa convenance, tâche de la séduire par ses belles manières, renonce à son métier dès qu'il est marié, et se fait planteur. Malheureusement pour lui, son mariage est aussi une loterie dont les billets sont très disputés.

Malgré la vigilance du maître, une plantation, quelle que soit d'ailleurs son importance, ne saurait subsister si elle ne possédait un personnage dont nous avons déjà souvent prononcé le nom : le *feitor*. Le *feitor* est l'homme de confiance du *fazendeiro* et la terreur de l'esclave. Être hybride, il rappelle à la fois l'adjudant d'une caserne et le garde chiourme des forçats. Tenant en même temps du *conquistador* et du nègre, il a hérité de la férocité de l'un et de la bestialité du second. Aussi s'acquitte-t-il de ses fonctions la conscience calme et sans nul remords. Dès le petit jour, il sonne la diane, fait l'appel de ses hommes et les conduit au chantier. Il a pour lieutenant un autre mulâtre plus foncé que lui, qui surveille les esclaves en son absence et joue le rôle d'exécuteur, lorsqu'un noir s'est rendu passible d'une peine disciplinaire. Un long fouet à la main et une énorme palette en bois passés à sa ceinture, sont les insignes de ses attributions. Pendant qu'il préside au travail, le *feitor* monte à cheval, va visiter les autres plantations, vient faire son rapport du matin au *fazendeiro*, repart après son déjeuner pour les champs, vérifie si tout est en ordre, et se repose sous un *rancho*, lorsque le soleil est trop chaud ou que son service ne l'appelle pas ailleurs. Si la journée lui semble trop longue, il retourne au chantier, jette un coup d'œil de bête fauve sur le noir troupeau dont le travail et la sueur font ressortir les formes, appelle d'un signe la femme qui a fixé son attention, et rentre sous bois. L'entrevue est courte : l'esclave est avant tout un instrument de travail, et il ne faut pas que les fantaisies de satrape du *feitor* tournent au détriment de son maître. A la nuit close, il donne le signal du retour, fait un second appel, reconduit les nègres à la demeure, et va présenter son rapport du soir. Cette besogne ingrate est peu payée; mais beaucoup d'entre les *feitors* préfèrent leur position à celle de juge de la *comarca* (canton), tant ils savent arrondir leur budget à l'aide de petites industries aussi simples que lucratives.

La première et la plus sûre de toutes consiste en une *venda*, où l'on tient le tabac, les pipes, la *cachaça*, la *carne seca*, le *bacalháo* (morue), en un mot tout le menu qui peut flatter un gosier africain. On y trouve en outre du maïs pour les voyageurs et des étoffes bariolées pour les négresses. C'est là qu'esclaves et affranchis vont à leurs moments perdus refaire leur courage et se racontent les nouvelles du jour. Les affaires se font au comptant, ce qui éloigne toute chance de perte. Lorsque le noir n'a pas de *dinheiro* (argent), le *feitor* prend en échange du café ou du maïs, qui sont censés provenir de la récolte que chaque dimanche l'esclave fait pour son compte dans son petit champ; mais, ce maigre travail hebdomadaire ne pouvant suffire pour alimenter de *cachaça* une soif journalière, il arrive souvent que le café apporté au comptoir provient des magasins du *fazendeiro*. Le *feitor*, en homme qui connaît le métier et qui sait se rendre digne de la confiance de son maître, rembrunit son visage en voyant arriver le grain suspect, et menace l'esclave du *chicote* (fouet) et de la colère du *senhor*, s'il n'avoue pas la vérité. A ce regard inquisiteur, à ces questions inattendues, à la vue de ces lanières qui menacent ses reins, le pauvre diable perd contenance, se jette à genoux, confesse son larcin, et les mains jointes supplie son bourreau, avec des gémissements inimitables, de ne pas le perdre auprès du *senhor*, et de garder le café pour prix de sa discrétion. Pendant qu'il improvise dans cette posture les supplications les plus pathétiques, le *feitor* va droit à la sacoche, tout en continuant son réquisitoire, la soulève à deux ou trois reprises comme pour la porter au *fazendeiro*, et, s'étant assuré qu'elle est consciencieusement remplie, il se rappelle tout à coup qu'il a besoin de tous ses hommes valides pour percer sous peu une *picada* à travers la forêt, et que ce n'est pas le moment de faire appliquer une bastonnade, dont le résultat le plus certain est d'envoyer pendant quelques jours le patient à l'infirmerie refaire ses épaules. Il promet donc le silence au noir en lui faisant peser ces considérations, lui rend la sacoche vide, et lui donne avant de partir un verre de tafia, ne voulant pas être en reste de générosité avec lui.

Non-content du profit qu'il tire de la *venda*, le *feitor* élève encore des cochons, de la volaille, et surtout de jeunes mules qu'il fait dresser par ses aides, et qu'il vend ensuite aux *fazendeiros* des environs ou aux voyageurs de passage qui ont laissé les leurs dans les précipices des chemins. Avec des journées si bien remplies et la sobriété inhérente aux créoles, il se fait rapidement un pécule assez rond, et un beau jour il vient apporter au *senhor* sa démission de *feitor*. Le lendemain, il part à la recherche d'esclaves et de terres à vendre, achète dès qu'il trouve à sa convenance, et devient *fazendeiro* à son tour. Parfois il arrive à la dignité de *commandador*, point de mire de l'ambition de tout bon Portugais.

J'ai dit que dans les grandes *fazendas* on trouvait à quelque distance de l'habitation divers *pastos* affectés à des troupeaux de bœufs, de porcs et de brebis. A chacune de ces sections est attaché un homme de couleur ou un nègre de confiance; mais si la vigilance du maître se ralentit, la plupart de ces gardiens, plus préoccupés de vendre aux voyageurs et aux petits propriétaires des environs les mules qu'ils élèvent pour leur compte que de bien remplir leur tâche, confient le troupeau à des enfants, afin de mieux vaquer à leurs spéculations. Ceux-ci, plus soucieux de se baigner ou de faire la sieste que de veiller à leurs bêtes, les abandonnent à la garde des chiens, qui de leur côté jugent plus à propos de dormir à l'ombre des arbres. Pendant ce temps, bœufs, porcs, brebis, vont au hasard de leur caprice dans ces pâturages sans fin, tombent dans les précipices, s'égarent dans les bois, sont volés par les voisins sans que personne s'en aperçoive, et un jour le *fazendeiro*, passant en revue son bétail, est tout étonné de le trouver diminué de moitié. Il interpelle alors le garde sur cette disparition, et en reçoit invariablement cette réponse: *He peste, he onça, he cobra*; c'est une épidémie, c'est le jaguar, ce sont les serpents, suivant la saison, l'altitude, la nature des pâturages, etc.

On peut dire cependant que le vol est rare chez les hommes libres, soit par un reste de fierté portugaise, soit par suite de la richesse du sol, qui semble fournir de lui-même à tous les besoins; mais il n'en saurait être de même de l'esclave: dénué de tout, n'ayant parfois qu'une nourriture insuffisante, il fait main basse sur tout ce qui se trouve à sa portée. C'est ordinairement la nuit qu'il choisit pour ses excursions. Aussi tout propriétaire voit-il dans son nègre un pillard dont il doit se méfier. Sachant que sa surveillance, jointe à celle de ses *feitors*, est souvent insuffisante, il charge, moyennant quelques cierges, son patron de lui tenir lieu de garde champêtre. C'est ordinairement à saint Antoine, le saint le plus vénéré du Brésil, que revient cet honneur. C'est encore saint Antoine qui dans la saison des orages est tenu de servir de paratonnerre à toutes les plantations de la péninsule australe. Les porchers, si nombreux dans certaines provinces, et dont il est, comme chacun sait, le patron spécial, le surchargent aussi de besogne. Quoi de plus naturel qu'un nègre fripon réussisse quelquefois à tromper la surveillance d'un saint si occupé? Le planteur n'en continue pas moins à lui brûler des cierges, malgré ces petits oublis, persuadé que le mal qui lui échappe n'est pas la centième partie de celui qu'il prévient.

Pourtant, si les vols deviennent trop hardis ou se renouvellent, on imagine d'autres expédients. On tente d'abord de découvrir le coupable, afin de le surveiller de plus près et de lui infliger la bastonnade ; mais si l'esclave suspecté est un vieux nègre malin, il faut revenir aux moyens surnaturels. On s'adresse alors au sorcier des environs (*feiticeiro*). C'est ordinairement un ancien esclave devenu libre, ou un Indien mi-sauvage, mi-civilisé, qui exerce cette lucrative profession. Pendant mon séjour au Brésil, un *fazendeiro* de la province de Minas s'aperçut un matin que son parc de cochons diminuait sensiblement. Soupçonnant ses nègres, il organisa des rondes pendant la nuit, mais sans succès. Ne sachant plus que faire, il appela à son secours un vieux noir, jadis son esclave, et qui avait un grand renom de sorcellerie dans le voisinage. Son aspect étrange était en parfaite harmonie avec sa profession. A la suite d'une maladie qui avait dévoré son épiderme en plusieurs endroits, la surface de son corps ne présentait qu'une suite de plaques alternées de blanc et de noir; on eût dit un singe déguisé en jaguar; ce qui expliquait probablement le surnom d'*Onça* (panthère) qu'il portait dans le pays.

— Écoute, Once, lui dit son ancien maître, si tu es réellement *feiticeiro*, comme on le dit, trouve-moi le voleur de mes cochons. Je sais que tu aimes la *cachaça*, je t'en approvisionnerai pour l'année. Si tu ne peux pas le découvrir, dispose-toi à quitter sur-le-champ mes terres et à aller exercer ton industrie ailleurs.

— Sa seigneurie peut se rassurer, reprit tranquillement le sorcier, l'Once n'a jamais cherché en vain; seulement, afin de mieux reconnaître le voleur, il est bon que je voie d'abord les esclaves de la plantation, et je prie sa seigneurie de me faire appeler quand ils seront revenus du travail.

Cette réponse fit bon effet et rassura le *fazendeiro*, quelque peu sceptique à l'endroit des sortilèges. Une heure après le *feitor* averti amenait les esclaves dans la cour. Dès qu'il furent réunis, le *senhor* fit appeler le sorcier. Me trouvant de passage dans la *fazenda*, je me glissai à côté de mon hôte pour ne rien perdre du spectacle.

A la vue de l'Once, les nègres, qui connaissaient sa terrible réputation, comprirent qu'il s'agissait de quelque acte de haute justice et se mirent à trembler de tous leurs membres. Le devin parcourut silencieusement les rangs, s'arrêtant devant chaque esclave et le contemplant pendant quelques secondes de son gros œil fauve et vitreux; on eût dit un python fascinant sa victime. Son inspection achevée, il se retourne vers le *fazendeiro*, qui le suivait pas à pas.

— *Senhor*, il n'est pas facile de deviner au premier

10

coup d'œil le *ladrão* que vous cherchez, car tous vos nègres me paraissent aussi voleurs les uns que les autres, et je crois bien qu'ils étaient plusieurs à dérober vos cochons ; mais je vais indiquer à sa seigneurie un moyen infaillible pour les découvrir. — Que le *feitor* surveille tous leurs mouvements : les coupables se trahiront par....

La fin de la phrase que nous ne pouvons reproduire ici [1] terrifia les noirs. Redoutant tous une pareille épreuve, ils résolurent de ne pas toucher aux aliments afin de mettre en défaut la vigilance du *feitor*. Ce dernier, inquiet d'une telle détermination, revint secrètement la nuit chez l'Once lui demander des conseils ; ils convinrent d'administrer un *purgante* qu'on glisserait dans la marmite, afin de ne pas éveiller les soupçons. Le jeûne de la veille devait d'ailleurs porter les nègres à se jeter sur la nourriture.

Le lendemain, une heure après le repas du matin, les noirs se tordaient dans des convulsions atroces : les malheureux étaient empoisonnés. Le *feitor* en vrai Portugais ne connaissait que le calomel comme *purgante*, et voulant en assurer l'effet, il avait doublé la dose. Désespéré de la tournure que prenaient les choses, il ne parlait plus que d'aller tuer l'Once, auteur, selon lui, de toutes ces calamités, lorsqu'on lui conseilla de faire avaler aux moribonds, des blancs-d'œufs alternés avec de l'eau tiède.

---

[1] Is reus erit cujus stercora fetidiora habita fuerint.

Dès les premiers vomissements, les douleurs devinrent moins aiguës, les symptômes moins alarmants. Rassuré sur le sort de son troupeau, le *feitor* se rappela sa consigne, et voulut profiter du trouble de ses malades pour leur arracher leur secret. Se tournant vers les négresses qui remplissaient les fonctions d'infirmières, il leur enjoignit de n'administrer le breuvage qu'à ceux qui auraient fait leur confession. Le spectacle tourna alors du tragique au burlesque.

— *Senhor*, encore un peu de remède, ou je meurs! hurlait un nègre hideusement barbouillé de bave et d'écume.

— C'est toi, *ladrão*, reprit le *feitor* d'une voix tonnante; raconte-moi tout ce que tu as volé, ou je te laisse crever comme un chien.

— Je n'ai volé que les *pitangas* (petit fruit rouge) du jardin, et encore je n'étais pas seul : mon frère en a volé plus que moi... Un peu de remède, s'il vous plaît!

— Tu ne dis pas tout...

— J'ai aussi volé, avec mon *compadre* Antonio, une demi-arrobe de *carne seca* la dernière fois que j'allai avec les *tropeiros* (muletiers), mais y a longtemps de cela... Un peu de remède *senhor*, ou je me meurs!

— Et les *leitões* (cochons de lait), tu n'en parles pas, *inferno?*

— Les *leitões*, *senhor*, ce n'est pas moi, c'est mon voisin Coelho qui m'en a donné un morceau.

— Ah! c'est toi, qui as volé les *leitões* du *senhor?* hurla aussitôt le *feitor* en se tournant vers un autre moribond. Et combien en as-tu pris? Dis-le-moi sans mentir d'un seul, si tu ne veux pas recevoir cent coups de *chicote* au lieu de remède.

— *Senhor*, je n'en ai pris qu'une fois : c'est mon *compadre* Januario et son frère qui ont volé tous les autres.

L'Once avait dit vrai. Les larrons étaient plusieurs, et il avait eu le talent de les forcer à avouer leur crime. Aussi vint-il le lendemain, la tête haute, réclamer sa provision de *cachaça*.

Malgré les soucis de la plantation, les divertissements de la chasse et le flot d'étrangers qui traverse toujours la *fazenda*, la vie y est assez monotone. Aussi saisit-on avec empressement l'occasion d'un mariage, d'une naissance, ou de toute autre fête de famille, pour se livrer aux réjouissances. Me trouvant un jour de passage dans une riche *fazenda* de la province de Rio-Janeiro, je fus invité par le chef de la maison à assister à son anniversaire, qu'on célébrait le lendemain. C'était un grand vieillard encore alerte, dur à la fatigue. Après m'avoir fait visiter les divers corps de logis qui composaient sa ferme, il me conduisit vers le jardin, situé derrière l'habitation, et nous nous assîmes sur un banc, à l'ombre d'une épaisse charmille. Sa conversation ne tarda pas à m'intéresser.

— Vous voyez, *senhor*, me dit-il, toutes ces bâtisses et toutes ces plantations; il y a quarante ans qu'il n'y avait encore ici que des forêts aussi anciennes que le monde. C'est moi qui ai coupé le premier arbre et planté le premier pied de café. J'étais arrivé seul. Les premières années furent dures. Je transportais moi-même mes récoltes à la ville comme un simple *tropeiro*, et je prenais des esclaves en échange. C'était alors le bon temps! On me donnait un nègre fort et robuste pour deux cents *milreis* (500 francs), tandis qu'aujourd'hui il faut y mettre de deux à trois *contos de reis* [1]. Le nombre de bras s'augmentant chaque année, mes récoltes s'accrurent aussi, et aujourd'hui je me fais bon an mal an, deux cents *contos de reis* (500,000 francs). Du reste mes esclaves sont bien nourris et bien traités; mais ils savent qu'ils doivent travailler, et que je ne plaisante pas là-dessus. Aussi m'obéissent-ils au premier signal. Tenez, voulez-vous voir?

Antonio! Antonio *acà* (ici)! cria-t-il en même temps d'une voix de stentor à un nègre qui sarclait un champ de maïs à l'extrémité du jardin.

Aux premiers éclats de cette voix si redoutée, le pauvre diable jeta sa bêche afin d'être plus leste, et accourut vers nous; mais à chaque instant les plantes embarrassaient ses jambes, auxquelles d'ailleurs le travail et les années avaient déjà ôté toute élasticité.

— *Acà ladráo* (voleur)!... ajouta presque aussitôt son maître d'une voix encore plus brève et avec des gestes plus impératifs; et continuant sur ce ton, il épuisa contre son pauvre esclave toutes les impréca-

[1] Le *conto de reis* vaut environ 2,500 francs.

tions du dictionnaire portugais, si riche d'injures à l'adresse des noirs. Il y avait de quoi pétrifier le nègre le plus intrépide.

Croyant sa dernière heure venue, Antonio vint se réfugier derrière moi en poussant des exclamations à fendre le cœur.

— *Senhor* (maître)... *bençdo* (bénédiction)... *Jésus-Christo... nhonhor* (mon petit monsieur)... *perdido* (je suis perdu)... *nossa Senhora* (sainte Vierge), etc.

Ses cris, à peine articulés, étaient accompagnés de contorsions non moins navrantes. Bien que ses paroles fussent inintelligibles, je compris à ses gestes qu'il me suppliait de l'*apadrinhar* (demander son pardon).

— *Apadrinhar* un larron comme toi! interrompit le *fazendeiro*; qu'as-tu donc fait de tes jambes, vieil ivrogne? Faut-il que je te fasse rouer de coups pour t'apprendre à marcher? Sors d'ici, ou je te fais écorcher vif!... Et rappelle-toi que si ce *senhor* n'avait pas demandé ta grâce, avant une heure d'ici les *urubús* (vautours) déchireraient tes entrailles!

— *Si senhor*, articula le patient à demi mort, et, reprenant aussitôt ses jambes, son haleine et sa course, il s'éloigna de toute la vitesse que lui donnait la crainte de devenir la pâture vivante des vautours.

— Vous voyez, *senhor*, ajouta mon nabab d'un air triomphant, comme mes esclaves me craignent! Je ne suis pas plus méchant pour cela, mais je veux qu'ils obéissent.

Le lendemain eut lieu la fête du *senhor*. Il serait

peut-être plus exact de dire la fête des nègres. Dès le matin, les punitions furent levées et les cachots ouverts. Un *padre* des environs vint célébrer la messe dans un vaste magasin transformé en chapelle. Une table recouverte d'une nappe servait d'autel. Au dehors se tenaient accroupis plusieurs centaines d'esclaves de tout sexe, de tout âge et de toute nuance. Je contemplais les négrillons demi-nus miaulant comme de jeunes chats sauvages sur les genoux de leurs mères, lorsqu'à un signal donné par le muletier-sacristain, le chœur des négresses entonna un hymne religieux. C'était un mélange d'exclamations sauvages, de gloussements intraduisibles, d'articulations étranges qui n'avaient rien de l'homme, et qui auraient échappé à l'analyse de l'oreille la mieux exercée. Les noirs reprenaient le refrain à la fin de chaque strophe et complétaient le vacarme. Quand la messe fut dite, je demandai au *padre* à quelle langue appartenaient ces miaulements étranges. Il m'avoua qu'il n'en savait rien lui-même, qu'il n'avait jamais songé à s'en informer. *E costume* (c'est l'habitude), ajouta-t-il comme conclusion.

Après la messe, tous les esclaves vinrent s'aligner dans la cour pour être passés en revue. Ils se placèrent sur deux lignes parallèles à l'habitation. La première, composée exclusivement d'hommes, offrait une assez belle apparence. La seconde, qui comprenait les femmes, les petits négrillons et les enfants à la mamelle, laissait à désirer quelque peu sous le rapport de la régularité qu'exige pareille cérémonie. Un *feitor* fit d'abord l'appel, puis l'inspection commença. Le *fazendeiro* parcourait silencieusement les lignes et s'arrêtait devant chaque esclave avec l'œil sérieux et scrutateur d'un vieux sergent inspectant sa compagnie. Le nègre, la tête nue, le regard baissé, les bras croisés sur la poitrine, allongeait la main droite pour demander la *bençâo* (bénédiction) dès que son maître arrivait devant lui, la replaçait aussitôt dans sa première position, et attendait dans la plus grande anxiété que le regard inquisiteur qui le fixait se reportât sur le voisin. Les seules réprimandes que j'observai furent adressées à des négresses qui négligeaient d'extraire les *bichos* des pieds de leurs négrillons.

La revue terminée, mon cicerone me reconduisit dans la salle où l'on avait dit la messe. Une nouvelle métamorphose s'y était opérée. La chapelle était devenue un comptoir, l'autel servait de bureau.

Toutes ces marchandises que vous voyez, me dit-il en me montrant des étoffes, des bonnets de laine, des chemises, des pipes, des foulards, des indiennes de toute sorte, etc., sont destinées à mes esclaves. Je leur laisse, comme la plupart des planteurs du Brésil, les dimanches libres, afin qu'ils travaillent à leur petit champ et qu'ils affectent le produit de leur récolte à leur vestiaire; mais le nègre abandonné à lui-même n'achète que de la *cachaça*, et va toujours déguenillé. J'ai pris alors le parti de leur acheter moi-même toute leur récolte et de la solder par les objets dont ils ont besoin. C'est pour cela que chaque dimanche me fait marchand. J'ai ainsi le double avantage de m'assurer de leur moralité et de veiller à leur propreté. Du reste, je leur livre tout au prix de revient, comme vous pouvez vous en convaincre en consultant les factures. Un *feitor* tient le registre, pendant que je distribue moi-même les objets qu'on me demande. Les marchandises les plus en vogue sont les pipes et les foulards rouges. Malgré toute mon attention et celle de mon secrétaire, il est rare qu'il se passe un dimanche sans que je m'aperçoive de la disparition de quelques objets, tant le vol semble être l'élément de ces coquins-là.

Vint enfin l'heure du déjeuner. Autour d'une longue table dressée dans une salle immense, on avait eu peine à placer les nombreux convives venus pour fêter le *senhor*. Le service, qui offrait à la fois le comfort le plus splendide et la simplicité la plus grande, me permit d'étudier à l'aise les ressources culinaires du pays et le goût des habitants.

Comme tous ses congénères de la zone torride, l'Américain du sud est sobre. Du riz cuit à l'eau, des haricots au lard et de la farine de manioc, voilà sa nourriture de toute l'année. Les jours de fête, il tue un cochon, qu'il farcit et qu'il sert tout entier. Son mets de prédilection et le plus habituel consiste en un gâteau qu'il confectionne dans son assiette en recouvrant ses haricots d'une épaisse couche de farine de manioc et en mélangeant le tout. Le pain et le vin lui sont également inconnus. Son couteau lui tient lieu de fourchette, et un grand verre circulant à la ronde désaltère tous les convives, comme du temps des héros d'Homère.

C'est ainsi que les choses se pratiquent encore dans l'intérieur du Brésil; mais chez les riches planteurs qui sont reçus à la cour ou qui ont voyagé en Europe, l'argenterie couvre les tables, et l'on voit circuler les meilleurs vins de France, d'Espagne et de Portugal. Le riz, le *feijão* et le manioc sont relégués au bout de la table, comme pour satisfaire à la coutume nationale, et vous voyez apparaître des côtelettes de porc frais, des gigots de mouton, de magnifiques poissons, de belles volailles, d'excellent pain de froment et tous les légumes d'Europe. Deux cuisiniers nègres qui ont fait leur apprentissage dans les hôtels français des grandes villes de la côte, se succèdent de semaine en semaine afin de mieux résister à la température des fourneaux, qui devient insupportable sous ce soleil de feu. Une nuée de négrillons, remarquables par leur malpropreté, s'agitent comme des diablotins autour des fourneaux, écurant les marmites, attisant le feu, étranglant les volailles, épluchant les légumes, s'interrompant de temps à autre pour extraire de leurs pieds nus un *bicho* ou un *carrapato*, puis reprenant leurs viandes sans laver ni mains ni couteaux, car le temps presse, et le chef ne veut pas être en retard. Je n'en dois pas moins avouer que les cuisiniers noirs m'ont paru au moins aussi habiles que les cuisiniers blancs; et pourtant sous ce ciel de feu, dans ces régions chaudes et humides, les viandes et les végétaux sont inférieurs aux viandes et aux légumes d'Europe. Le développement trop rapide des plantes les rend bientôt ligneuses et par conséquent trop dures. Si on les mange hâtivement, on les trouve aqueuses et sans saveur. On peut en dire autant des fruits. Ce qui fait la délicatesse des pêches, prunes, figues, raisins, etc., de la Provence et des deux péninsules voisines, c'est la légère prédominance d'une saveur aigrelette dans une pulpe sucrée. Or, il faut un climat sec pour que cet arome se développe et que la proportion de sucre ne le masque pas. Malheureusement il ne saurait en être ainsi sous les tropiques. L'énorme quantité d'eau que charrie la sève, et que le végétal absorbe par tous ses pores dans une atmosphère continuellement chargée de vapeurs, gonfle le fruit, en neutralise l'acidité et change la pulpe en mélasse. Cependant, les *doces* (confitures) qu'on retire de ces fruits, sont souvent exquises.

Ajoutons aussi que la cuisine créole tire des productions du sol, une certaine originalité que relève encore le savoir-faire du noir. Nous avons dit que c'est à lui qu'incombe le soin des fourneaux. Sa nature sensuelle s'accommode on ne peut mieux de ces fonctions, et il a d'ailleurs à son service des ressources culinaires auxquelles ne saurait prétendre un Européen. Me promenant un jour dans un jardin des environs de Rio-Janeiro, je remarquai un esclave de vigoureuse encolure, occupé à creuser un fossé.

Ce nègre, me dit le *fazendeiro*, est peut-être le meilleur cuisinier qu'il y ait dans la province.

— Pourquoi donc le laissez-vous aux champs? lui demandai-je étonné.

— Ce n'est pas aux champs, c'est à la potence que j'aurais dû l'envoyer, ajouta-t-il en soupirant. Figurez-vous, *senhor*, que ce *filho da puta* m'a nourri de chair ou plutôt de graisse humaine pendant dix ans. Ce qu'il y a de plus étrange dans cette histoire, c'est que c'était à ses propres dépens qu'il me régalait ainsi. Il servait souvent de petites boulettes de viande hachée, dont la renommée était telle, qu'on venait se faire inviter chez moi pour les goûter. Il n'avait jamais voulu faire connaître sa recette, quelques promesses qu'on lui fît, et s'enfermait soigneusement toutes les fois qu'il avait à préparer son mets favori. Un jour cependant, poussé par un de mes amis, je me plaçai avec lui en embuscade, et je tombai évanoui en voyant mon noir à l'œuvre. Ah *senhor!* Dieu vous préserve si vous avez un estomac de chrétien d'être témoin de pareil spectacle! Je l'avais entrevu sans vêtements, couché sur le dos au milieu du plancher, et roulant une poignée de viande hachée sur son ventre nu. Vous savez que les nègres ont une peau huileuse toujours en transpiration : c'est avec cette sueur rance qu'il pétrissait ses boulettes. Quand j'eus repris mes sens, mon premier mouvement fut de me jeter sur lui et de le tuer. Mais mon compagnon se doutant de ce qui allait arriver, l'avait fait déguerpir; j'ai été plusieurs années sans le voir. Son souvenir seul me donnait la fièvre.

La description d'une *fazenda* serait incomplète, si on n'esquissait point ici quelques-unes des physionomies originales que l'on rencontre dans toutes les grandes plantations. En première ligne viennent le *padre* et le *deutor* (docteur).

Le *padre* est l'aumônier du pays. Qu'on ne se représente pas une sombre figure d'inquisiteur enveloppé d'une soutane noire et coiffé d'un tricorne. Non, le *padre* américain est bon apôtre. Vêtu de toile comme un simple mortel, il porte ses cheveux aussi courts qu'un laïque, danse, joue et cause comme tout le monde. Une messe basse le dimanche, voilà pour toute la semaine. Un muletier lui tient lieu ordinairement de sacristain, et il a pour orgues un chœur de nègres. Après la messe, il baptise les négrillons qu'on lui apporte des divers points de la forêt. Il en prend possession au nom du ciel et de la religion catholique, et à cet effet les inscrit sur un registre *ad hoc*, sous une rubrique tirée du martyrologe romain. Cette besogne achevée, le nouveau chrétien rentre dans sa hutte, va aux champs dès qu'il marche, travaille tant que ses forces le lui permettent, tombe un jour d'épuisement, et quelques heures après s'achemine vers le cimetière sur les épaules de quatre de ses camarades qui forment tout son cortège. Le *padre* ne se dérange pour venir assister le moribond que lorsque le noir est libre et qu'il peut payer les frais des funérailles : quant aux autres il compte que les douleurs de la servitude suffiront à racheter leurs fautes et à leur ouvrir les portes du ciel. Qu'est-il alors besoin de catéchisme, d'instruction, de messes, de sacrements? Ses relations avec la cour de Rome se ressentent un peu de sa quiétude philosophique. Il se préoccupe médiocrement des infortunes de *Pio nono* et contemple la question papale avec la plus grande sérénité. Il a la foi.

Le chômage n'est pas inconnu au *padre*, mais il sait y remédier à l'aide de petites industries inconnues de ses confrères transatlantiques. Si un *fazendeiro* ne se croit pas assez riche ou assez dévot pour se payer une messe par semaine, il s'entend avec ses voisins. Le *padre* alterne alors de ferme en ferme, jusqu'à ce qu'il revienne au point de départ. Si sa cure est trop ingrate, il se fait un supplément en élevant des bestiaux ou en tenant une *venda* (auberge). Je rencontrai un jour dans la province de Rio un de ces révérends qui courait les fermes et les messes à la tête d'un troupeau de bœufs. Surpris tous deux par la pluie, nous étions venus demander asile au même *rancho*. Assis sur un banc, nous liâmes bientôt conversation.

— Vous voyez, *senhor*, me dit-il en poussant un profond soupir, le métier auquel un homme de ma condition est maintenant réduit. Du temps du roi D. João VI, nous avions plus de messes que nous n'en voulions; depuis l'indépendance tout est changé. Il y a bien encore quelques *senhoras* qui en font dire de temps à autre, mais leurs maris préfèrent employer leur argent en bœufs ou en mules. Voilà pourquoi vous me voyez comme un *tropéiro*. Vous n'auriez pas par hasard rencontré sur votre route quelque *fazendeiro* qui eût besoin de renouveler ses bêtes à corne, ou qui désirât un chapelain?

J'avais entendu parler d'une dame des environs, récemment décédée, et qui, voulant obéir à l'usage, avait porté 400 *milreis* (1,000 francs) de messes sur son testament. Je ne me rappelais pas le nom de la dame, mais j'indiquai au *padre* le village qu'elle habitait, et qui n'était qu'à quelques lieues de là. J'ajoutai, afin de prévenir toute déception, que le décès remontait déjà à plusieurs jours.

— Soyez tranquille, *senhor* ; s'il en est temps encore, je me charge d'enlever l'affaire... Moleque, cria-t-il aussitôt à son noir, ma mule et vivement!

Quelques minutes après, notre révérend partait au grand trot de sa monture malgré la pluie, qui continuait de plus belle. Laissant au nègre la garde du troupeau, il alla droit à l'exécuteur testamentaire, et lui proposa sans détour un reçu de 400 *milreis* contre paiement de moitié de la somme. La proposition était trop séduisante pour être refusée : celui-ci ne montra donc que juste les rigueurs nécessaires en pareille circonstance, et finit par compter les 200 *milreis*.

Ordinairement père de famille, le *padre* puise dans ses sentimens de paternité une bonté de cœur qui trop souvent n'existe que sur les lèvres chez ses austères collègues de l'ancien monde. Ses paroissiens semblent lui savoir gré de son laisser-aller, et excusent volontiers ses petits travers. Il y a quelques années, le desservant de Santa-Anna, bourg situé à une douzaine de lieues de Rio-Janeiro, sur la route de Nova-Friburgo, avoua en pleine chaire, dans un moment de belle humeur, que les peines de l'enfer n'étaient qu'une fiction destinée à retenir les esprits dans le devoir. Chez nous, les bonnes âmes se seraient voilé la face en entendant de si épouvantables blasphèmes ; les sages voyant la société en péril, auraient réclamé Cayenne ou Lambessa contre le mécréant qui parmi les attributs d'un « Dieu souverainement bon » s'avisait de méconnaître celui de bourreau. Le Brésilien est plus calme ; il réserve ses rigueurs pour l'ilote d'Afrique, et montre à l'égard de ses semblables l'indulgence la plus évangélique. Les assistans se mirent à sourire à cette confession si étrange, et se contentèrent d'échanger un regard qui voulait dire: *Está bebado* (il a bu). Le brave homme tenait une *venda* à l'entrée du village, et la rumeur publique l'accusait de se griser de temps à autre, pour chasser les soucis que lui causait un nombreux entourage.

Le *doutor* est aux yeux du *fazendeiro* un personnage plus important encore que le *padre*. Depuis que la traite a été interdite sur les côtes d'Afrique, le prix des noirs s'est élevé dans des proportions ruineuses. Un esclave adulte représente aujourd'hui un capital de deux *contos de reis* (5,000 francs) et quelquefois davantage. La mort d'un noir est donc une véritable perte pour le planteur. Aussi ne néglige-t-il rien pour lui prodiguer des soins dès qu'il tombe malade. Une infirmerie propre, vaste et bien aérée, une pharmacie venue de Paris ou de Londres, un infirmier qui ne quitte jamais les malades et qui prépare les médicaments, témoignent assez de sa sollicitude. Cependant, malgré tout ce luxe de précautions, malgré la science réelle des docteurs brésiliens, j'ai cru m'apercevoir qu'un nègre n'entrait guère à l'infirmerie que pour y mourir. Du reste rien de plus facile à expliquer : le nègre ne s'avoue malade et n'est cru malade que lorsqu'il est à bout de sa carrière, et que ses forces l'ont abandonné.

Outre sa plantation, le docteur, comme le *padre*, a

encore à desservir les petits propriétaires des environs qui ne sont pas assez riches pour avoir un médecin à poste fixe. Jadis les médecins étaient assez rares, car il n'y avait pas de faculté dans le pays, et les jeunes gens étaient obligés de venir étudier dans les amphithéâtres de France ou de Portugal. Depuis l'émancipation, les choses ont complétement changé. Des écoles de médecine ont été créées dans les grandes métropoles, et l'on y trouve des professeurs qui ne seraient pas déplacés dans nos premières chaires d'Europe. La plupart de leurs ouvrages de médecine sont écrits en français. Tous connaissent notre langue, et beaucoup la parlent. Avec de tels élémens, on doit peu s'étonner de trouver une valeur réelle chez la plupart des médecins de la côte. Nous n'oserions en dire autant de ceux de l'intérieur. Il n'est pas rare de rencontrer parmi eux un mûlatre qui, ayant appris dans une infirmerie de nègres à préparer des pommades mercurielles, à administrer des purgatifs et à panser des morsures de serpents, s'intitule docteur. D'autres fois c'est un Parisien venu comme cuisinier à bord d'un navire, qui a débarqué et s'est établi médecin-dentiste. En revanche, il faut ajouter qu'on trouve quelquefois à Bahia et à Rio-Janeiro d'excellents médecins nègres.

Dans les grandes *fazendas*, l'infirmerie est ouverte à tous les malades des environs. A côté des nègres de la plantation traités pour un commencement d'éléphantiasis ou une blessure, vous rencontrez un *tropeiro* arrêté en chemin par suite d'insolations imprudentes, des *agregados* de la forêt voisine pris par les fièvres, ou de pauvres colons des alentours qui ont quitté leurs huttes de terre pour venir chercher un asile plus salubre et des médicaments plus efficaces. Des appartements séparés sont affectés aux deux sexes. Parfois une négresse qui fuit l'esclavage, étant devenue mère et ne pouvant, au milieu des transes et des privations, allaiter son nouveau-né, vient le déposer avant le jour derrière la porte des malades. On sait ce que cela veut dire. Le *padre* baptise le négrillon et le rend aussitôt au directeur de l'hospice, qui est chargé de l'élever. Dans les années d'épidémie, lorsque des souffles empestés courent les campagnes et que la mort promène ses terreurs à travers les *ranchos* et les plantations, l'infirmerie de la *fazenda* devient la providence du peuple. On voit les créoles secouer tout à coup leur nonchalance et rivaliser entre eux de zèle et de sacrifices. Tout ce personnel de médecins, d'infirmiers, de gardes-malades, est doublé. Un docteur de la *cidade* est appelé à grands frais, tandis qu'une caravane va chercher au loin une cargaison de tous les ingrédiens pharmaceutiques qui doivent conjurer le fléau. Les pauvres gens qui ne veulent pas quitter leur famille viennent à toute heure du jour et de la nuit demander des consultations ou des avis. Quelquefois un homme libre, retenu par crainte ou par fierté mal entendue, se laisse dévorer par la fièvre sur son grabat plutôt que de s'adresser à la *fazenda* voisine. Dès que le planteur est averti, il informe un médecin qui, montant aussitôt à cheval, va décider le moribond à se laisser traiter. Ces élans de philanthropie spontanée, qui engendrent de si nobles dévouements, ne sont pas rares dans la vie créole.

L'hospitalité, qui s'exerce si généreusement envers les malades, s'étend d'ailleurs à tout et à tous. On peut dire que la *fazenda* est le caravansérail des étrangers qui parcourent le Brésil. Sans elle, pas de voyage possible. On rencontre bien, il est vrai, près de la côte quelques *vendas* sentant le ranco, la *cachaça* et le poisson pourri; mais elles deviennent de plus en plus rares à mesure qu'on s'enfonce dans l'intérieur des terres. La plantation au contraire fait rarement défaut. Dès qu'un inconnu arrive devant l'habitation, un nègre lui indique le *rancho* pour sa monture, et le conduit ensuite dans le corps de logis où sont disposées les chambres des voyageurs. A l'heure du dîner, il vient s'asseoir à la table du *senhor*, prend part à la conversation, si elle l'intéresse, et se retire quand bon lui semble. Le lendemain, il part immédiatement après le déjeuner, afin d'arriver à la *fazenda* voisine avant la nuit. S'il se sent fatigué, il peut rester plusieurs jours de suite. Personne ne songera même à lui demander son nom. C'est l'hospitalité antique dans toute sa simplicité et sa grandeur. Plusieurs *fazendas* sont renommées pour la magnificence de leur accueil. Entre toutes, on cite celle du baron d'Ubá, connue dans toute l'Europe depuis le séjour qu'y fit le voyageur français Auguste de Saint-Hilaire il y a un demi-siècle, et qui n'a pas cessé d'être le lieu de halte privilégié des savants et des artistes qui visitent les provinces de Minas ou de Rio-Janeiro.

Comme il n'est pas de bien en ce monde qui, par son

excès même, n'engendre un abus, l'hospitalité de la *fazenda* a fait naître le *mascate*. Le *mascate* n'est autre chose que le colporteur, et c'est de France qu'il vient d'ordinaire au Brésil; mais il n'a rien de commun avec ces pauvres diables qu'on rencontre encore sur les sommets inaccessibles des Alpes et des Pyrénées portant leur ballot sur les épaules et vendant aux paysannes un mouchoir rouge en échange de quelques livres de chiffons. Le *mascate* comprend mieux les choses, se donne moins de peine, et prend des billets de banque en échange de ses marchandises. Il part du Havre avec une centaine de pièces d'or dans sa ceinture, débarque chez un compatriote qui lui fait la leçon, achète une mule pour lui et une autre pour sa pacotille, prend un guide à qui il donne un *milreis* par jour (2 fr. 50 c.), et va courir les *fazendas*, offrant des bijoux, des indiennes, des parfumeries, etc., suivant sa spécialité. Ce métier, qui assurait il y a quelques années une fortune rapide, est tombé à la suite des abus monstrueux qui se sont produits. J'ai vu des *mascates* réaliser 100 *contos* de *réis* (250,000 fr.) dans une campagne, et rentrer en France la même année avec 12.000 fr. de rente. C'était l'âge d'or de la *mascaterie;* mais on en a trop abusé, et le Brésilien a enfin ouvert les yeux. Un de ces colporteurs émérites me faisait un jour ce calcul: une bague montée en brillants coûte à Paris 100 francs prise en fabrique; l'expéditeur qui l'envoie la porte à 200 fr.; les frais de commission, d'emballage et de transport la font arriver à 100 *milréis* (250 fr.); la douane, prélevant 80 p. 100, la fait monter à près de 200 *milréis;* le magasin qui nous livre la bague y gagne à son tour 100 pour 100 et rous la compte 400 *milréis*. Nous ne pouvons pas, à plus forte raison, nous qui avons toute la peine, gagner moins de 100 pour 100, et nous sommes obligés de vendre ce bijou aux *senhoras* de l'intérieur 800 *milréis*. Or, comme elles prennent ordinairement à crédit, leurs maris nous font une lettre de change d'un *conto de réis* (2,500 fr.) afin que nous ne perdions pas les intérêts.

Les Brésiliens se sont cependant aperçus à la longue qu'ils payaient les bijoux de leurs femmes vingt-cinq fois leur valeur, et ils ont fini par renoncer aux bons offices des *mascates*. Ce sont surtout les Juifs d'Alsace et des provinces rhénanes qui excellent dans ce commerce. Le Parisien vend plus volontiers de la parfumarie et autres menus objets. Les Italiens apportent de petits saints en plâtre pour orner les chapelles ou des orgues de Barbarie. Parfois il arrive aux *mascates* de faire faillite en laissant en chemin leur mule de charge, entraînée par le torrent au passage d'une rivière ou perdue dans les précipices de la route. Il y en a qui font des chevauchées de huit cents lieues jusqu'aux extrêmes limites des peuplades civilisées. Bien peu d'entre ceux-là échappent aux fatigues de la route, aux flèches des Botocudos, à la dent du tigre ou aux tortures de la faim. J'ai rencontré plusieurs fois dans mes voyages de ces malheureux n'ayant plus ni mules, ni chaussures, ni vêtements, et se consolant de leur misère en contemplant une boîte de petits grains de quartz que les indigènes de prétendus terrains diamantifères leur avaient donnés comme diamants en échange de leurs marchandises. Ceux qui reviennent à la vie n'ayant plus de capital cherchent un métier moins rude; ils se font comédiens, jardiniers, professeurs, dentistes, photographes, etc. Passant un jour à Rio, je fus arrêté par un individu que je ne reconnaissais pas : c'était un de ces pauvres diables que j'avais trouvé demi-mort de faim, de fatigue et de misère sur le Haut-Parahyba. Je lui avais laissé une chemise croyant lui jeter son suaire. Il ressuscita par miracle, se traîna d'étape en étape, et vint s'établir dentiste à Rio-Janeiro.

On conçoit d'après ces détails que le Français ne jouisse pas d'une réputation excellente dans le pays; aussi lui attribue-t-on volontiers tout méfait commis par un étranger. Il faut remarquer, à l'excuse des Brésiliens, que la plupart des étrangers parlant notre langue se disent Français. Que de fois, demandant à un de ces Français improvisés le nom de son département, je l'ai entendu me répondre Fribourg, Namur, etc., indications suffisantes pour le Brésilien, peu versé d'ordinaire dans la science géographique. Du reste le planteur a encore à redouter quelque chose de pire que les maléfices du Juif rhénan ; celui-ci ne vise qu'à sa bourse, mais le Parisien, dès la seconde rasade de porto, entame le chapitre de la politique et discute constitution avec son hôte ; de la constitution à l'abolition de l'esclavage et à l'émancipation des noirs, il n'y a que la distance d'un troisième verre, et notre homme est en trop bon chemin pour s'arrêter. Un de ces enfants de la place *Maub*, venu au Brésil pour faire n'*importe quoi*, prenait congé d'un riche nabab qui l'avait hébergé pendant six mois.

— Eh bien! avez-vous été content de mes gens, vous ont-ils bien traité? lui demanda le *fazendeiro* en lui serrant la main.

— *Senhor*, votre maison est un palais, et vous êtes un vrai *gentleman;* seulement...

— Seulement? demanda le planteur étonné.

— Seulement, reprit le Parisien, ma reconnaissance et mes remercîments seraient mieux appliqués à vos nègres, car, à vrai dire, ce sont eux qui m'ont nourri.

Une physionomie indigène assez originale qu'on rencontre quelquefois dans les grandes *fazendas* du centre et du nord est celle du muletier. C'est un homme de haute taille, au teint brûlé par le soleil: de longs cheveux lisses et certains reflets épidermiques annoncent chez lui une forte prédominance de sang indien. Son origine est inconnue. Les gens de la plantation l'ont vu arriver un jour à la tête de deux ou trois cents mules; il venait des extrémités les plus reculées de l'empire, avait fait cinq ou six cents lieues à travers des forêts inexplorées, couchant à la belle étoile et n'ayant guère pour sa nourriture de chaque jour qu'une poignée de manioc. Il s'est arrêté pour demander la *posada* au maître de la *fazenda* et se refaire de ses trois mois de voyage; puis, séduit par cette hospitalité large qu'on ne trouve que chez les nababs du Nouveau-Monde et par les immenses pâturages inoccupés qui entourent la ferme, il a prié le planteur de livrer à ses bêtes ces richesses perdues. Depuis cette époque, il a établi son quartier général dans la plantation, où il élève ses mules. De temps en temps il fait une tournée dans les environs et vend celles qui sont dressées. A ses moments perdus, il se rend utile dans la *fazenda*: il enseigne à lancer le *laço* et à dompter les bêtes rebelles ; il sert d'écuyer dans les voyages et de sacristain au *padre*. Quand toutes ses mules sont vendues, il repart en suivant les mêmes chemins, fait de nouveaux achats et reparaît l'année d'après avec un nouveau troupeau. Ce commerce est très lucratif. N'ayant aucune dépense à payer chez les planteurs qui le défraient, lui, ses nègres et ses bêtes, achetant de jeunes mules dans un pays où l'argent est rare et les revendant toutes dressées dans les provinces riches, il réalise d'énormes bénéfices. Aussi se laisse-t-il séduire quelquefois par l'orgueil de faire de son fils un docteur.

Un de ces *gauchos*, que j'avais rencontré maintes fois chez un nabab de la province de Rio-Janeiro, vint un jour me communiquer une lettre de son fils, étudiant à l'université de St-Paul, et qui lui demandait l'envoi de quelques livres. J'ai gardé, comme un indice du goût littéraire des jeunes Brésiliens, la liste des ouvrages que le fils du muletier signalait à son père : « Brantôme, Alexandre Dumas, La Fontaine, Paul de Kock, Parny, Eugène Sue, Piron, Boccace, Parent-Duchâtelet, etc. » A côté de ces noms si singulièrement rapprochés, on cherchait vainement quelques noms de jurisconsultes. L'étudiant remettait sans doute les lectures sérieuses à la seconde année. Quoi qu'il en soit, pour lui procurer les ouvrages de son choix, le père avait à débourser comme frais de commission, d'exportation, de douane, etc., deux *contos* de *réis*

(5,000 fr.). C'était vingt-cinq mules qu'il fallait vendre pour couvrir cette somme, et le brave muletier pensait que son fils aurait bien pu s'*instruire* à moins de frais.

— Vous comprenez, *senhor*, me dit-il en me donnant la lettre, qu'il y a de la différence entre un docteur de St-Paul et un docteur comme vous qui venez de Paris? (Aux yeux d'un Brésilien, tout étranger est docteur). Je conçois qu'il vous ait fallu tous ces livres, mais pour devenir subdélégué de la *comarca* (canton), mon fils n'a pas besoin d'être aussi savant. Voyons, pensez-vous qu'on puisse arranger l'affaire avec deux ou trois mules? Inutile d'ajouter que je fus de son avis.

Le *formigueiro* (l'homme aux fourmis) a aussi sa place marquée parmi les hôtes utiles d'une *fazenda*. La fourmi des tropiques est loin de rappeler les timides insectes de nos contrées froides, qui fuient l'homme, se contentant d'un tronc d'arbre ou d'une pierre pour y bâtir leurs demeures, et frustrant tout au plus de quelques grains les poules de la ferme. C'est un peuple hardi, confiant dans sa force, son intelligence, et qui sait se creuser des retraites inaccessibles. Avant l'arrivée du blanc, la *formiga* était la véritable reine de la forêt. Les êtres sauvages qui représentaient alors l'humanité dans cette région, avaient plutôt un vague instinct d'attroupement que le véritable esprit d'association. L'idée de solidarité et de travail leur faisait par exemple entièrement défaut. Un prisonnier n'était pour eux qu'une victime condamnée à servir de festin. La fourmi avait su s'élever de bonne heure à des notions plus hautes. Aujourd'hui encore, elle est restée au Brésil une des expressions les plus parfaites de ces lois étranges qui introduisent dans le monde de la nature, sous la forme d'instinct, certaines forces du monde moral. L'habitation de la *formiga* du Brésil est une citadelle fermée de toutes parts, et ne communiquant avec le dehors que par des issues secrètes. S'il se trouve des pucerons dans le voisinage, elle leur donne la chasse, les amène près de sa demeure, et se forme ainsi une sorte de basse-cour. Une distribution régulière de feuilles fraîches suffit pour rendre aux prisonniers la captivité supportable, et aucune tentative de fuite n'est dès-lors à craindre. Certaines espèces de fourmis portées au *far niente* se permettent des razzias sur des races plus faibles, et s'emparent de leurs œufs. Les larves qui en éclosent deviennent autant d'esclaves. Ces ilotes à mandibules acceptent leur sort et font le service de la fourmilière aristocratique. C'est une véritable *fazenda* souterraine, fondée également sur la servitude, avec sa *chicote* et ses *feitors*.

Quand les ouvrières vont fourrager aux champs, et que la tâche est considérable ou pressante, la colonne se divise en deux sections. Les plus lestes escaladent le tronc de l'arbre qu'il s'agit de dépouiller, grimpent aux branches, courent à la base des feuilles et scient les pétioles de leurs dents acérées. Au bout d'une heure, le feuillage a disparu. On dirait un arbre visité par la foudre. Pendant ce temps, celles qui sont restées sur le sol s'emparent des feuilles à mesure qu'elles tombent et en opèrent le transport. Si le fardeau est trop lourd, cette colonne se subdivise en deux groupes, dont l'un sépare le limbe en plusieurs segmens, tandis que l'autre charrie et emmagasine. Ce sont surtout les jardiniers qui ont à redouter leurs dégâts. Négligent-ils d'entourer leurs plantations d'un fossé rempli d'eau, ou la source vient-elle à tarir, adieu, fleurs, fruits et légumes : tout cela disparaît en une nuit. Une rigole bien alimentée ne suffit pas toujours pour tenir à distance des maraudeurs aussi avisés et aussi entreprenants. Il faut constamment veiller à ce que le courant n'entraîne pas quelque branche morte qui puisse faire communiquer les deux rives. Un jardinier me racontait qu'un matin il avait trouvé une de ses plates-bandes entièrement dévastée par une visite nocturne de fourmis, bien que son fossé, d'ailleurs très large et très profond, regorgeât d'eau. Curieux de savoir comment l'ennemi avait pu s'introduire dans une place qu'il croyait si bien défendue, il se mit en devoir de surveiller ses démarches et d'examiner la route qu'il suivrait au retour. Les travailleuses ayant fait leur besogne de nuit, bientôt la colonne se forma, se dirigeant vers un arbre qui se trouvait au bord du fossé. Elle escalada le tronc, arriva aux branches extérieures, et passa sur un oranger voisin dont le pied était situé de l'autre côté du fossé. Le pauvre jardinier ne s'était pas aperçu que les branches des deux arbres se touchaient et formaient un pont aérien. Quelques semaines auparavant, il avait été obligé de creuser à nouveau sa rigole et de lui donner deux fois plus de profondeur, afin de couper les galeries souterraines que ses infatigables ennemies avaient percées sous l'eau.

Dans les maisons, les choses se passent d'une manière bien différente. D'ordinaire, on ne fait aucune attention à ces voisins incommodes, qui courent dans les chambres, sur les tables et jusque dans les assiettes. Si une tribu trop nombreuse vient à percer une boiserie et à faire irruption dans un appartement, on se contente de lui administrer une aspersion d'eau bouillante. La colonne rentre alors à la hâte, afin de prendre conseil sur un évènement si inattendu, nommer des chefs de file plus avisés, et choisir une route moins dangereuse; mais si les pluies du dehors empêchent les fourmis de sortir par leurs galeries souterraines, ou si leurs constructions ont rempli entièrement le sous-sol, force leur est de chercher des issues par toutes les fissures des portes et des planchers. A la vue de ces essaims se renouvelant sans cesse, les habitants comprennent qu'il ne s'agit plus d'une tribu isolée, mais bien d'une longue série de générations accumulées dans un espace trop étroit et cherchant à déborder au dehors. Il faut alors appliquer le grand remède, et l'on député un nègre vers le *formigueiro*.

Le *formigueiro* est un personnage de haute importance dans un pays où la fourmi a la dent, ou, si l'on aime mieux, la mandibule si malfaisante. Comme en toute chose l'Américain du sud ne se presse guère, et que d'ailleurs une invasion de fourmis est chose trop commune pour qu'on y fasse grande attention, notre homme n'arrive d'ordinaire qu'un jour ou deux après avoir reçu l'invitation. Un énorme soufflet de forge qu'il porte avec lui constitue tout son attirail. Après une rapide inspection des lieux, il fait boucher toutes les ouvertures qui communiquent avec le sous-sol, excepté celle du centre, qu'il agrandit pour y façonner un fourneau et laisser libre passage au combustible et au tuyau du soufflet. Pendant cette opération, des nègres vont dans la forêt voisine couper certaines espèces de bois qu'il leur a indiquées. Le bois coupé et le fourneau construit, il allume le feu et, à l'aide de son énorme soufflet, refoule la fumée dans le souterrain à travers les cellules des fourmis. Cette fumée, après avoir traversé ces constructions poreuses, s'échappe de tous côtés par les fissures des pierres, de la maçonnerie et des planchers. Laissant alors le soin du feu et du soufflet aux nègres avec recommandation expresse de ne pas en ralentir l'action, il parcourt la maison pour boucher avec de la terre glaise toutes les fissures qui pourraient livrer un passage.

Il faut maintenant descendre dans le souterrain et examiner ce qui se passe chez les fourmis. Au bruit inaccoutumé qui a suivi l'arrivée des maçons chargés de fermer les ouvertures, les tribus travailleuses sont vite rentrées dans leurs demeures, afin de protéger les œufs, de veiller aux provisions. Voyant arriver les premières bouffées suffocantes de la fumée, elles comprennent qu'un danger extrême les menace, et qu'il n'y a pour elles de salut que dans la fuite. Au même instant, comme à un signal donné, chacune s'empare d'un œuf et se précipite dans les galeries souterraines qui donnent issue dans les jardins ou sur la campagne, n'abandonnant que les provisions que le laborieux insecte sait bien pouvoir remplacer facilement dans un pays sans hiver. Là toutefois une cruelle déception attend les pauvres fourmis : les vapeurs bleuâtres de la fumée les ont devancées ; il n'y a plus d'espoir. En tacticien consommé, le *formigueiro*, après avoir bouché toutes les fissures de l'intérieur, rôde autour de la maison afin de saisir ces indices, et se hâte d'accourir pour fermer chaque nouvelle issue. N'y a-t-il pas cependant un dernier effort à tenter? Si l'on déblayait les vieilles galeries abandonnées, ou si l'on en creusait de nouvelles? Les fourmis déposent aussitôt leurs fardeaux et se mettent bravement à l'œuvre. De nouvelles ouvertures sont pratiquées, et elles reprennent leurs œufs. Déjà elles se croient sauvées ; mais la fumée les a encore trahies ; et, au moment où elles paraissent sur les bords, un coup de bêche vient les avertir qu'elles sont poursuivies par un ennemi impitoyable. Cependant les nègres postés près du fourneau envoient toujours de grands renforts de vapeurs brûlantes qui dessèchent et carbonisent les corps frêles de ces courageux insectes. En même temps l'air devient de plus en plus rare, les efforts se ralentissent. Bientôt on ne voit plus de nouvelles colonnes sortir du sol. L'opération touche à son terme. Les forces leur ont manqué en pratiquant une dernière issue, et elles sont tombées sans vie. Le lendemain, quand tout est suffisamment refroidi, on les retrouve dans leurs galeries, gisant à côté de leurs œufs calcinés, mais encore reconnaissables. Le terreau qu'on retire de leurs demeures et de leurs cadavres forme un engrais des plus puissants.

Les orages diluviens qui pendant six mois inondent le sol apportent heureusement une certaine limite à l'accroissement immodéré de ce peuple maraudeur. Cependant on a souvent besoin du *formigueiro* dans les champs, surtout quand on défriche. On voit alors les nègres souffler à force dans la terre, tandis que des colonnes de fumée bleuâtre, qui quelquefois s'élèvent à plus de cent pas du foyer, indiquent assez l'étendue de la *fazenda* souterraine qu'il s'agit de détruire, et font pressentir les ravages qu'elle devait causer au dehors. Ajoutons, pour être juste, que la fourmi n'est pas sans quelque utilité. Nous avons déjà dit que concurremment avec l'*urubû* elle débarrasse le pays d'une foule d'immondices. En outre les grosses espèces ailées servent d'aliments aux noirs, surtout à ceux qui se rappellent leurs coutumes d'Afrique. C'est surtout le soir, dans la saison des amours, lorsque les mâles épuisés tombent par milliers sur le sol, que les gourmets se régalent à leur aise. Il va sans dire qu'ils ne sont pas seuls à courir ce menu gibier, et que les *macacos* (singes) leur font une redoutable concurrence.

Les lecteurs doivent avoir remarqué que, dans cette esquisse de la *fazenda*, c'est à peine s'il a été question de la *senhora*. Je ferais une peinture de fantaisie, si je cherchais à tracer le portrait d'une créole de l'intérieur. De toutes les habitudes léguées par les anciens *conquistadores* à leurs descendants, la séquestration des femmes est la plus tenace. Les appartements des Brésiliennes sont aussi impénétrables à l'étranger que le harem musulman. Cette coutume, inspirée par la jalousie la plus ridicule, se retrouve dans toutes les provinces d'alluvion portugaise. Les conséquences en sont faciles à déduire. Condamnée à croupir, dès son enfance, dans l'isolement, l'ignorance et la fainéantise, la jeune fille subit comme un arrêt de développement qui affecte tout son être. Son intelligence s'étiole, ses facultés s'atrophient. N'ayant jamais eu d'autres institutrices que les esclaves chargées de son service personnel, elle ignore souvent jusqu'à l'art de compter. Les négresses ne connaissent d'ordinaire que les trois premiers nombres ; arrivées à quatre, elles disent *deux paires ;* à cinq, *deux paires plus un*, etc. Les blanches vont jusqu'à la douzaine, mais rarement au-delà. Une Brésilienne chez qui j'étais logé à Pétropolis m'a avoué que lorsque ses dépenses journalières montaient à plus de 12 *vintens* (sous), elle était obligée de mettre dans un verre autant de grains de haricots que de pièces de monnaie, afin que le mari pût se faire, à son retour, une idée exacte de la somme dépensée, et vérifier les erreurs. Les femmes de couleur font varier leur arithmétique de 3 à 12, suivant la nuance de leur teint. Que de fois, dans mes excursions, forcé de m'arrêter dans une hutte, j'ai engagé avec la maîtresse du logis le dialogue suivant :

— Quel âge avez-vous ?
— *Nāo sei, senhor* (je ne sais pas, monsieur).
— Depuis quand êtes-vous ici ?
— *Nāo sei, senhor*.
— Quel âge a cet enfant ?
— *Nāo sei, senhor*.
— Combien d'enfants avez-vous ?

Ici embarras visible, si le nombre atteignait le chiffre de quatre ou cinq.

— *Meia pataca* (demi-pataque),¹ me répondit après une longue pause une mère de famille chez qui je comptai huit bambins. C'était dans les premiers temps de mon arrivée, et j'avoue que je dus recourir à mon guide pour saisir le sens de cette étrange et hardie métaphore.

Telles sont les occupations, les mœurs et les distractions de la *fazenda*. Ce que je viens de dire se rapporte surtout aux grandes propriétés du nord et du centre qui longent l'Atlantique. Vers le sud, la configuration du sol et la latitude modifient les productions de la terre et les habitudes des planteurs. D'immenses pâturages remplacent le sucre et le café, et le colon se voue exclusivement à l'élève du bétail et à la récolte du *maté*. ² C'est lui qui expédie ces cuirs et cette *carne seca* qui alimentent nos deux hémisphères. Dans les provinces de l'intérieur, quelques descendants des anciens *mineiros* exploitent encore les veines de quartz pailletées d'or ou les alluvions diamantifères. La première industrie, qui a été jadis la fortune du pays, n'est plus aujourd'hui qu'un souvenir, mais le diamant donne encore d'assez belles récoltes. Quelle que soit

---

¹ La *pataque* est une pièce de monnaie qui vaut 16 *vintens* (sous).

² Le *maté* est un arbre dont la feuille desséchée donne une infusion qui rappelle à la fois le thé et le tilleul. Cette plante remplace le thé, dans l'Amérique du sud.

la contrée qu'il traverse, le voyageur rencontre toujours dans la *fazenda* brésilienne l'accueil le plus empressé et le plus courtois. Il arrive pourtant de loin en loin qu'un inconnu qui s'arrête devant une habitation vers trois ou quatre heures du soir et demande l'hospitalité s'entende répondre par le maître du logis : « Vous avez encore deux heures de soleil ; c'est assez pour gagner le *rancho* qui se trouve de l'autre côté de la rivière. » Ces paroles, assez dures à entendre pour celui qui est perdu dans les ornières des chemins, s'expliquent facilement. Il n'est pas donné à tout le monde d'être à la tête d'esclaves et de fermes. Beaucoup de colons n'ont pour tout patrimoine qu'une cabane d'argile et quelques champs de maïs ou de manioc qu'ils cultivent à grand'peine. Que pourraient-ils offrir? L'hospitalité leur serait onéreuse, sinon impossible. D'autres fois c'est la fierté portugaise qui rend le seuil de la *casa* inaccessible. Tout homme de condition inférieure se sent mal à l'aise quand il est obligé d'introduire un étranger dans la lourde atmosphère d'un intérieur sale et dénudé. Heureusement ces cas sont rares. De caractère foncièrement chevaleresque, le créole, quelle que soit sa fortune, rappelle sous tous ses aspects l'inépuisable largesse de la nature vierge qui l'entoure, et qui depuis son enfance ne cesse de lui prodiguer ses caresses et ses trésors.

Veut-on maintenant jeter un coup d'œil sur l'avenir, veut-on rechercher quel sort sera réservé à la *fazenda* : il faut bien le dire, cette vie agricole et patriarcale tend à se modifier profondément. Bien que l'immobilité semble le propre des races indo-latines, elles ne sauraient pourtant échapper à l'action lente, mais inévitable, des transformations morales. Le souffle qui depuis trois siècles court l'Europe, et que les alizés et la vapeur portent chaque jour sur les rives atlantiques, atteindra bientôt la forêt vierge, et fécondera enfin ce que la hache portugaise ne savait qu'abattre. La plantation telle qu'on la trouve constituée aujourd'hui, c'est-à-dire avec l'esclavage pour base, s'éteint peu à peu. Depuis que la traite est sérieusement interdite, et que les escadres de France et d'Angleterre surveillent les côtes d'Afrique, le prix de l'esclave dépasse les ressources de la plupart des colons. D'un autre côté, le nègre des champs, à qui incombent tous les durs services, disparaît rapidement. Bien que prolifique de sa nature comme toutes les fortes races, l'excès de travail l'use avant le temps et arrête ou restreint sa reproduction. Telles *fazendas* qui comptaient un millier d'esclaves il y a une vingtaine d'années n'en possèdent plus aujourd'hui que quelques centaines. Dans les années d'abondance, les planteurs voient quelquefois une partie de leur café pourrir sur place faute de bras suffisants pour le cueillir. En outre les petits propriétaires, trouvant plus d'avantage à louer les esclaves dans les grandes villes populeuses et commerçantes, désertent leurs fermes et emmènent leur troupeau humain à la *cidade*. Cette émigration, qui dégarnit les terres, est remplacée par un autre courant en sens inverse du colon européen vers l'intérieur. Comme au temps de Jornandès, la vaste et sombre Germanie est toujours le grand laboratoire des nations, *magna officina gentium*. Ce trop-plein, qui jadis se ruait sur les Gaules, la Grèce ou l'Italie, prend aujourd'hui le chemin de l'Atlantique, qui vient le déposer sur les deux péninsules de l'ouest. Jusqu'à ces derniers temps, l'immense caravane cinglait vers New-York, et allait de là gagner les prairies du *far-west* Aujourd'hui une partie des émigrants allemands préfère se diriger du côté du tropique austral. Malheureusement de graves difficultés s'élèvent dès le début. Le manque de routes, le défaut d'avances, les rigueurs du climat, les tâtonnements incertains de toute colonisation nouvelle ont arrêté bien des élans, refroidi de vaillantes ardeurs; mais les prémisses sont posées, la conclusion est fatale et ne saurait plus être qu'une question de temps. La *fazenda* doit disparaître ou tout au moins prendre une autre physionomie.

Que verra-t-on à sa place ? Nul n'oserait le dire encore avec certitude; cependant, si l'on pèse le passé et l'avenir à l'aide d'une étude attentive des diverses colonies européennes pendant les trois derniers siècles, on peut indiquer deux solutions: ou bien, changeant de personnel et remplaçant le noir par le coolie, la plantation conservera ses anciennes traditions, moins l'esclavage; ou bien, abandonnant ses terres au colon moyennant une redevance annuelle, le *fazendeiro* renoncera à ses immenses domaines, et le morcellement succédera à la grande propriété. Je crois que Brésiliens et étrangers gagneront au change. L'air et la lumière pénétreront dans la case du travailleur; les chemins de fer feront oublier les *picadas* de la forêt, les *vendas* et le *rancho* disparaîtront devant le comfort des hôtels Européens. Du reste personne ne se fait illusion au Brésil sur cet avenir plus ou moins éloigné. Les grands propriétaires connaissent enfin leur époque : ils cherchent à deviner la véritable direction du courant qui nous entraîne, et plusieurs sont dès ce moment à l'œuvre, ne voulant pas se trouver surpris par le jour d'une liquidation imprévue.

LES INSTITUTIONS.

INTÉRIEUR DE LA CIDADE.

La physionomie de la *cidade* (ville) complète celle de la *fazenda*, et montre la vie Brésilienne sous un nouvel aspect : ici les institutions politiques se dessinent d'une manière plus nette que parmi les populations éparses de la campagne, et l'on commence à entrevoir l'activité Européenne tantôt subissant, tantôt dominant les influences locales. Aux distractions rustiques de la ferme succèdent les affaires, les fêtes patriotiques, les processions des *irmandades* (confréries), aux miasmes empestés des défrichements les terribles visites de la fièvre jaune. C'est surtout dans les trois vastes métropoles de l'Atlantique, Pernambuco, Bahia et Rio-Janeiro, qui forment comme les trois grandes étapes de l'Océan, que l'on peut étudier les secrets de cette civilisation portugaise implantée violemment sur une terre vierge, et qui va se modifiant de plus en plus sous l'irrésistible courant du progrès.

La première impression qu'on éprouve en débarquant à Pernambuco est presque un mécompte. Quand j'approchai de cette ville, j'étais sous le charme d'un splendide paysage. A peine la vigie avait-elle crié terre, que nous avions aperçu à l'horizon une ligne noire et encore indécise. Peu à peu les côtes s'étaient dessinées ; aux masses sombres avaient succédé des teintes bleuâtres, et bientôt de ravissantes villas, encadrées dans des bouquets de palmiers le long de terrasses verdoyantes bordant la mer, nous avaient révélé les approches d'une grande ville. Des noirs aux formes athlétiques, portant un caleçon pour tout vêtement, venaient chercher les arrivants dans de petits canots chargés d'oranges, de bananes et d'ananas pour les passagers qui restaient à bord. La mer est souvent houleuse dans ces parages, et celui qui veut descendre à terre n'est guère rassuré en voyant le sans-façon avec lequel les bateliers jettent les voyageurs dans leurs pirogues et affrontent les vagues, qui, à chaque instant, menacent de les lancer contre les rochers qui bordent l'entrée de la rade. On commence par faire descendre le passager dans un fauteuil, à l'aide de cordages et de poulies, au niveau des embarcations ; il reste là, suspendu quelques instants sur l'abîme, jusqu'à ce qu'un canot lancé par la lame vienne l'accoster. Un vigoureux nègre le saisit aussitôt de ses bras robustes, le dépose dans sa barque et fait force de rames vers la muraille granitique contre laquelle viennent se briser les flots de l'Océan. Il se joue des vagues avec une adresse merveilleuse, glisse tout à coup dans une ouverture pratiquée comme par miracle au milieu de cette chaussée gigantesque qui protège la *cidade* et entre dans la baie. Il faut se résigner à affronter le fauteuil, les noirs, l'esquif, la mer et les écueils, et au bout d'une demi-heure on arrive sain et sauf devant l'inévitable douane.

A peine débarqué, vous vous élancez dans la *cidade* avec la hâte fiévreuse d'un homme qui ne veut rien perdre du spectacle qu'il a longtemps rêvé. Ici commencent les déceptions : le cadre d'éternelle verdure que vous admiriez avant d'atteindre la ville disparaît tout à coup pour faire place à un soleil de feu. Des rues pleines de nègres et d'effluves ammoniacaux saisissent l'œil et l'odorat. Vous vous souvenez alors que vous foulez aux pieds une terre où le travail libre est proscrit comme déshonorant. Les habitants ont-ils gagné ou perdu au change ? Cette longue file d'esclaves qui vous coudoient portant chacun un ballot sur la tête est la réponse la plus éloquente qu'on puisse faire. Ces malheureux sont une vingtaine pour faire la besogne qu'un ouvrier européen accomplirait avec sa voiture et son cheval; mais à quoi bon de si simples moyens de transport quand on a des noirs à sa disposition !

Le nègre n'est pas seul à exciter votre étonnement : si vous vous promenez sur le port, vous rencontrerez bientôt un autre personnage qui n'est pas sans quelque analogie de mœurs et de couleur avec l'ilote africain, et qui ne frappera pas moins votre attention : c'est l'*urubú*. Nous avons dit au sujet des hôtes de la forêt que certaines espèces de vautours avaient pour mission de débarrasser les régions tropicales de tout ce qui pouvait compromettre l'hygiène publique. Les musulmans ont le Pernoctère, les Américains l'*urubú*. C'est un animal plus gros qu'un corbeau, assez mal empenné, noir, puant, vermineux. Ses fonctions municipales le rendent aussi sacré aux Brésiliens que l'ibis ou l'icheumon l'était jadis chez les riverains du Nil. Ce qui se passe à Pernambuco ou à Rio-Janeiro explique parfaitement ce qui avait lieu à Thèbes et à Memphis. Tout animal qui détruisait les sauterelles ou les œufs de crocodile, les deux fléaux de l'Égypte, se voyait choyé, caressé, soigneusement entretenu : c'était un sauveur, un dieu. Pareille fortune est arrivée à l'*urubú*.

Dès qu'on traverse une rue ou un chemin du Brésil, on ne tarde pas à être suffoqué par des émanations pestilentielles. Bientôt l'on aperçoit un noir escadron ailé, tourbillonnant autour d'une mule en putréfaction. Ce sont les agents de la salubrité publique en besogne. Ils ont tellement conscience de remplir un devoir, qu'ils ne semblent pas s'apercevoir de l'approche de l'homme et se laissent tranquillement examiner d'assez près. Vous les voyez s'abattre tour à tour sur la carcasse, s'y cramponner de leurs serres et de leurs mandibules, en retirer des lambeaux sans nom, et s'écarter un peu pour les dépecer tout à l'aise, pendant que d'autres prennent leur place. Ce mouvement de va-et-vient continue jusqu'à ce que les os aient été entièrement dénudés. Pas de cris, pas de disputes; tout se passe en ordre, comme il convient dans une troupe disciplinée;

la curée faite, il reste à secouer l'atmosphère de vermine et de putréfaction qui les enveloppe. Quelques coups d'aile au soleil suffisent, et ils vont faire la sieste ou continuer leur repas ailleurs, si le premier leur paraît insuffisant.

Malgré les priviléges dont il jouit, cet oiseau-chacal ne suffit pas toujours au besoin du service. Si nous en croyons la première page des journaux, chaque jour les habitants des villes sont obligés de gourmander l'inspecteur de la police, qui n'en peut mais, n'ayant à sa disposition aucun appareil électrique qui lui permette de transmettre ses ordres à ses agens ailés. Ce n'est pas que ceux-ci reculent devant la besogne; loin de là, leur gloutonnerie est insatiable; mais ils sont souvent en nombre insuffisant. Maintes fois il m'est arrivé, au détour d'une route, de trouver le cadavre d'un *burro* (mulet) abandonné au milieu d'une atmosphère infecte. J'inclinerais à croire que cet animal a des voisins jaloux qui détruisent ses œufs, ou peut-être néglige-t-il lui-même le soin de sa progéniture, son temps étant consacré tout entier à l'exercice de ses fonctions.

Ce n'est pas toutefois dans le noir et l'*urubú* que je placerai la véritable originalité de la *cidade* brésilienne; c'est plutôt dans l'absence complète de femmes, du moins de femmes blanches : celles-ci ne sortent jamais de leurs maisons, où les retient une jalousie impitoyable. La physionomie que cette coutume imprime à la *cidade* frappe surtout le voyageur habitué aux mœurs castillannes, et qui arrive des Andes ou de la Bande orientale. Au Brésil, grâce à une longue paix et au flot de colons que chaque année les alizés jettent sur ces parages, le nombre des hommes l'emporte de beaucoup sur celui des femmes, et la séquestration des *senhoras* rend le contraste encore plus étrange. Dans l'Amérique espagnole, où les femmes circulent librement, l'immigration est plus rare, et les guerres continuelles qui n'ont cessé d'ensanglanter ces malheureuses républiques depuis un demi-siècle y font sensiblement prédominer le sexe féminin. Sous l'influence d'une vie indépendante, les *senhoras* hispano-américaines sont plus gracieuses, plus vives et plus séduisantes que les créoles d'origine portugaise. Celles-ci vivent prisonnières, nous l'avons dit, et cependant, quelque vigilante que se montre la jalousie des habitants, elle est journellement mise en défaut par les ruses féminines. Bien que les portes des gynécées brésiliens aient été constamment fermées pour moi, j'ai pu me convaincre, par une étude attentive et grâce à quelques indiscrétions de mes compagnons, qu'un tel esclavage n'est pas toujours accepté, et que les belles captives savent se ménager des intelligences au dehors. Un de leurs principaux moyens consiste dans le langage symbolique des fleurs. Un jeune homme veut-il interroger une *senhora* qu'il a aperçue sur un balcon, il passe sous ses fenêtres dans un moment où il la croit seule, avec certaine fleur portée d'une certaine manière. Un signe imperceptible lui fait connaître si ses hommages sont agréés ou s'il arrive trop tard. Lui a-t-on répondu qu'il peut espérer, il continue son manège, et le dialogue se poursuit les jours suivants avec de nouvelles fleurs. On a voulu me mettre plusieurs fois au courant de cette télégraphie indigène ; mais, n'ayant jamais eu l'occasion d'en faire usage, j'ai oublié jusqu'à la première lettre de ce gracieux alphabet.

Cette méthode si simple a un puissant auxiliaire dans les processions. La procession, dans l'Amérique hispano-portugaise, est le complément indispensable de toute fête ; les hommes libres y sont seuls admis. Enrégimentés et encapuchonnés dans un grand nombre d'*irmandades* (confréries), ces révérends suivent dévotement, un cierge à la main, la madone ou le saint qu'on promène en triomphe dans toutes les rues. Si le patron du jour est un homme de guerre, on le fait figurer à cheval, visière baissée et lance au poing. Je me trouvais à Rio-Janeiro lors de la procession de saint George, patron de la ville. Le saint, solidement fixé à la selle par une cheville, montait un superbe coursier tiré des écuries de l'empereur. Son costume, étincelant d'or et de pierreries, rappelait assez les rois batailleurs du moyen âge. Un piqueur à pied conduisait son palefroi. Une vingtaine d'écuyers également à pied lui faisaient escorte, chacun tenant par la bride un cheval richement caparaçonné. Un chœur de musiciens indigènes, où dominaient toute sorte d'instruments primitifs, envoyait, par intervalles au-dessus de la fête, des fanfares où les sifflements aigus du fifre luttaient avec plus d'ardeur que d'harmonie contre la voix éclatante des cuivres. Les deux côtés de la rue étaient bordés par les confréries ; les blancs marchaient les premiers ; venaient ensuite les mulâtres, puis enfin les parias, les ilotes, les noirs. Le lent et grave défilé de la proces-

sion donne aux *senhoras*, placées sur les balcons, tout
le temps nécessaire pour échanger une œillade ou un
dialogue symbolique avec ceux qu'elles ont su promptement reconnaître sous la robe des confréries.

En dehors de ces cérémonies publiques, les habitants
des *cidades* se réunissent peu, et vis-à-vis de l'étranger
cette humeur farouche prend le caractère d'une véritable méfiance. L'intérieur d'une maison brésilienne ne
s'ouvre que difficilement devant l'Européen. Cependant,
lorsqu'on a fréquenté quelque temps les créoles, il n'est
pas impossible de se faire une idée des occupations du
senhor. Le temps qui n'est pas pris par les affaires, les
irmandades, les visites, la politique, est consacré à la
sieste ou au jeu. Les gens riches ont des *chacaras* (villas)
en dehors de la *cidade*, sur le bord de la mer, qui forment terrasse, comme celles qu'on voit sur la route de
Pernambuco à Olinda, et où l'air est plus pur que dans
l'intérieur de la ville. Le mobilier est généralement
aussi simple que l'habitation, et l'on est souvent frappé
du peu de luxe extérieur de certaines demeures qui
abritent des *senhores* plusieurs fois millionnaires. Rien
de plus facile cependant à expliquer, quand on se reporte aux mœurs créoles et aux origines de la société
brésilienne. Les premiers colons portugais n'étaient venus sur cette terre de l'Eldorado que pour faire une
fortune rapide. Retourner au plus tôt chez eux et jouir
en paix de leurs richesses, telle était leur unique ambition. A quoi bon dès lors bâtir de somptueuses demeures qu'ils ne devaient pas habiter? Mais le petit
nombre seulement put réaliser ce rêve. Par des causes

diverses, la plupart d'entre eux ne revirent plus l'Europe, et leurs descendants, n'ayant pour points de comparaison que la hutte de l'Indien ou le *rancho* du noir, regardèrent leurs vieilles habitations portugaises comme le dernier mot de l'architecture. On sent néanmoins que ces bâtiments, lourds et fermés de tous côtés, sont en désaccord avec la nature qui les environne. L'air ne pénètre pas assez dans ces massifs de murailles nues. Au lieu de ces forteresses du moyen âge, on voudrait voir s'élever ces pavillons légers et spacieux que réclament les besoins d'une contrée tropicale ; mais la tradition ibérique, la nonchalance créole et la jalousie brésilienne y trouvent leur compte, et c'est assez.

Puisqu'il nous est interdit de pénétrer dans l'intérieur des maisons particulières, visitons les magasins ; nous y trouverons des types qu'on chercherait vainement ailleurs. Ce jeune adolescent, pâle et imberbe, qui vous aborde dans ce magasin après avoir posé son *charuto* (cigare), et la plume derrière l'oreille, est arrivé un jour des Açores ayant pour tout bien la chemise, la veste et le pantalon qui parvenaient à grand'peine à dissimuler sa nudité. Sa famille, ne pouvant le nourrir, l'avait confié à un navire faisant voile pour Rio-Janeiro. Le patron du magasin est allé le chercher au port, et, après avoir payé le prix du passage, l'a emmené comme apprenti. Le voilà aujourd'hui l'homme de confiance du *senhor*. Modèle de sobriété et de ténacité portugaise, il s'est refusé toutes les distractions, tous les plaisirs de son âge ; on peut dire que sa vie n'est qu'une suite non interrompue de travaux et de privations ; mais il se console par la perspective que lui offre l'avenir. Il sait que, si la *febre amarella* (fièvre jaune) ou la consomption ne l'arrête en chemin, il sera un jour *fazendeiro* et peut-être *commendador*.

Pendant que vous êtes en pourparlers près du comptoir, vous voyez un cavalier s'arrêter à la porte. Après avoir mis pied à terre, il confie la bride de son cheval à un noir qui l'accompagne, s'avance sur le seuil, et appelle d'un *pshiou* ou d'un battement de mains un commis de la maison. Vous le prenez pour un client qui vient faire quelque commande. Le patron, qui l'a reconnu, tire quelques *vintens* de sa poche et les donne à un de ses employés, qui, sachant ce que cela veut dire, les porte aussitôt au *senhor* cavalier. Ce client n'est qu'un mendiant, du moins c'est ainsi qu'on l'appellerait chez nous; mais chaque peuple a ses idées sur la mendicité. Peut-on en effet voir un vagabond dans un homme vêtu d'une manière irréprochable, ayant un nègre et un cheval à sa disposition. D'ailleurs l'aumône ne déshonore pas dans ce pays, où la terre se montre si prodigue, où l'hospitalité devient si aisée. Aussi la mendicité est-elle considérée par les gens qui s'y livrent comme une véritable profession. Chaque mendiant a sa clientèle, il sait jusqu'où il faut aller sans se rendre importun. Ses visites sont généralement hebdomadaires: chez les bonnes âmes ou chez les riches pratiques, il risque jusqu'à deux visites par semaine, mais jamais plus. Quand on le rencontre après sa tournée, on voit un *gentleman* plein de savoir-vivre et habile à se procurer les douceurs du comfort. S'il est

modéré dans ses dépenses, il achète des esclaves avec
ses revenus, les envoie au *ganho* (gain), et, devenu
enfin rentier, traite à son tour ceux qui l'ont aidé à
vivre ; mais c'est là le petit nombre. Cette profession
est surtout exercée par de soi-disant étudiants à qui il
ne manque que quelques *milréis* pour entrer dans les
ordres. On cite à ce sujet les anecdotes les plus singulières, et l'un d'eux, le *senhor Maranhense*, a élevé
ce métier à la hauteur d'une véritable science.

Êtes-vous artiste, ou désirez-vous faire quelque excursion scientifique, vous devez avant tout organiser
une caravane. Vous priez vos amis de la *cidade* de vous
indiquer un bon muletier ; ils vous conduisent dans un
faubourg où les *urubús* semblent avoir fait élection de
domicile, et où la *catinga* (odeur du nègre) saisit fortement l'odorat. Bientôt vous voyez arriver un mulâtre
aux allures décidées, drapé dans son *poncho* (manteau).
Cet homme, à l'entendre, connaît tout le Brésil. Sa
figure bonasse et son aplomb inspirent la confiance,
et vous êtes sur le point de traiter avec lui, lorsqu'un
concurrent vient vous avertir que ce prétendu guide
est un *tropeiro* assez mal famé, qui a l'habitude de
déserter son *senhor* au milieu du chemin avec la plus
belle mule de l'équipage. Quand enfin vous avez trouvé
votre cicerone, et que vous arrêtez le jour où il devra
préparer les bêtes pour le départ, il vous répond gravement qu'il est guide et non *tocador*, que ce n'est pas à
un homme libre d'avoir soin des *burros* (mulets), et
que sa seigneurie doit lui donner un aide. Vous vous
mettez de nouveau en quête, et si vous n'êtes pas

sur vos gardes, vous tombez le plus souvent sur un esclave fugitif que la police vient vous réclamer au moment du départ.

Vous partez; mais si vous n'avez pas eu la précaution d'acheter des malles du pays, c'est-à-dire des *canastras* (coffres en bois recouverts d'une peau de bœuf), votre voyage devient encore impossible. La première fois que je chevauchai dans les *serras* du Brésil, je voyais le guide descendre tout-à-coup de sa monture, et, sous prétexte de rétablir l'économie de la charge, détruite à chaque instant par les inégalités de la route et les faux pas des bêtes, serrer les courroies; comme ces besoins d'équilibre se reproduisaient assez souvent, je commençai à craindre pour les flancs des mules, et je me hasardai à en faire l'observation. — Ne craignez rien, *senhor*, me répondit le *tropeiro*; plus un *burro* est serré, plus il a le pied sûr. — A la première halte, je crus apercevoir comme des spires d'hélice dessinées sur le cuir de mes malles; le lendemain, l'enveloppe avait cédé, et sans l'assistance d'un *fazendeiro* qui mit ses *canastras* à ma disposition, j'étais obligé de revenir sur mes pas après avoir laissé mes bagages en route.

Comme dans toutes les cités éloignées de leur centre politique, les habitants de Pernambuco ont été longtemps dominés par une idée fixe : se séparer de la métropole. Cette ville est en effet presque aussi distante de Rio-Janeiro que de Lisbonne. Avant que la vapeur eût permis d'établir des services réguliers, il s'écoulait quelquefois plusieurs mois sans qu'on eût des nouvelles de la capitale. Le pouvoir central ne se faisait guère sentir que pour prélever sa part des douanes, et les Pernamboucains faisaient à ce sujet les réflexions les plus amères. D'un autre côté, leur caractère aventureux les poussait aux entreprises hardies. Soit que les Hollandais, qui ont longtemps guerroyé dans ces parages, y aient laissé quelques germes de leur génie indépendant, soit que le voisinage du continent ait ravivé le vieux sang portugais, toujours est-il que c'est dans cette ville que l'on rencontre les aspirations les plus libérales. Aussi, depuis près d'un demi-siècle, les habitants de Pernambuco ont-ils essayé, à diverses reprises, de secouer le joug de la métropole et de réaliser leur double rêve, la république et l'indépendance. Bien que plusieurs de ces insurrections aient été sérieuses, je ne crois pas que le désir d'émancipation dont elles étaient le témoignage puisse jamais se satisfaire. La province de Rio-Grande-do-Sul, située à l'autre extrémité de l'empire, et qui, par des raisons analogues, a essayé de se constituer en état séparé, a dû également succomber, et cependant le gouvernement brésilien avait là devant lui des hommes connaissant le prix de la liberté, endurcis à la fatigue et réputés les premiers cavaliers de l'Amérique du Sud. Ajoutons que ces tendances séparatistes vont chaque jour en diminuant. Le gouvernement constitutionnel de l'empereur ne donne plus prise aux récriminations politiques. Les *steamers* qui sillonnent continuellement l'Atlantique font mieux sentir la main du pouvoir, détruisent de plus en plus les velléités d'isolement en facilitant les communications, et font voir à Pernambuco qu'elle est à la fois trop faible et trop fortement imprégnée d'esprit portugais pour avoir droit, comme Montevideo, à former un état indépendant.

Nous venons de voir à Pernambuco une ville où l'influence de la capitale est balancée par bien des influences contraires. Veut-on connaître une *cidade* qui représente plus exactement la civilisation portugaise au Brésil, c'est à Bahia qu'il faut aller. De toutes les villes de la côte, il n'en est pas de plus charmante. Sans doute la partie basse qui longe la mer sent encore le nègre et la fièvre, mais rien de ravissant comme l'esplanade qui domine la rade et où la brise apporte continuellement l'air pur et frais de l'Océan. Ces collines que j'avais déjà saluées à Pernambuco comme une apparition de la terre promise, je les retrouvai à Bahia et plus tard à Rio-Janeiro, toujours inondées de lumière et de parfums. C'est une guirlande de fleurs de plus de mille lieues qui longe le rivage, s'abaissant de temps à autre devant le cours impétueux d'un fleuve et se relevant aussitôt plus brillante encore, comme pour fasciner les yeux du navigateur. Rien en effet de plus majestueux que cet amphithéâtre de montagnes éternellement vertes qui dominent les rives de l'Atlantique. Aux premières lueurs de l'aurore, la forêt se réveille, secoue sa chevelure humide, et dessine à l'horizon ses lignes ondoyantes, qui semblent autant de nuages flottant sur un lac d'or fluide. De merveilleuses harmonies s'échangent entre le ciel, la terre et la mer. La mer renvoie à la colline des reflets bleuâtres, les ondes reproduisent dans leur paisible miroir la verdure des massifs profonds, tandis que l'azur de l'immense voûte adoucit de ses teintes légères la sauvage vigueur des nuances végétales et des miroitements océaniques. Lorsque le soleil s'est élevé et qu'il embrase l'espace, on voit se détacher des touffes tour à tour sombres et éclatantes des feuilles, de hautes tiges grisâtres qui rappellent au voyageur les sapins de ses brumeuses montagnes boréales. Les bruits de la forêt cessent, tout semble se recueillir ; seule, la sève circule avec un redoublement d'activité, et se résout en pluie désordonnée de lianes, de fleurs et de verdure. Le soir, quand le crépuscule a couvert de ses ombres eaux, montagnes et forêts, de douces brises s'élèvent chargées des plus suaves senteurs. Bientôt un spectacle féerique commence : des milliers de petits coléoptères lumineux se montrent tout-à-coup à travers le feuillage des arbres qu'ils éclairent de lueurs phosphorescentes. A voir ces lumières mouvantes qui apparaissent, se croisent, vont se perdre, puis brillent de nouveau dans mille courbes capricieuses, on dirait une course folle d'étoiles qui viennent se jouer sur l'onde pour célébrer les voluptueuses tiédeurs de la nuit et ajouter les riantes merveilles de la nature aux sévères splendeurs des cieux.

Je me trouvais à Bahia le 2 juillet, anniversaire de l'indépendance. C'est à pareil jour qu'en 1823 les derniers débris de l'armée portugaise, sous la conduite de Madeira, se décidèrent enfin à quitter la terre du Brésil. La fête commença la veille au soir. On vit des troupes de jeunes gens et de nègres se répandre dans les rues, drapeaux, torches et musique en tête. Les chants ou plutôt les cris patriotiques, le bruit des pétards, des fifres et des tambours, les fusées qui sillonnaient le ciel, tout ce vacarme se prolongea fort avant dans la nuit. Le lendemain, dès la pointe du jour, on s'occupa de pavoiser les maisons et d'élever des arcs-de-triomphe sur les principales places. Ces préparatifs achevés, tous les hommes libres revêtirent leur uniforme de gardes nationaux, et de longues colonnes armées défilèrent tout le reste de la journée dans les rues et les promenades, ornées de drapeaux et de verdure. Des pièces de canon couvertes de fleurs et de banderoles étaient traînées à bras par les jeunes gens à qui l'âge ne permettait pas encore le mousquet. Un large ruban passé en écharpe sur la poitrine et portant en grosses lettres *caixeros nacionaes* (commis nationaux) distinguait les jeunes créoles employés dans les maisons de commerce et représentant l'aristocratie de la ville. Les nègres, qui formaient l'immense majorité de la garde nationale, portaient le costume portugais et marquaient le pas avec la dignité d'hommes libres qui sentent le prix de leur indépendance. De temps à autre, une colonne s'arrêtait pour donner aux pièces d'artillerie remorquées par les enfants le temps de gravir les pentes raides de la cité haute. Les deux côtés de chaque rue étaient encombrés de négresses coiffées du turban et faisant des signes d'intelligence aux soldats qu'elles reconnaissaient sous l'uniforme. Le soir, le vacarme de la veille recommença avec plus de frénésie encore. Des groupes de noirs parcouraient les rues précédés d'une torche, criant, gambadant et gesticulant. Par intervalles, une fusée partie d'une fenêtre tombait sur la foule, et la joie redoublait. Les femmes surtout, atteintes par les étincelles, se démenaient avec force cris et force contorsions pour préserver leurs énormes turbans et leurs robes flottantes. De temps à autre, l'artillerie, les pétards et les fusées de la rade répondaient aux canons, aux pétards et aux fusées de la ville, et le spectacle tenait alors du prodige. On eût dit que l'Océan secouait des étincelles et embrasait la cité, tandis que celle-ci lançait des éclairs pour illuminer le ciel. La fête se serait prolongée probablement jusqu'au lendemain, si un orage survenu tout à coup n'eût fait rentrer chacun chez soi. J'ai vu bien des fêtes nationales dans la vieille Europe, nulle part je n'ai remarqué une joie aussi bruyante, une gaîté aussi franche.

Les nègres sont en très grand nombre à Bahia, et plusieurs fois dans les troubles politiques ils ont donné aux Portugais des craintes sérieuses [1]. Les rivalités de tribus, que ceux-ci entretiennent soigneusement, ont empêché le renouvellement des massacres de Saint-Do-

---

[1] Le fait suivant, dont j'ai été témoin à cette fête, donnera une idée des sentiments qui animent les Africains à l'endroit des Portugais. Un officier attardé, qui allait rejoindre sa colonne, étant tombé de cheval au milieu d'un groupe de noirs libres, ceux-ci reculèrent pour rire plus à leur aise de la mésaventure du *senhor* cavalier, et se gardèrent bien de lui porter secours. Le pauvre diable se releva comme il put.

mingue. Un voyageur qui ne connaîtrait pas les habitudes casanières des créoles croirait, en parcourant Bahia, se trouver dans une ville de noirs. On y rencontre des échantillons de toutes les races africaines que les *conquistadores* ont jetées sur les rivages du Brésil. L'athlétique *mina* semble y dominer et conserver toute sa sève et sa verdeur primitives. L'esclavage a introduit des coutumes bizarres qui frappent l'étranger. Parfois vous voyez circuler dans les rues deux noirs marchant d'un pas lourd et cadencé et faisant résonner sur les dalles une grosse chaîne rivée à leurs jambes. Ce lugubre appareil indique deux fugitifs dont on se méfie et qu'on attache l'un à l'autre, afin de rendre impossible toute évasion ultérieure. Plus loin vous apercevez un esclave la figure cachée par un masque de fer solidement cadenassé, assez semblable à ceux que portaient jadis les paladins du moyen âge. Votre guide vous apprend que c'est un pauvre diable qui mangeait de la terre, et qu'on empêche ainsi de se livrer à ses goûts déréglés. Ce sont surtout les gigantesques négresses *minas* qui excitent l'attention. On dirait parfois des déesses antiques taillées dans un bloc de marbre noir. Il n'est pas rare de rencontrer de ces femmes, hautes de six pieds, portant gravement une banane ou une orange sur leur tête. L'horreur du travail est tellement enracinée dans ces natures indolentes et sensuelles qu'elles se croiraient déshonorées, si elles tenaient à la main le plus petit objet.

C'est ordinairement vers le soir que les jeunes gens de la ville sortent pour se rendre leurs visites ou pour aller à un rendez-vous ; mais leur dignité de blancs et leur nonchalance de créoles leur défendent de marcher à pied dans les rues : ils montent de petits chevaux d'une agilité surprenante, qu'ils lancent à toute vitesse, quelque rapide que soit la pente qu'ils ont ou à monter ou à descendre. Les hommes mûrs et les *senhoras* ne sortent qu'en palanquin. Celles-ci ne quittent guère leurs maisons que les jours de fête, pour se rendre à la messe. Cette vie énervante les étiole peu à peu, et il est rare qu'elles puissent lutter avec les opulentes formes des femmes de couleur, qui ont puisé dans le sang africain une richesse de sève incomparable.

Bahia est la ville portugaise par excellence, moins l'âpre activité et la mâle énergie de ses fondateurs. Le moine y domine encore plus qu'en tout autre endroit du Brésil, et avec lui règnent toutes les superstitions d'une autre époque. Chaque individu a un saint de prédilection qu'il rend responsable de tout ce qui arrive en bien ou en mal dans sa maison. Le plus puissant de tous ces patrons est saint Antoine ; du moins c'est celui que l'on rencontre le plus souvent dans les oratoires. On lui promet des cierges, de l'argent et des fleurs pour orner sa niche, s'il parvient à faire obtenir le succès désiré ou à éloigner la mauvaise fortune ; mais s'il fait la sourde oreille, adieu cierges, fleurs et caresses. Étant responsable, il faut qu'il se résigne à subir son châtiment. Un nègre par exemple vient-il à s'enfuir, le maître s'empresse aussitôt de courir au bureau du journal donner le signalement du fugitif, et promettre 50 ou 100 *milreis* de récompense, suivant la valeur de la *pièce* (*peça*); puis il revient en toute hâte dans sa chambre, tire brusquement son patron de sa niche, prend un *chicote* (fouet) proportionné à sa taille, et lui en sangle les reins en accompagnant cette correction du monologue suivant : « Ah ! *filho da p...* (fils de...), c'est ainsi que tu prends souci de mes esclaves ! C'est de cette manière que tu me paies des soins que j'ai pour toi et des cierges que je t'achète ! Je vais t'apprendre à vivre ! » Après cette correction, il le jette dans le réduit le plus obscur de sa maison, parmi les ordures qui emplissent la plupart des demeures portugaises, et lui déclare qu'il est condamné à vivre dans ce chenil jusqu'à ce que l'esclave soit retrouvé. Si le retour du fugitif se fait attendre, le maître perd patience, brise son idole d'un coup de pied, et se choisit immédiatement un autre patron plus puissant et plus actif ; mais si le noir reparaît, il la replace aussitôt dans sa niche, lui demandant pardon d'avoir été un peu emporté, et lui achète force cierges pour lui faire oublier le passé et continuer de mériter sa protection.

Les nègres prennent ordinairement pour patron un saint de leur couleur, saint Bénédict, sur lequel ils racontent des histoires merveilleuses. Ce Bénédict était de son vivant chef de cuisine dans un couvent. Naturellement porté, comme tous ses compatriotes, vers la vie contemplative, il assistait en cachette à tous les offices des moines, et se laissait quelquefois tellement absorber dans ses oraisons mentales qu'il en oubliait ses fourneaux. Les anges, touchés de sa piété, faisaient sa besogne, afin que la communauté n'eût pas à souffrir de ses extases. La première fois que j'aperçus dans un oratoire ce saint patron des nègres et des marmites, je crus voir un diable, tant la grimace que l'artiste lui avait prêtée, sans doute par un scrupule exagéré d'exactitude, était effroyable. Quand un homme est trop pauvre pour construire un oratoire dans sa hutte, il prend mentalement le patron de son voisin, et lui vote des cierges dans les moments pressants, afin d'obtenir son intercession. Un jour je vis un pauvre mulâtre apporter dans le *sacrarium* de son maître 10 *milreis* (25 francs), qui représentaient toutes ses économies, pour remercier le saint de lui avoir fait retrouver ses cochons, qu'il avait perdus la veille. Je le priai de me conter son aventure.

— *Senhor*, me répondit-il aussitôt, c'est un saint bien puissant et bien bon pour les pauvres gens que saint Antoine. Figurez-vous qu'hier, quand j'allai voir mes pauvres bêtes, elles avaient disparu. Ce ne pouvait être que par suite d'un maléfice, car elles ne s'écartent jamais de leur étable. Je fis vœu d'offrir à mon protecteur tout l'argent que je possédais, s'il me les faisait retrouver, et, plein d'espoir, je me dirigeai au hasard vers le premier chemin que je rencontrai, appelant mes animaux de tous côtés. Voyant que mes recherches étaient inutiles, je pensai que ce n'était pas la bonne direction, et je revins sur mes pas pour en prendre une meilleure; mais mon patron, lui, ne s'était pas trompé: pendant que je m'épuisais en vaines poursuites, il avait fait rentrer le troupeau dans l'étable, et dès qu'elles me revirent, les pauvres bêtes accoururent vers moi. Vous comprenez, *senhor*, que quand on a un aussi bon saint, on doit tenir sa promesse, au lieu de faire comme certains que je connais, qui ont l'habitude d'oublier leur vœu quand le danger est passé.

Devant une telle crédulité, il est difficile de ne pas ajouter foi à ce que racontent les voyageurs sur les *Sébastianistes*. Ce mot demande quelques explications. D. Sébastien était le type de ces chevaliers du moyen-âge qui s'en allaient chevauchant la croix d'une main, la rapière de l'autre; comme tous les princes de son temps, il étudiait plus volontiers les passes d'armes que les leçons de l'histoire. Mal lui en prit un jour : voulant recommencer les croisades contre les Maures d'Afrique, il passa la mer avec l'élite de son royaume et marcha droit aux infidèles. Malheureusement il avait oublié cet aphorisme des gens de guerre que le dieu des armées se décide d'ordinaire pour les gros bataillons. Ses troupes bientôt enveloppées furent taillées en pièces, et il disparut au passage d'une rivière. Où était-il allé, nul ne pouvait le dire d'une manière précise, mais cette disparition miraculeuse indiquait clairement qu'il existait encore et qu'il reviendrait un jour relever la fortune du Portugal. Aux yeux de tout bon patriote, un roi si saint et si brave ne pouvait avoir été la victime des infidèles. Les siècles n'ont pu effacer cette croyance et quelques fidèles attendent encore aujourd'hui le héros d'Alcazar Kebir.

Avant de quitter cette vieille civilisation du Brésil pour observer à Rio-Janeiro les premières manifestations d'une vie nouvelle, peut-être voudra-t-on contempler la *cidade* dans un état moins avancé encore qu'à Pernambuco ou à Bahia, sous l'aspect qu'elle offre dans l'intérieur du pays, et surtout dans les provinces jadis exploitées par les *mineiros*. C'est là, c'est à Ouro-Preto, Goyaz, Cuyaba, etc., que les traces du passé subsistent plus profondes et plus vivaces. Là plus de bourse, plus de théâtres, plus de musées. Des masures de terre suffisent à la plupart des habitans; des couvents en ruine remplacent les écoles ; une population restée à demi sauvage par le croisement des races et l'isolement où elle vit, grouille dans ces murs lézardés, sans industrie, sans aucune notion de bien-être. Les sites les plus dévastés des Abruzzes ou des Calabres peuvent seuls donner une idée de l'aspect de ces lieux jadis si florissants. Les créoles n'y luttent plus que d'ignorance et de fainéantise. Les églises même, élevées par la piété des anciens fondateurs, sont aujourd'hui pour la plupart aussi délabrées que les habitations des plus simples particuliers. On se croirait quelquefois dans un de ces grands villages des Cordillières périodiquement visités par les tremblements de terre. Certaines villes où le passage des caravanes entretient quelque activité, comme São-João-del-Rey, sont quelquefois celles qui attristent le plus les Européens. Il est vrai que la grossièreté des habitants s'explique par leur origine. Les premiers colons de ces provinces étaient des paysans venus des montagnes du Portugal. Enrichis par le commerce, ils n'ont su tirer aucun parti de leur changement de fortune, et sont restés ignorants, avec la morgue de plus. Les muletiers, qui forment presque toute leur clientèle, sont peu faits pour leur inspirer des notions de bien-être et de progrès.

Les quelques hommes d'intelligence et d'énergie qui se rencontrent çà et là au milieu de ces populations perdues ne semblent guère conserver l'espoir de les arracher à leur ignorance. Ils s'expriment à ce sujet avec une singulière franchise, si l'on en juge par le langage que tenait, il y a quelques années, un *mineiro* à un voyageur français. « Mes compatriotes, disait-il, n'usent les chemises que sur les coudes, parce qu'ils ne peuvent se tenir sans être appuyés. On se repose le lundi de la fatigue d'avoir entendu le dimanche une messe d'un quart d'heure ; le mardi, on laisse travailler ses nègres à sa place ; le mercredi et le jeudi, il faut bien aller à la chasse pour manger un peu de viande ; il faut pêcher le vendredi et le samedi parce que ce sont de jours maigres ; enfin le dimanche on se repose des travaux de toute la semaine. Un arbre tombe-t-il dans le chemin, on fait un sentier qui passe dans le bois et va regagner le chemin de l'autre côté. On eut employé beaucoup moins de temps à couper l'arbre ; mais il aurait fallu se servir de la cognée, et en faisant le sentier on laisse les gros arbres. On se contente de couper les arbustes, et pour cela on n'a besoin que de la *faca* (coutelas que les nègres portent toujours à leur ceinture). Un homme a-t-il de la farine à chercher, il monte sur sa mule, prend un petit sac et fait six voyages ; il aurait pu faire porter toute la charge à la mule en une seule fois, mais il aurait été forcé d'aller à pied. » Le peuple de certaines provinces brésiliennes diffère beaucoup, on le voit, de celui qui a pris pour devise : *time is money*. — Aussi est-il difficile à un Européen, habitué au spectable de l'activité humaine, d'être témoin de tant d'inertie sans éprouver un serrement de cœur. Il est certaines choses essentielles à la vie civilisée et complétement inconnues ici.

Visitant un jour une *fazenda* à quelques lieues de Rio-Janeiro, sur la route de Minas, la plus fréquentée du Brésil, et redoutant l'arrivée d'un orage, j'interrogeai plusieurs fois mon guide sur le chemin qui nous restait à parcourir.

— Encore ce morne, *senhor*, me répondait-il invariablement, me montrant du doigt le monticule qui se trouvait devant nous.

Désirant une information plus précise, je m'adressai aux personnes que je rencontrais sur la route.

— Combien de lieues y a-t-il d'ici à la *fazenda* du *senhor* X.? demandai-je à un mulâtre qui se rendait aux champs.

— *Dous legoas*, *senhor* (deux lieues).

Au bout d'une demi-heure, je répétai la même question à un *tropeiro*.

— *Tres legoas*, *senhor* (trois lieues).

La réponse était si inattendue que je dus réitérer la demande au maître d'une *venda* devant laquelle nous passâmes quelques minutes après. Je croyais enfin tenir mon affaire.

— *Tres legoas e meia*, *senhor* (trois lieues et demie), me répondit l'aubergiste.

Voyant que je m'éloignais de mon but au lieu de m'en rapprocher, je craignis une erreur du guide, et je priai mon interlocuteur de m'indiquer le véritable chemin. Sur l'assurance formelle que j'étais dans la vraie direction, je continuai ma route, cherchant vainement à m'expliquer ces contradictions. Je ne vis qu'un moyen de sortir d'embarras, c'était d'interroger impitoyablement tout individu que je rencontrais. Les nouvelles réponses furent plus singulières encore que les premières.

— *Cuatro legoas, senhor* (quatre lieues), me dit un *mascate* (colporteur).

— *Não sei, senhor* (je ne sais pas), disaient de leur côté la plupart des nègres.

— *Dous cuartos e meia* (deux quarts et une demie), répondit un *tropeiro*.

— Vous voulez dire une lieue? répliquai-je.

— *Si, senhor.*

Pourquoi donc dites-vous deux quarts et une demie?

— *He costume* (c'est l'habitude).

Voyant une mulâtresse sur le seuil de sa porte, je fus curieux de connaître aussi son avis.

— *Tres legoas, senhor.*

— Mais il n'y a pas trois lieues, objecta le mari en sortant de sa hutte.

— *São pequenas, mas são tres* (les trois lieues sont petites, si vous voulez, mais il y en a toujours trois), reprit la femme d'un ton de conviction qui n'admettait pas de réplique.

Cette réponse me donna enfin le mot de l'énigme : c'est l'ignorance absolue où l'on est dans ce pays sur la valeur réelle de la lieue; chacun l'estime à sa façon.

Chose digne de remarque chez un peuple où, aux

termes de la constitution, les titres nobiliaires ne sont pas héréditaires, il n'est pas de mendiant qui ne soit anobli. Souvent une seule particule ne suffisant pas, on accouple deux ou trois titres qui rendent ainsi l'appellation plus sonore. J'ai rencontré quelquefois les plus grands noms du Portugal portés par des *trôpeiros* courant les *picadas* de la forêt derrière leurs mules. L'explication est cependant des plus simples : tout affranchi prend à volonté le nom de son patron, de son parrain ou de tout autre protecteur ; or le Portugais naît généralement gentilhomme. Il n'est pas en effet de famille dont les ancêtres n'aient porté les armes contre les hordes de l'islamisme dans la longue lutte de l'indépendance, et on sait que les rois de Portugal, voulant exalter le courage de leurs troupes, anoblissaient sur le champ de bataille tous les soldats d'une armée qui venait de remporter une victoire sur les infidèles, ou de monter à l'assaut d'une ville musulmane.

Autre sujet d'étonnement : ce pays, entouré de tous côtés par des peuples agités de convulsions permanentes, jouit cependant de la paix la plus profonde. Les causes de ce calme paraissent assez complexes. Le caractère portugais, plus sombre et plus positif que le caractère castillan, est moins accessible aux exaltations passagères. Les immenses déserts qui sillonnent le continent austral empêchent d'ailleurs les frémissements des républiques espagnoles d'atteindre le Brésil.

C'est pourtant de ce pays que partit, au siècle dernier, le premier cri d'indépendance qui ait retenti sur les terres du Sud. Pendant les premières années qui suivirent la découverte du nouveau monde, cette contrée ne fut considérée que comme une mine inépuisable devant alimenter d'or, d'argent et de pierres précieuses les fastueuses extravagances des cours de Lisbonne et de Madrid. Les prohibitions les plus brutales pesaient sur le colon. La province de *Minas-Geraes* (mines générales) était renommée entre toutes par la lourdeur de l'impôt qu'elle payait à la couronne de Portugal. Cependant les sables aurifères s'étaient appauvris, et le jour approchait où le paiement ne pourrait plus être effectué. La confiscation était au bout. En même temps, l'affranchissement des États-Unis et les premiers souffles de la Révolution française traversant mers, douanes et cordons, venaient ouvrir des horizons nouveaux à ces populations souffrantes et hardies. Profitant des dispositions de ses compatriotes, un ancien officier de cavalerie, *Xavier da Silva*, plus connu sous le nom de *Tira-Dentes*, voulut tenter pour le Sud ce que Washington avait fait pour le Nord. Il organisa une conspiration qui devait rendre la province indépendante ; mais ses imprudences allaient le trahir. Tout-à-coup, on apprit qu'il avait été arrêté avec ses principaux complices. Privée de chefs, la conjuration ne pouvait avoir de suite. Peu de mois après, les bourreaux entraient en besogne, et *Tira-Dentes* expiait dans d'affreux supplices le crime d'avoir devancé l'heure.

Quelques années plus tard, Napoléon, désespérant de faire entrer dans le grand courant du siècle ces vieilles royautés ibériques, dont la sève s'était épuisée au service de l'inquisition, donna l'ordre à deux de ses plus intrépides lieutenants, Junot et Murat, d'aller planter le drapeau de la révolution, le premier à Lisbonne, le second à Madrid. Saisie de frayeur à l'approche de l'armée française, la cour de Portugal monta sur un vaisseau et vint demander asile à sa riche ferme d'outre-Océan. A son entrée, les barrières tombèrent, et les Brésiliens purent enfin connaître autrement que par contrebande les idées qui remuaient l'Europe. Dans la suite, quand les Cortès rappelèrent D. João VI à Lisbonne, ce prince laissa à Rio-Janeiro son fils aîné, D. Pedro, afin que, suivant son expression, il empêchât de tomber dans des mains étrangères la couronne du Brésil, qui menaçait déjà de se détacher de celle du Portugal. L'événement ne tarda pas à justifier les prévisions paternelles; mais D. Pedro n'était pas l'homme que les circonstances exigeaient pour fonder un empire nouveau. Il fit cependant de louables efforts dans le but de remplir dignement la mission que les événements et sa naissance lui imposaient. Il rédigea lui-même la charte qu'il donna aux Brésiliens, et, sauf quelques restrictions qui ne sont plus de notre époque, on peut dire qu'elle peut figurer à côté des meilleures institutions politiques du vieux monde. Malheureusement imbu par son éducation de tous les préjugés rétrogrades des vieilles cours européennes, il ne put se faire au rôle de roi constitutionnel. De là, ces tiraillements qui, après dix ans de lutte, amenèrent son abdication en faveur de son fils, D. Pedro II, alors âgé de cinq ans. Élevé dans les idées libérales, ne connaissant rien du passé, ce jeune prince a pu accepter franchement les exigences des sociétés modernes, et préserver ainsi le Brésil des agitations stériles qui, depuis un demi-siècle, désolent les républiques espagnoles. Si Charles IV, à l'arrivée de Murat, eût pu monter sur un navire comme son royal cousin de Portugal, et qu'il eût eu un D. Pedro II à laisser à ses possessions américaines, peut-être seraient-elles aujourd'hui aussi prospères que le Brésil. Les fortes institutions de la grande république du Nord, qui font l'admiration de l'Europe, ne sauraient convenir au tempérament de populations façonnées depuis des siècles à l'absolutisme clérical et monarchique.

Visitons maintenant la capitale, c'est-à-dire le centre de la vie politique du Brésil,

Lorsque, après avoir dépassé le cap Frio, on entre dans cette mer intérieure qui forme la rade de Rio-Janeiro, on voit se dérouler un spectacle aussi séduisant par l'harmonie des détails qu'imposant par les proportions du cadre. Au fond, la chaîne des orgues dessine ses pitons aigus, tandis que de ses dernières ramifications s'élance un géant de granit qui semble garder la baie. Une atmosphère étincelante de lumière et d'une sérénité indicible permet à l'œil de suivre au loin les ondulations des mornes, des forêts, et tous les accidents du paysage. Les eaux paisibles reflètent ces magnificences, et ne sont troublées que par le sillage du steamer ou par l'apparition soudaine d'un monstre marin qui laisse voir un moment son dos humide. Des oasis de verdure s'élèvent de toutes parts, offrant les plus gracieux contrastes, depuis le roc qui semble jouer avec la vague, jusqu'à l'île du Gouverneur de deux lieues d'étendue. Au fond de l'immense cirque repose, à demi cachée par les palmiers des collines, la capitale de l'empire, Rio-Janeiro.

Malgré la fièvre jaune, qui depuis quelques années y a élu domicile, Rio-Janeiro est aujourd'hui la première ville de l'Amérique du sud par son commerce et sa population. C'est vers ce point que converge presque tout le courant de l'émigration. Aussi le voyageur s'y trouve-t-il coudoyé à chaque instant par des Européens. Le Français prédomine, car on y rencontre des rues entières où l'on ne parle que notre langue ; c'est là que l'on trouve tous ces magasins de luxe que font naître les besoins de la civilisation la plus raffinée, et surtout ce commerce de détail et de nouveautés où excelle le Parisien. Toute industrie qui exige du goût et du savoir-faire semble lui être exclusivement dévolue. La chaussure est la spécialité des Allemands. Les grandes maisons de commerce sont tenues par les Portugais. Les Italiens se sont réservé les petits saints de plâtre, les orgues de Barbarie, les pâtes alimentaires, etc.

Devant ce flot toujours croissant d'étrangers, il n'est pas de tradition, si tenace qu'elle soit, qui ne finisse à la longue par être entamée. Aussi la vieille physionomie portugaise tend-elle à disparaître ici de plus en plus. Le gaz commence à remplacer les lanternes huileuses, on enlève aux *urubús* une partie de leur besogne, les rues non pavées deviennent de plus en plus rares, çà et là on aperçoit des trottoirs, resserrés, il est vrai, car la disposition des lieux ne permet pas une plus grande largeur. Comme dans toutes les villes des tropiques, les rues sont étroites, et il importe de livrer un moindre accès au soleil. Il en résulte quelquefois de graves inconvénients : au solstice d'été, lorsque des avalanches d'eau s'abattent sur la *cidade*, les rues se changent en torrents et les rez-de-chaussée sont souvent envahis. Bien que cette eau pluviale soit loin d'être froide, il faut cependant s'en défier. Un Allemand qui avait eu la fantaisie de se baigner dans le ruisseau qu'une trombe venait d'improviser devant sa porte, étant entré dans une *venda* avant de changer d'habits pour raconter ses émotions, qui lui avaient rappelé sa verte Germanie, se sentait pris de frissons pendant la nuit suivante et expirait le lendemain dans les étreintes de la fièvre jaune.

Tous les efforts que l'on fait pour assainir la ville restreindront-ils le chiffre de la mortalité? Je n'ose trop l'espérer. La ceinture de montagnes qui entoure la cité forme comme un entonnoir au fond duquel l'action du soleil vient s'ajouter aux humides émanations de la terre et de l'Océan. En outre, depuis que la fièvre jaune a visité la côte orientale, il est resté comme des germes pestilentiels qui, au dire des anciens habitants, n'existaient pas avant l'arrivée de cette terrible maladie, et qui causent d'effroyables ravages chez les nouveau-venus. Je citerai d'abord la phthisie pulmonaire, qui emporte à elle seule le cinquième des malades, d'après un relevé fait dans les hôpitaux de Rio-Janeiro. Le plus fort contingent est fourni par les gens de vingt à trente ans, notamment parmi les Portugais. L'émigration explique du reste ce phénomène. C'est à cet âge qu'on quitte son pays pour aller chercher fortune ailleurs, et c'est le Portugal qui envoie le plus d'émigrants au Brésil. Quelques médecins attribuent la prédominance de cette maladie à la pression qu'exerce le foie sur les poumons. Tout le monde sait que ce viscère acquiert un volume énorme sous l'influence des climats chauds et humides. Sans rejeter cette explication, je crois qu'il faut surtout chercher la cause principale dans les imprudences que trop souvent les étrangers commettent à la chute du jour. Les premières heures de la nuit sont terribles sous les tropiques : le ciel étant toujours étoilé, le sol se refroidit vite, et de 40 degrés le thermomètre descend quelquefois à 10. Les effluves perdus dans l'atmosphère retombent rapidement, et viennent empoisonner l'imprudent qui les aspire.

Quant à la fièvre jaune, on peut dire aujourd'hui qu'elle n'est plus qu'un accident. Sur trois individus atteints de cette maladie, on ne compte généralement qu'une victime qui d'ordinaire appartient à la classe ouvrière. Le défaut de propreté, la mauvaise nourriture et les imprudences des travailleurs expliquent ce résultat. Elle attaque de préférence les Européens, surtout les Portugais, et sévit principalement sur les jeunes gens de quinze à trente ans. Nous venons de donner la raison de ce fait [1]. La mortalité des femmes n'est guère que le dixième de celle des hommes. Le petit nombre des émigrantes et la vie sédentaire des Brésiliennes expliquent ce chiffre. Le mois le plus terrible est celui de mars, soit parce que l'atmosphère n'est plus purifiée par les décharges électriques qui dans les mois précédents sillonnent l'air chaque jour, soit parce que les miasmes qu'entraîne la saison pluvieuse atteignent alors leur plus haut développement. Ajoutons que la fièvre jaune ne peut s'étendre que sur les villes du littoral et qu'elle épargne les nègres. Elle a son siège principal dans l'estomac, et se manifeste par des maux de tête et une chaleur intense. Le choléra au contraire, que plusieurs

---

[1] Voici la liste par nation des individus morts de la fièvre jaune à Rio-Janeiro, du 1er décembre 1856 au 31 mai 1857. On pourra se faire en même temps une idée assez exacte des proportions qu'on trouve dans le nombre des colons que les diverses nations de l'Europe envoient au Brésil.

Portugais.	764
Français.	139
Anglais.	82
Italiens.	60
Allemands.	59
Nations diverses. . . .	188
Brésiliens.	80
Esclaves.	45
Total.	1,387

On voit que les Portugais y figurent pour plus de la moitié, les Français pour un 1/10e, et les Brésiliens pour 1/17e seulement. Les 5/6es sont des jeunes gens. Le nombre des femmes ne s'élève qu'à 134, ce qui, comme nous le disons plus haut, fait environ le dixième de la mortalité totale.

personnes confondent avec cette maladie, se montre indifféremment sur les côtes et dans l'intérieur. Il choisit de préférence les nègres pour victimes, a son siège dans les intestins, et offre comme caractère spécial le refroidissement des centres nerveux. Le premier soin à donner dans ces deux cas est de chercher à ramener la transpiration. Les remèdes *infaillibles* ne manquent pas. Chacun a le sien. J'ai connu un *mascate* (colporteur) qui, éprouvant quelques difficultés à écouler ses marchandises, s'est mis un beau jour à improviser une de ces potions héroïques, et, après s'être fait donner une demi-douzaine de certificats signés de docteurs brésiliens, a fait voile pour l'Europe, comptant obtenir « la croix. » Du reste, sans parler de ces épidémies passagères, on peut dire que les Européens, principalement les nouveau-venus, doivent se tenir sur un qui-vive continuel, s'ils ne veulent pas être victimes d'une de ces terribles maladies que la terre, le soleil, l'atmosphère et l'humidité semblent engendrer à l'envi. A mon départ pour les terres australes, je ne voyais sur le pont du navire que des jeunes gens à la mine gaillarde, au sang riche, aux ardeurs puissantes ; à mon retour en Europe, je trouvai surtout des femmes vêtues de noir : c'étaient des veuves. Elles me racontèrent leurs infortunes. Des pneumonies aiguës, des fièvres malignes, des entérites violentes, survenues à la suite de refroidissements brusques ou d'insolations imprudentes, tel fut le bilan qu'elles me présentèrent. Tous leurs maris étaient ouvriers, et il est difficile à ces braves gens de se rappeler, dans l'ardeur du travail, qu'ils se trouvent sous une latitude ingrate pour l'artisan. Cette mortalité contraste péniblement avec l'inaltérable santé des paisibles *fazendeiros*, qui, dans leurs opulentes demeures, n'ont rien à redouter ni de la pluie, ni du soleil, ni de la fatigue.

Une fois à Rio-Janeiro, on veut cependant oublier les tristes influences du climat. La ville n'offre-t-elle pas quelques-uns de ces aspects qui peuvent faire oublier au voyageur le nouveau pays où il se trouve, et lui rappeler les richesses monumentales de quelques cités d'Europe? On voit, il faut bien le dire, peu de monuments dans les villes brésiliennes. Les *conquistadores* étaient des soldats d'aventure et non des artistes, et la recherche de l'or et des esclaves absorbait tous leurs instants. Cependant on remarque à Rio un aqueduc qui pourrait figurer à côté de ceux que les Romains nous ont légués, et un hôpital qui ne serait pas déplacé à Londres ou à Paris. Deux autres établissements méritent aussi de fixer l'attention : le muséum et le jardin botanique. Bien des capitales de l'Europe envieraient ce muséum, et cependant il est loin de répondre encore aux richesses du pays et à la curiosité des étrangers. Ce n'est pas chose facile que de réunir une collection complète des armes, des costumes, des ornements, des ustensiles dont se servaient les tribus indiennes avant l'arrivée des flottes portugaises, des spécimens de tous les animaux sauvages qui peuplent les forêts américaines, des échantillons des diverses variétés de diamants, de pierres précieuses, de quartz aurifères et des autres minerais que recèle le sol de cet immense empire. Ajoutons que le premier fondateur du muséum est le baron d'Ubá, dont le nom est si cher aux savants et aux artistes qui ont visité ce pays.

C'est au roi D. João VI qu'est due la création du jardin botanique. Ce pauvre prince cherchait à tromper les heures de son long exil en surveillant et en hâtant les progrès de cette magnifique plantation, située à quelques kilomètres de la ville. Un omnibus en fait régulièrement le service. L'entrée est imposante et répond pleinement à la majestueuse grandeur des forêts qui l'entourent. C'est une allée immense, bordée de palmiers gigantesques dont les stipes semblent porter dans les nues leurs éventails de feuillage et leurs grappes de fruits. Dans les allées latérales se trouvent toutes les plantes des tropiques, remarquables par leur beauté ou par les produits qu'on en retire, camélias, arbres à thé, arbres à cacao, poivriers, muscadiers, vanille, quinquinas, bananiers, cocotiers, lianes, orchidées, etc. Certains arbres portent des fruits d'une grosseur extraordinaire. Il est heureux que notre La Fontaine n'ait pas connu ce jardin. A la vue des noix de cocos énormes, des calebasses encore plus gigantesques se balançant fièrement dans les airs au souffle de la brise de l'Océan et menaçant la tête des promeneurs, Garo n'aurait pu faire ses réflexions philosophiques sur le gland du chêne, et nous serions privés d'une des plus charmantes fables de l'immortel conteur.

Le palais de l'empereur offre l'aspect d'une caserne ou d'un hôpital. Tel est du moins l'effet qu'il produit sur les étrangers qui n'en connaissent pas la destination. C'est l'ancienne demeure des vice-rois de Rio-Janeiro, et la famille impériale n'y séjourne guère : elle passe l'été dans la charmante villa de Pétropolis, sur les collines qui entourent la baie, et l'hiver dans la magnifique résidence de Saint-Christophe, à quelques kilomètres de la capitale. L'empereur ne visite la *cidade* que dans les occasions solennelles. C'est un homme de haute taille et de fort belle apparence. Allemand par sa mère, une archiduchesse d'Autriche, il n'a rien dans la physionomie qui rappelle son origine portugaise : traits, carrure, démarche, tout annonce une nature germanique. Son front large et élevé accuse une intelligence vive ; son regard limpide, une âme sincère et honnête. Ses goûts sont d'un savant : une bibliothèque latine, qu'il enrichit tous les jours des meilleurs ouvrages français, anglais et allemands, est sa principale et sa meilleure distraction. Les sciences lui sont aussi familières que les lettres. Tous les étrangers qui l'approchent sont unanimes à reconnaître ses hautes aptitudes et à le proclamer le premier de sa nation.

Ouvrons maintenant les journaux de la capitale, leur lecture nous révèlera plus d'un secret de la vie Brésilienne. Lors de la première insurrection de Pernambuco (1817), on fut obligé de recourir aux matelots français et anglais qui se trouvaient dans la rade pour faire imprimer les proclamations. Depuis cette époque, il semble qu'on ait voulu regagner le temps perdu, car aujourd'hui les feuilles brésiliennes l'emportent, par les dimensions du format, sur beaucoup de journaux

du continent. Malheureusement quiconque parcourt une
de ces feuilles est bien vite forcé de reconnaître qu'il
assiste aux tâtonnements d'une société naissante, dont
les éléments n'ont pas encore été régulièrement classés.
Le *Diario* (journal), après un exposé des séances du
congrès, ne contient guère que des correspondances
insignifiantes, des pièces de vers, etc., puis des annonces de toute sorte que des prix habilement gradués
mettent à la portée de toutes les bourses. Veut-on donner du relief à un *leilão* (encan) ou à un magasin de
modes nouvellement établi, la réclame est encadrée,
majusculée et surmontée d'un énorme *attenção* (attention). S'agit-il d'une annonce sortant du domaine des
boutiquiers et des marchands, un *attenção* seul ne suffit
pas ; on a recours au superlatif *muita attenção* (beaucoup
d'attention), et on enguirlande le cadre [1]. Dans les occasions solennelles, on laisse là les *attenção*, les cadres,
les majuscules, et on fait appel à la lithographie. Rien
de mieux en effet pour séduire le lecteur que de parler
à ses yeux. Voit-il une villa entourée de palmiers, il
sait qu'une maison de campagne est à vendre. A-t-il
besoin de remonter ses écuries, il cherche d'un coup
d'œil si quelque solipède ne piaffe pas à la troisième
page en attendant chaland. Faut-il enfin frapper un

---

[1] Voici une de ces annonces à superlatif et à guirlandes qui
ne manque pas d'originalité.

Mudança de nome (changement de nom). *Jose da Silva Alves*,
fils du senhor capitaine *J. S. Alves*, déclare qu'ayant rencontré
un homonyme, il signera désormais : *Jose da Silva Alves de
Azambujá*.

coup décisif, galvaniser à tout prix l'apathie créole, on renverse les lignes, l'article est écrit au rebours. Le Brésilien sait ce que cela veut dire. C'est une succession de Portugal qui réclame des héritiers. Les dernières colonnes, les plus nombreuses de toutes, sont consacrées aux offres d'achat et de vente des noirs. Ainsi finissent ces journaux qui, suivant l'énergique expression de Ribeyrolles, « pleurent quelquefois, à leur première page, sur les malheurs sacrés de la Pologne et de l'Italie. »

On a essayé à plusieurs reprises de fonder des journaux français à Rio-Janeiro; mais un obstacle essentiel s'oppose à ce qu'aucune de ces feuilles prospère : c'est qu'il leur est impossible d'aborder les questions d'intérêt général. Toute polémique dégénère vite au Brésil en un débat personnel. Le vrai remède à une telle situation serait dans un meilleur régime d'enseignement, qui fait malheureusement défaut. Si Rio-Janeiro, Bahia, Pernambuco, São-Paulo, ont depuis quelques années des cours de droit et de médecine, il faut bien ajouter que la population de l'intérieur est en proie à l'ignorance la plus déplorable. La faute, à vrai dire, n'en est pas toute aux habitants. Avant l'indépendance, il leur était en quelque sorte défendu de s'instruire sur leur terre natale; les jeunes gens qui désiraient faire leur éducation étaient forcés de traverser la mer et de venir prendre leurs grades à Coïmbre. Cet état de choses a laissé des traces fâcheuses parmi les familles brésiliennes les mieux placées pour introduire dans le pays des habitudes nouvelles. Un *fazendeiro* à qui vous demandez s'il ne cherchera pas à cultiver par l'instruction l'intelligence de son fils, vous répondra ingénument que pour planter du café et produire du sucre ses enfants n'ont pas besoin d'en savoir plus que lui. Aussi n'y a-t-il guère que les rares familles qui fréquentent la cour ou quelques riches commerçants des grandes villes qui consentent à envoyer leurs fils en Europe.

Le théâtre n'offre aucune originalité : les pièces sont presque toutes tirées du répertoire français, et la plupart des artistes viennent de Paris ou de l'Italie. Les Brésiliens n'ont une physionomie propre que dans les processions et les cérémonies publiques. J'ai raconté une revue, dont j'avais été témoin à Bahia; je devais en voir une seconde à Rio-Janeiro à l'occasion de la fête du 7 septembre. Tout le monde était déjà en ligne lorsque j'arrivai, et les choses se passèrent assez régulièrement, sauf l'explosion d'une pièce d'artillerie. Personne du reste ne parut étonné, tant ces petits accidents semblent faire partie intégrante du programme. Les blancs, beaucoup plus nombreux qu'à Bahia, offraient une tenue irréprochable ; on ne pouvait en dire autant de la plupart des mulâtres et des noirs libres. Derrière les rangs se trouvait une troupe de nègres que je pris d'abord pour de simples spectateurs. Je vis bientôt que leur présence s'expliquait par d'autres motifs. Dès que le signal de rompre les rangs eut été donné, chacun de ces ilotes s'approcha de son maître en uniforme, qui lui passa aussitôt fusil, sabre, giberne, shako, etc. Nombre de mulâtres et de noirs ôtèrent même leur chaussure. Ceux qui n'avaient pas d'esclaves priaient leurs amis plus fortunés de leur prêter les épaules de leur nègre, et le pauvre Africain pliait bientôt sous le poids d'une demi-douzaine de fournimenls. Quant aux braves défenseurs de la nation, ainsi allégés, ils allèrent se refaire de leurs fatigues dans les *vendas* voisines, dodelinant leurs têtes crépues en se racontant les exploits de la matinée, et s'interrompant de temps à autre pour hurler quelque lambeau de chant patriotique.

Il ne faudrait pas conclure que les éléments militaires manquent dans cet immense empire : loin de là. Si vous continuez à pousser vers le sud, vous rencontrez bientôt ces vigoureuses natures de Saint-Paul, de Sainte-Catherine et de Rio-Grande-do-Sul, qui rivalisent avec les terribles *gauchos* de la Bande orientale, et qu'on peut appeler les premiers cavaliers du monde. C'est à cette rude école que Garibaldi a commencé sa carrière. J'ai vu une lettre du célèbre patriote italien, adressée à un de ses anciens compagnons d'armes, dans laquelle il se plaignait de n'avoir pas à sa disposition un escadron de ces centaures du désert pour briser les carrés autrichiens, et faire fuir devant lui les séculaires oppresseurs de son pays. Les luttes que le Brésil a soutenues à deux reprises différentes dans les provinces de la Plata, ont montré que cet empire est la première nation militaire de l'Amérique du Sud. C'est le Brésil qui mit fin à la sanguinaire domination de Rosas par la victoire décisive de Monte-Caseros. Dans la guerre actuelle contre le Paraguay, guerre dont nous ne voulons pas ici rechercher les causes, l'armée et la marine Brésiliennes ont plusieurs fois tiré les troupes alliées des positions les plus critiques, et peuvent revendiquer la majeure part des succès obtenus contre Lopez.

On ne séjourne pas longtemps à Rio sans être conduit à s'interroger sur l'avenir politique et social de l'Empire, dont cette grande cité est appelée à diriger la civilisation. Le fondateur de l'indépendance, D. Pédro Ier, a donné au Brésil une constitution fortement marquée de l'esprit moderne, et qui assurerait la prospérité de l'empire si l'on pouvait compter sur l'énergie des hommes chargés d'appliquer la loi. Malheureusement, dans un pays aussi vaste, sans routes, couvert de forêts impénétrables, la répression devient le plus souvent impossible. D'un autre côté, au milieu d'un amalgame de races si diverses on ne peut guère espérer des habitudes sociales bien régulières. Les villes de la côte, journellement vivifiées par le contact européen, offrent encore les apparences de notre civilisation. Un œil attentif peut néanmoins saisir à travers ces dehors les indices d'une dépravation profonde. Le relâchement des mœurs paraît d'ailleurs chose si naturelle dans le pays, que les créoles eux-mêmes le confessent en le rejetant sur les exigences du climat. Les voyageurs répètent cette excuse, et aujourd'hui, aux yeux des honnêtes gens, c'est le soleil de l'équateur qu'il faut accuser de tous les déréglements qui se produisent entre les deux tropiques.

Il serait peut-être plus exact de chercher dans l'esclavage la principale cause de la vie licencieuse de l'Américain. Que peut devenir en effet un opulent nabab, à qui les préjugés de sa caste interdisent toute occupation, au milieu d'un sérail de deux ou trois cents négresses ou femmes de couleur? Le dévergondage arrive à ses dernières limites dans les plantations de l'intérieur, où, l'esclave ne comptant que comme tête de bétail, le créole n'a plus de témoin qui le rappelle au sentiment de la dignité humaine. De tels exemples doivent porter leurs fruits. Le noir, fier d'imiter les vices du blanc, renchérit encore sur lui, et les transmet doublés de bestialité africaine aux enfants du maître, dont il est l'unique précepteur. L'horreur du travail et le mépris qui s'attacherait à celui qui se rendrait coupable d'une pareille dérogeance, voilà le premier article de foi, on pourrait même dire le seul que le Brésilien apprenne dès son berceau. Les conséquences sont faciles à déduire : l'esclave ne travaille que sous le bâton du *feitor*. Quant à l'affranchi, qui veut user des priviléges de l'homme libre, il se laisse aller à la plus déplorable fainéantise. Un voyageur français raconte qu'un nègre qu'il avait à son service ayant eu une légère indisposition, il le dispensa de toute course, et lui ordonna je ne sais plus quelle tisane. Le soir, comme il s'enquérait des effets du remède, le malade répondit gravement qu'il n'avait pu suivre ses prescriptions, parce que l'Indien Firmiano, qui servait de domestique à la caravane, n'étant pas venu dans le *rancho*, il n'avait pu se procurer de l'eau. Le ruisseau coulait... devant la porte.

Je regardais cette anecdote comme le dernier mot du culte voué au dogme de la fainéantise ; mais il m'a été donné plus tard d'être témoin d'un fait non moins étrange. Une négresse, qui venait de recevoir son diplôme de femme libre, se trouvait un jour avec nous sous la *varanda* de son ancien maître, attendant, accroupie sur ses talons, l'heure du *feijão*. Un chien qui se tenait à sa gauche nous importunant de ses cris, le *fazendeiro* la pria de le chasser.

Si senhor, répond-elle en se levant, et, tournant à droite, elle se dirige, à mon grand étonnement, vers la salle où se tenaient les nègres de service. Croyant qu'elle avait mal entendu, j'allai droit au chien, et d'un coup de pied je le forçai à prendre la fuite. Le *fazendeiro*, en homme fait aux subtilités du code nègre, n'avait nullement paru s'inquiéter en voyant son affranchie s'éloigner de l'animal. Quelques secondes après arrivait en effet la négresse escortée de deux aides de sa couleur. N'apercevant plus le chien, ils supposèrent qu'il avait délogé de son propre gré, et retournèrent tous trois à leur place avec la conscience de gens qui avaient fait leur devoir.

En dépit de la constitution de D. Pedro Ier, et malgré les efforts des esprits éclairés, on se heurte encore à chaque pas contre quelque vieille coutume féodale importée par les *conquistadores*. Comme dans l'ancienne Rome, chaque citoyen de la classe inférieure se serre autour d'un homme riche qui puisse lui servir de providence dans l'infortune et de protecteur au milieu des démêlés qui surgissent quelquefois entre les honnêtes gens et la justice. Les parents avisés choisissent à l'avance le patron de leurs enfants en le leur donnant pour parrain. Ce titre oblige, et il n'est pas d'exemple qu'un Brésilien ait jamais refusé un tel honneur en vue de la responsabilité qu'il entraîne. Telles sont pourtant les déviations de la prudence humaine, que cette coutume si morale en son principe, puisqu'elle n'a d'autre but que de placer le faible sous la protection du fort, dégénère souvent en abus scandaleux, en injustices criantes. Si le protecteur est un personnage de quelque crédit, sa volonté est au-dessus de la loi, et sa recommandation assure l'impunité au malfaiteur. La justice impuissante n'a plus alors qu'à fermer les yeux et à laisser faire.

Il y a quelques années, un habitant de Rio-Janeiro se rendit coupable de je ne sais plus quel méfait; l'accusation était grave, la condamnation inévitable. Il ne restait au criminel qu'un moyen d'éviter la potence ou les présides, c'était de faire agir une protection puissante. Se rappelant que l'aïeul du juge était son parrain, il dépêche sa femme pour lui expliquer sa situation.

Recommande à mon filleul d'être plus sage à l'avenir, et dis-lui qu'il sortira demain, répond le vieillard sans hésiter. Les paroles d'un aïeul ne sont pas des prières, mais des ordres, et, prenant son parasol, il se rend chez son petit-fils.

Comme il l'avait dit, sa demande, quelque exorbitante qu'elle parût, ne souleva aucune objection. Grande fut donc sa surprise, lorsque deux jours après la femme vint lui annoncer que son mari était encore sous les verrous. Sans lui laisser le temps d'achever, il sort aussitôt.

Deux jours après, le juge voit tout à coup sa demeure envahie par les notables de la ville en grand costume de deuil. Ces braves gens venaient, sur la foi de lettres de faire part, assister à ses funérailles. Stupéfaction profonde du maître de la maison, étonnement non moins grand des lugubres visiteurs. Toutefois, après quelques paroles d'explication et la constatation de son identité, le juge renvoya ses hôtes sans trop de peine, avec des excuses sur une mystification dont il était la première victime. Il se promettait bien d'en découvrir les auteurs et d'en tirer vengeance; mais ses efforts furent inutiles. Après avoir épuisé toutes les conjectures, il se rappela la demande de l'aïeul, son oubli, et, pensant être sur la voie, il se dirige vers sa demeure. Il le trouve assis sur son canapé, attendant paisiblement, le *charuto* à la bouche, l'heure du dîner.

— Bonjour, grand-père.

L'aïeul le regarde sans répondre.

— Je venais vous demander, avec tout le respect que je vous dois, si ce n'est point par vos ordres qu'on a envoyé ces jours derniers des lettres de faire part à toutes mes connaissances pour les prier d'assister à mes funérailles?

— *Ah! filho da p.!* répond tout à coup l'irascible vieillard, tu te souviens donc enfin de moi! Ne savais-tu pas qu'un enfant qui oublie ses devoirs n'existe plus pour ses parents? Je vais t'apprendre à vivre!

Et, saisissant sa canne, il s'élance sur le pauvre diable, qui, prévoyant ce brusque dénoûment, n'avait pas quitté le voisinage de la porte de sortie. Le même jour, le coupable était mis en liberté.

Dans l'intérieur, la justice est rendue d'une manière encore plus expéditive. Chaque individu se la fait lui-même : a-t-il une vengeance personnelle à exercer contre un de ses voisins, il s'embusque sur le chemin que doit traverser son ennemi, lui dépêche une balle dès qu'il le voit à sa portée, et rentre chez lui tout aussi calme que s'il venait d'abattre un tatou. Les *urubús* se chargent de faire disparaître les traces du crime en dépeçant la victime et en dispersant les ossements au loin. Parfois il arrive que le mort a des parents ou des amis qui veulent le venger ; devinant avec l'instinct de la bête fauve de quel côté est parti le coup fatal, ils vont s'embusquer à leur tour et convient bientôt les *urubús* à un nouveau festin. C'est toujours la loi du désert, œil pour œil, dent pour dent, sang pour sang. Au lieu d'un meurtre on en a deux ; mais on n'y regarde pas de si près dans le pays de l'esclavage. Les meurtriers ont d'ailleurs de charmants euphémismes pour justifier leur conduite : ils vous disent qu'il fallait satisfaire à l'âme irritée de leur infortuné parent, que la société réclamait justice, et qu'ils n'ont fait qu'envoyer le meurtrier « devant le tribunal du souverain juge. »

On serait tenté de croire que nos procureurs vont prendre des leçons chez eux pour rédiger leurs réquisitoires.

Le noir devenu libre n'est guère plus avancé que l'esclave devant cette divinité aveugle qu'on appelle la justice.

L'anecdote suivante, extraite du *Correio Mercantil* du 26 octobre 1859, est significative.

— Es-tu exempt du service militaire? — demandait d'une voix menaçante un *fiscal* à un pauvre ouvrier noir de l'arsenal de Rio-Janeiro : celui-ci de présenter aussitôt ses papiers, qui écartaient tout soupçon de vagabondage. Tout en les parcourant, notre homme s'aperçoit que l'Africain, dans son trouble, a oublié d'ôter son chapeau.

— Oh! c'est par trop fort! Quoi! un noir le chapeau sur la tête! Qu'on empoigne cet homme!

Et le pauvre diable se vit traîné en prison pour son oubli. Après nous avoir raconté ses souffrances, le noir ajoutait comme commentaire :

« Maintenant je ne suis qu'un nègre qui doit saluer tout le monde et que tout le monde a droit de maltraiter. Viennent les élections, et ce jour-là je serai un citoyen qui doit voter librement, et devant lequel tous les candidats ôteront leur chapeau en lui demandant son vote. »

Puisque nous sommes sur le chapitre des élections, on sera peut-être curieux d'apprendre comment elles se pratiquent au Brésil. Il suffira d'un exemple pour donner au lecteur européen une idée de l'éducation politique du vaste empire sud-américain.

Aux termes de la constitution brésilienne, tout homme libre, qui n'est pas trop franchement déguenillé, a droit, à certaines époques périodiques, de jeter dans une urne soigneusement enrubannée un carré de papier plié en quatre. Là, comme partout ailleurs, se trouvent deux partis classés sous ces deux dénominations : les conservateurs et l'opposition, — les uns défendant obstinément le passé, les autres parlant non moins obstinément de progrès et de liberté jusqu'au jour où, arrivés enfin au pouvoir, ils continuent à défendre avec plus de chaleur encore qu'on ne le faisait auparavant les saines traditions de leurs prédécesseurs. Comme partout aussi, on voit le troupeau électoral se partager en deux camps, suivant que le mot de *constituição* ou d'*opposição* résonne le mieux à leurs oreilles. Dans je ne sais plus quelles élections de la province de Rio-Janeiro, un candidat ministériel pria un de ses amis, riche planteur de la province, de lui *donner* les voix de tous les hommes libres qui se trouvaient sur ses terres. Ces sortes de services ne se refusent nulle part entre gens bien élevés, surtout au Brésil, où semblent s'être réfugiées les vieilles traditions chevaleresques, chassées peu à peu de l'ancien continent par la marche incessante des révolutions. Il fut donc convenu que tous les colons de la *fazenda* seraient invités à un banquet quelques jours avant les élections, et que là on leur rappellerait à la fois le jour fixé pour le scrutin, leur titre d'hommes libres qui leur donnait le droit de s'approcher de l'urne enrubannée, et le nom du candidat qu'ils devaient y jeter.

Au jour indiqué, on vit apparaître, au coucher du soleil, la plus étrange réunion de figures humaines que l'imagination en délire d'un peintre *fantaisiste* puisse rêver : de vieux nègres, qui, ayant obtenu la liberté à la mort de leur ancien maître, s'étaient hâtés de retourner à leur fainéantise africaine; quelques *cabocolos* aux cheveux lisses et au teint cuivré, se disant civilisés parce qu'ils portaient un caleçon et buvaient de la *cachaça;* enfin des produits hybrides, résultat du mélange de toutes les races qui depuis Pizarre et Cabral se sont ruées sur le Nouveau-Monde pour le ravager de leurs fureurs sanglantes ou le féconder de leurs sueurs. Ces figures bestiales, ces mains calleuses, ces pieds dont l'épiderme ossifié bravait la morsure des serpents, ces barbes aussi incultes que les forêts d'où elles sortaient, ces accoutrements étranges, l'aspect des lieux, le but de la réunion, tout contribuait à former un spectacle indescriptible. Personne ne manquait au rendez-vous : c'était chose si rare, un banquet pour les hôtes des montagnes, surtout un banquet donné par le maître ! De longues tables avaient été dressées dans les immenses salles où l'on renferme le café. Des *leitões* (porcs) servis entiers comme dans les festins du temps de Suétone, du *feijão* (haricots) dans de vastes terrines et d'énormes calebasses de manioc formaient pour ces natures vierges un menu splendide; de larges brocs de *cachaça* circulaient de temps à autre. Porcs, haricots, manioc, eau-de-vie, tout fut rapidement englouti. Le *fazendeiro* suivait de l'œil les dispositions faméliques de ses hôtes. Lorsqu'il jugea le moment favorable, il vint se placer au milieu d'eux et leur expliqua en quelques mots le but de la réunion.

Mes enfans, je viens vous demander un petit service. Dans huit jours, vous allez voter. Comme vous ne vous occupez guère de politique, peu vous importe sans doute le nom du candidat. Par conséquent, si vous tenez à me faire plaisir, vous voterez pour le *senhor* X..., qui est mon ami intime, et à qui j'ai donné ma parole en votre nom.

Il n'avait pas achevé que la plupart des auditeurs s'écrièrent qu'ils allaient voter à l'instant même, que le *senhor* était leur père, qu'ils n'avaient rien à refuser à un maître comme lui. Il était neuf heures du soir, et on ne pouvait aller au municipe qu'après une marche de plusieurs lieues. On eut quelque peine à faire comprendre à ces braves gens que l'élection ne devait avoir lieu que la semaine d'après, et qu'un vote anticipé serait nul. Ils ne pouvaient concevoir que toutes les portes ne s'ouvrissent pas devant la volonté de leur maître, dont la puissance n'avait à leurs yeux de rivale que celle de l'empereur. Le plus grand nombre se rassit enfin pour achever de vider les brocs; mais les fortes têtes entourèrent le planteur et profitèrent du répit que leur laissait la soirée pour se faire expliquer les mots d'élections, de candidats, de vote, de constitution, d'opposition, etc. Le *fazendeiro* avait fort à faire pour répondre aux interpellations. Un de ces sylvicoles à barbe patriarcale se faisait surtout remarquer par la chaleur et l'originalité de son dialogue. Placé en face du *senhor*, il saisissait un des boutons de son habit à chaque nouvelle question, le tordait dans ses doigts pendant tout le temps que durait la réponse, et finissait par le détacher. Plusieurs boutons avaient déjà disparu, lorsqu'un mulâtre, nommé, je crois, Mascarenhas, impatienté des questions de cet homme et du tort qu'il faisait à l'habit de son maître, s'avança résolûment vers lui, l'écarta d'un coup de coude et prit sa place. Chacun se tut pour le laisser parler.

Senhor, mes opinions vous sont connues ; vous savez que je suis libéral et que mes sympathies politiques sont pour le candidat de l'opposition. Mais vous êtes mon maître, je n'ai rien à vous refuser. Aussi, quelque violence que je fasse à mes sentimens, je saurai tenir ma promesse, car Mascarenhas est avant tout un homme d'honneur, et, si votre seigneurie le permet, je me chargerai de rafraîchir la mémoire de mes camarades, qui, n'étant pour la plupart jamais sortis de leurs forêts, pourraient bien oublier le jour de l'élection et le nom de votre ami.

— Comment t'y prendras-tu pour leur rappeler cela ? lui demanda le *fazendeiro* charmé de cette offre.

— D'une manière très simple, répondit le mulâtre : que sa seigneurie me donne seulement un cochon, un sac de *feijão*, autant de manioc, un petit baril de *cachaça* et un peu de sel ! Je réunirai tous ces hommes chez moi la veille de l'élection. Tout en leur refaisant l'estomac, je leur referai aussi la mémoire en leur rappelant leur promesse d'aujourd'hui. J'aurai soin qu'ils ne me quittent plus de la nuit, et le lendemain, au petit jour, nous nous acheminerons ensemble vers le municipe, où ils voteront comme un seul homme.

Le *fazendeiro* ravi appela le chef de la plantation, lui ordonna de livrer à Mascarenhas le plus beau porc de ses étables et de mettre à sa disposition tout ce dont il aurait besoin, manioc, haricots, sel, *cachaça*. Notre homme attendit que ses compagnons se fussent retirés. Au point du jour, il choisit lui-même l'animal qui lui parut le plus convenable, chargea deux mules de provisions et s'achemina à petits pas vers sa demeure. Le jour de l'élection, il se présentait dès le matin chez le candidat ministériel.

Senhor, mon maître doit vous avoir annoncé mon arrivée, ainsi que celle de tous mes camarades que je lui ai promis de vous conduire.

— En effet, répondit celui-ci, je vois avec plaisir que tu es un homme de parole ; mais tes compagnons, où sont-ils ?

— Ils m'attendent à la porte du municipe. Je les ai devancés, parce que j'avais à vous faire un aveu. Le candidat de l'opposition, qui a eu vent de ma promesse, et qui connaît d'ailleurs mes sentiments libéraux, m'a fait secrètement proposer 100 *milreis* (250 fr.) si je votais pour lui ; mais Mascarenhas est un homme d'honneur, et si votre seigneurie consent à me compter ces 100 *milreis*, qu'un pauvre père de famille comme moi ne peut en conscience refuser, je vais vous chercher immédiatement mes hommes.

— Voici tes 100 *milreis* et dépêche-toi, de peur que ces intrigants de libéraux ne cherchent à séduire tes compagnons pendant ton absence.

— Que sa seigneurie se tranquillise ! répondit le mulâtre en comptant attentivement ses *milreis*. Mes camarades ne connaissent que moi et le *senhor*. — Puis, mettant ses billets dans sa poche, il se dirigea aussitôt vers la maison où se tenait le candidat de l'opposition.

— *Senhor*, vous n'ignorez pas mes sympathies pour vous. Vous connaissez aussi l'influence que j'exerce sur tous mes voisins. Je les ai amenés dans l'intention de porter votre nom. Seulement je dois vous avertir d'une chose, mon maître m'a promis 100 *milreis* si je les faisais voter en faveur de votre concurrent ; mais Mascarenhas est un homme d'honneur. J'ai repoussé cet argent, quelque besoin que j'en eusse, persuadé que vous ne me le refuseriez pas. Vous savez ma position : une pareille somme est une fortune pour un pauvre homme chargé de famille.

— Je n'attendais pas moins de toi. On m'avait bien parlé de cette affaire, mais j'étais sans inquiétude sur ton compte. Je sais depuis longtemps que tu es un vrai patriote dévoué au triomphe des idées libérales. Voici tes 100 *milreis*, et retourne vite près de tes camarades. Ces gens du ministère sont si peu scrupuleux qu'ils pourraient bien les débaucher pendant que tu es ici.

Mascarenhas prit cette seconde liasse de billets, les compta minutieusement, les plaça à côté des premiers, sortit, et se dirigea... vers sa demeure.

Le lendemain, grande colère du *fazendeiro*, qui ne parlait de rien moins que de faire bâtonner Mascarenhas comme un simple esclave. Il lui dépêcha deux vigoureux *feitors* avec ordre de l'amener mort ou vif, et fit tout préparer pour l'exécution. Le mulâtre arriva sans hésiter, avec toute la sérénité d'une conscience calme et d'un estomac bien repu.

— Comment, misérable drôle ! s'écria le maître en l'apercevant. Tu as filouté tout le monde et tu n'as tenu parole à personne ! Les étrivières vont t'apprendre à te jouer de moi et de mes amis !

— Sa seigneurie a tort de s'emporter contre moi,

répondit le coupable avec un imperturbable sang-froid. J'ai fait mon devoir. Votre ami m'avait donné 100 *mileris* dans l'espoir que je voterais en sa faveur. Le candidat de l'opposition, qui était mon candidat à moi, m'en a donné également 100, à condition que je lui donnerais mes voix. Si j'avais voté pour l'un, j'aurais trahi l'autre, et vous savez que Mascarenhas est un homme d'honneur! Il ne me restait qu'un parti à prendre, c'était la neutralité. Sa seigneurie elle-même n'eût pas agi autrement à ma place.

Le *fazendeiro* dont nous parlons était avant tout un homme d'esprit : il ne put s'empêcher de rire à cette étrange profession de foi, et l'affaire en resta là. Seulement le *senhor* se promit bien de conduire lui-même à l'avenir ses hommes au scrutin. Quant aux illustres convives qui, le jour du banquet, voulaient aller voter au milieu de la nuit, inutile de dire que leur enthousiasme électoral s'était évanoui avec les dernières fumées de la *cachaça*, et que pas un d'eux n'avait paru au municipe. Mascarenhas, qui connaissait son monde, avait jugé qu'il valait mieux garder pour lui seul le porc et les autres provisions du *fazendeiro*.

Les villes que nous venons de passer en revue, Pernambuco, Bahia, Rio-Janeiro, ne sont pas les seules qui méritent de fixer l'attention par leur commerce, leur population, leurs souvenirs historiques, les destinées que leur réserve l'avenir. Citons encore St-Paul dont les habitants ont joué un si grand rôle dans les annales des découvertes aurifères : une Université et une école de Droit en font aujourd'hui un centre intellectuel de premier ordre; Maranhão, ancienne colonie française, et une des villes les plus importantes de l'Atlantique par son commerce et sa position; Pará, sur la rive droite du Tocantins, port principal du bassin des Amazones, appelé à devenir le premier entrepôt du globe, si les habitants et les voies de communications étaient en rapport avec l'étendue et les richesses de ces immenses contrées[1].

Si maintenant nous jetons un dernier coup d'œil sur l'ensemble du pays, si nous examinons les résultats de

[1] Voici la liste des 20 provinces du Brésil avec leur capitale et les chiffres de leur population:

Provinces.	Capitales.	Population.
Minas-Geraes	Villa-Rica	1,300,000
Rio-Janeiro	Rio-Janeiro	1,200,000
Bahia	Bahia	1,100,000
Pernambuco	Pernambuco	950,000
São-Paulo	São-Paulo	500,000
Céara	Céara	387,000
Maranhão	Maranhão	360,000
Rio-grande-do-Sul	Porto-alegro	282,547
Parahyba-do-Norte	Parahyba-do-Norte	209,300
Pará	Pará	207,100
Alagôas	Maceió	204,200
Rio-grande-do-Norte	Natal	190,000
Sergipe	Sergipe	183,600
Goyáz	Goyáz	160,000
Piauhy	Theresina	154,400
Santa-Catharina	Desterro	114,597
Matto-Grosso	Matto-Grosso	85,000
Paraná	Curityba	72,100
Espirito-Santo	Espirito-Santo	51,300
Amazonas	Manáos	43,913

Population totale 7,755,657

Ces chiffres empruntés à l'ouvrage de M. de La Hure *l'Empire du Brésil,* ont été puisés aux sources officielles.

l'occupation du Brésil par la race portugaise, quels enseignements y trouverons-nous? Il m'est pénible d'être sévère pour un vaillant peuple, qui s'est montré pendant plus d'un siècle l'avant-garde des nations latines; mais en vérité il n'est guère possible de faire l'éloge de la Péninsule australe du Nouveau-Monde, quand on la compare à l'Amérique du Nord. Quelle différence en effet entre les railways qui sillonnent les Etats-Unis et les *picadas* de la forêt vierge! Quel contraste entre New-York et Rio-Janeiro! D'un côté l'activité humaine portée jusqu'à ses dernières limites, de l'autre la nonchalance la plus superbe se contentant de produire quelques boucauts de sucre ou quelques arrobes de café. Qu'on n'invoque pas les influences climatériques comme excuse: la Lousiane est aussi énervante que le Para; les bouches du Mississipi ne sont pas moins malsaines que celles des Amazones. Les causes remontent plus haut: elles ont leur source dans ce dur génie portugais, mélange de fatalisme arabe et d'âpreté ibérique propre à l'épopée, mais rebelle à la science et au travail. Dès que la première fièvre de l'occupation fut appaisée, les *conquistadores* ne songèrent plus qu'à jouir en paix de la terre promise. Leurs descendants allèrent plus loin: quittant le casque de leurs rudes ancêtres pour le *sombrero* du planteur et leur vaillante épée pour le fouet du *feitor*, ils laissèrent aux tribus vaincues le soin de les enrichir. Dédaignant les lentes productions de la terre, si féconde pourtant sous les tropiques, ils ne voulurent que de l'or. Pour en retirer quelques lingots, ils ont brûlé les forêts, bouleversé le sol, exterminé les peuplades indiennes et condamné à l'esclavage plusieurs millions de noirs. Il n'ont encore ouvert ni routes ni canaux[1]. Les deux plus grands fleuves du monde, le Maranhão et le Rio de la Plata, dont les sources sont voisines, et qui forment dans leur immense triangle les grandes artères du continent austral, sont aujourd'hui à peu près ce qu'ils étaient à l'arrivée de Cabral. Jusqu'à ces dernières années, quelques pirogues indiennes en ont seules sillonné les eaux. Entrez dans une ville de l'intérieur : vous y compterez les églises et les couvents par douzaines, et vous n'y trouverez pas une seule maison d'école. Les habitants sont obligés de recourir à Londres ou à New-York pour la plus petite machine, pour le plus mince tronçon de chemin de fer, et le fer se trouve en plusieurs endroits à fleur de terre et presque à l'état natif! Enfin, chose impossible à croire, c'est quelquefois la Norwège qui alimente de bois de construction ce pays, le plus riche du monde en bois de toute sorte !

Cette répugnance au travail, cette insouciance philosophique que les *conquistadores* ont toujours professée à l'endroit du comfort, ne peuvent être attribuées à un

---

[1] On commence cependant, depuis quelques années, à faire des chemins de fer. Rio-Janeiro, Bahia, Pernambuco et São-Paulo sont dès ce moment à l'œuvre. Rio-Janeiro surtout, grâce à l'influence européenne et à l'énergie de quelques hommes d'initiative, comme le baron de Mauá, entre résolument dans la voie du progrès. A l'autre extrémité de l'empire, un ingénieur brésilien, M. Tavarés de Mello Albuquerque, vient d'établir une route à travers les provinces de Pará, de Maranhão et de Goyáz, après avoir supporté des fatigues qui eussent fait reculer la plupart des ingénieurs européens.

manque d'énergie, car aucun peuple, que je sache, n'a déployé dans l'histoire du monde une plus grande somme d'audace et de mâle activité que cette tribu celtibérienne resserrée entre les montagnes et l'Océan. Après avoir refoulé l'islamisme, se sentant à l'étroit dans sa langue de terre, elle affronta la première les redoutables mystères d'une mer inconnue et sans limites, explora les côtes d'Afrique, franchit le Cap des Tempêtes, fraya la grande route des Indes et peupla l'Asie de ses comptoirs, tandis que, d'un autre côté, Cabral, poussant vers l'ouest, rencontrait ce continent que Colomb avait cherché en vain. Ce fut encore un Portugais, Magellan, qui, bravant les rigueurs du pôle sud, entra dans le Pacifique par une route nouvelle, et procura à ses compagnons la gloire de sillonner dans toute leur circonférence ce globe et cet océan, jusqu'alors fermés à la science et à l'investigation humaines. De tels hommes ne pouvaient comprendre l'esprit nouveau. Ecoutez leur idiome si riche, si sonore, si passionné pour chanter les exploits des héros ou les cantiques des saints : il devient muet quand vous lui demandez un traité scientifique ou un livre de pratique industrielle. C'est une langue de paladins et non d'artisans. Telle langue, telle nation. Héritiers du monde romain et dernière personnification du moyen-âge, ces hommes d'épée ne voyaient dans le travail que l'apanage des serfs. Toute innovation qui touchait à une telle base devait être un crime. A la réforme ils répondirent par l'inquisition. Pendant que les races anglo-saxonnes ouvraient l'oreille à la grande voix de Luther, ils se mettaient sous le patronnage de

Dominique et de Loyola. Les deux symboles ont porté leurs fruits.

Il faut se garder cependant de désespérer de l'avenir du Brésil, et, quelque lente que soit l'action des siècles sur les révolutions humaines, on peut déjà pressentir les changements que l'œuvre du temps doit amener dans ce pays. Deux choses seules lui manquent : le souffle fécondant de la science et une nouvelle infusion de ce sang ardent qui coulait jadis dans les veines des premiers colons. La vapeur et l'électricité vont chaque jour comblant cette lacune. Les *Yankees* du nord, qui depuis longues années couvent d'un œil d'envie les riches terres du sud, et l'émigration franco-germanique, qui de jour en jour tend à s'élargir, forment un double courant qui bientôt, étreignant la péninsule, forcera les habitants, sous peine de déchéance, à sortir de leur immobilité, à franchement accepter les deux grandes conditions de la vie des temps modernes, l'industrie et le travail libre. Hâtons-nous d'ajouter que ce reproche d'immobilité ne s'adresse qu'aux masses routinières et aux habitants attardés de l'intérieur. Les hommes qui sont à la tête de l'État, ou qui par leur position ont acquis une juste influence sur les destinées de leur pays, appellent le progrès de tous leurs vœux, et prêchent d'exemple. Dans tous les grands centres se forment des compagnies industrielles de crédit et des institutions ; les provinces de l'intérieur réclament des chemins de fer, des bateaux à vapeur, et s'imposent des sacrifices pour les obtenir. Les ports de l'Atlantique, jadis fermés aux étrangers, s'ouvrent aujourd'hui devant tous les pavillons du globe. Par une détermination récente, les grands fleuves sont devenus également accessibles au commerce étranger; on se rappelle que jusqu'à ces derniers temps, le gouvernement Brésilien s'était obstinément refusé à donner satisfaction aux réclamations incessantes des nations maritimes. Soit ignorance de leurs véritables intérêts, soit crainte de la convoitise des Etats-Unis, les habitants semblaient voir dans cette mesure restrictive le palladium de l'empire; les entreprises de Walker dans le golfe du Mexique leur avaient donné à réfléchir; l'exploration du lieutenant Hernclon dans le bassin des Amazones, consignée dans un rapport resté célèbre par les développements de la doctrine Monroé, qui en formaient les conclusions, était peu faite pour les rassurer. Cependant, revenus aujourd'hui à des idées économiques plus saines, ils comprennent qu'ils doivent avant tout faciliter l'accès de leurs voies fluviales aux étrangers pour écouler leurs produits de l'intérieur, qui, faute de débouchés, pourrissent sur place, et créer en même-temps de nouveaux centres de production et d'échange. Les événements dont le Paraguay est depuis quelques années le théâtre, ne sont pas sans doute sans influence sur la nouvelle détermination. La logique disait en effet que puisque le prétexte avoué de la guerre était de forcer le président Lopez à ouvrir le Paraguay au commerce des nations, il fallait prêcher d'exemple et faire d'abord tomber l'interdiction qu'une crainte mal fondée, ou que des préjugés d'une autre époque faisaient peser sur le Brésil; les résultats de cette mesure seront incalculables pour la prospérité du jeune empire. Chaque comptoir créé pour le besoin des échanges sera un centre d'attraction pour les familles pauvres du vieux continent. Ce mouvement est déjà commencé, chaque jour les ports de l'Atlantique reçoivent des émigrants qui, en échange du bien-être que leur offre le Brésil, lui apportent leurs aptitudes scientifiques, industrielles et agricoles. Il nous reste à étudier les rapports qui s'établissent au contact des nouveau-venus et des possesseurs du sol, les sacrifices de ceux-ci et les exigences des premiers, les moyens à suivre pour éviter les mécomptes, en un mot, les diverses questions soulevées par le problème capital du jeune empire, la *colonisaçao*.

LA COLONISATION

ET

L'AVENIR DU BRÉSIL.

Plus d'un demi-siècle s'est écoulé depuis que le Brésil a ouvert ses ports au commerce étranger, ses terres vierges à l'activité du prolétaire Européen, et cependant c'est de nos jours seulement que cet appel a eu un écho durable de ce côté de l'Atlantique. Cette longue période d'essais et de tâtonnements, comprend deux phases bien distinctes.

Dans la première, qui commence avec l'arrivée du Prince-Régent, on ne demandait que des initiateurs dans les sciences, dans les beaux-arts, dans l'industrie. L'Afrique continuant à fournir ses légions noires, on était sans inquiétude sur la question des travailleurs. La seconde ne date que de quelques années, c'est-à-dire de la suppression définitive de la traite. Le nombre des bras diminuant de jour en jour, tandis que les besoins de la production croissent dans une progression inverse, on s'est adressé aux fortes races du continent pour remplacer le noir et féconder les solitudes Brésiliennes. Deux nations ont répondu à ce double appel, chacune suivant les aptitudes prédominantes de sa race. La France a envoyé des artistes et des industriels; l'Allemagne des colons agricoles. Nous allons essayer de suivre ce double courant depuis sa naissance jusqu'au jour où il paraît se confondre avec les destinées du jeune empire.

Dès que le Prince-Régent eut mis le pied sur le sol du Brésil [1], il ne tarda pas à voir que les habitants étouffaient dans les entraves du système colonial. Depuis les découvertes des terrains auro-diamantifères, le pays, fermé hermétiquement à tout navire étranger, ne recevait du continent que ce que daignait lui envoyer Lisbonne. Inquisition, édits de Pombal, jalousie des *conquistadores*, tout conspirait pour isoler cette malheureuse contrée du reste du monde. Ceux qui connaissent le vieux caractère portugais verront que nous n'exagérons rien en disant que certaines choses considérées comme de première nécessité étaient complètement inconnues des habitants. A Rio-Janeiro, et probablement aussi dans les autres grandes villes de la côte, telles que Bahia et Pernambuco, on n'avait jamais vu de voitures avant l'arrivée du Prince-Régent. Les *senhores* faisaient leur visite à cheval, les *senhoras* dans leurs chaises à porteurs.

---

[1] Le Prince-Régent débarqua à Bahia en 1807. Nous avons raconté plus haut comment son départ de Lisbonne avait été amené lors de l'invasion de Junot.

Des habitudes qu'on ne trouve plus aujourd'hui que dans quelque pauvres *fazendas* (plantations) perdues dans les déserts de Goyaz ou de Mato-Grosso, se voyaient alors chez les plus riches planteurs du littoral. Dans les repas, un seul verre et quelquefois un seul couteau, circulant à la ronde, devaient suffire aux exigences de tous les convives. Les villes n'avaient d'autres monuments que des églises ou des couvents, constructions massives qu'on eût pu croire autant de forteresses destinées à défendre des voleurs les ornements d'or et de pierreries qui surchargeaient les madones. Même incurie, même défaut de goût dans les habitations particulières. Partout l'aspect de sombres prisons qui semblaient redire toutes les terreurs du moyen-âge. Il va sans dire que les ameublements, bijoux et costumes des deux sexes étaient à l'unisson des demeures. Quant à l'état intellectuel des habitants, un seul fait, que nous avons déjà signalé, suffira pour le caractériser d'un mot : dans la première insurrection qui éclata à Pernambuco en 1817 au nom de l'indépendance, on s'aperçut qu'il n'existait pas encore une seule presse dans tout le Brésil. Les chefs se virent obligés de recourir aux marins anglais de la rade pour imprimer les proclamations adressées aux insurgés. Ainsi, à tous les degrés de l'échelle sociale, on sentait le besoin de se défaire de ces vieilles défroques portugaises, héritage des compagnons de Cabral, et il était facile de prévoir qu'à la première alerte on se précipiterait dans le tourbillon de l'époque avec d'autant plus d'impatience qu'on avait à liquider un arriéré de plusieurs siècles,

Ce fut le comte d'Abarca, ministre du Prince-Régent, qui donna le signal. Dès 1815, il fit appeler de Paris, une société d'artistes et de savants. Lebreton, de l'Institut, secrétaire de l'Académie des beaux-arts, était à leur tête. L'année suivante, les divers membres de l'expédition étaient réunis à Rio-Janeiro et se mirent à l'œuvre. Leur premier soin fut de doter la ville de quelques monuments indispensables à une capitale. L'architecte Grandjean de Montigny fournit les plans, et bientôt les Brésiliens virent s'élever ces édifices qui sont aujourd'hui l'ornement de la *cidade*. Quelques-uns méritent de fixer l'attention : citons le Grand-Théâtre, dont les dimensions rappellent la *Scala* de Milan ; l'Académie des Beaux-Arts, élégante construction grecque, remarquable par les quatre colonnes de granit monolithe, et le palais de la Bourse, devenu plus tard le siège des premières Cortès brésiliennes, dont la fin tragique devait bientôt rendre ce monument si tristement célèbre [1]. Mais bientôt surgirent des difficultés inattendues. Le comte d'Abarca, principal soutien de l'entreprise, était mort peu de temps après l'installation de la colonie ; en 1819, elle perdit aussi son directeur. Privée désormais d'appuis, elle devait s'attendre à succomber. Le nouveau ministre, aveuglé par cet amour-propre national qui dirige presque toujours les peuples,

---

[1] C'est dans ce palais que les Cortès furent massacrées en 1821 au milieu de la nuit, au moment où D. João VI allait s'embarquer pour le Portugal. De cet événement attribué au fils aîné du roi D. Pédro, datent les premiers germes de l'opposition qui amenèrent l'abdication de ce prince en 1831.

pensa qu'un artiste portugais aurait fait tout aussi bien l'affaire, et appela de Lisbonne un peintre à qui il donna la succession de Lebreton. Dès lors on put prévoir le sort qui attendait la fondation française. Debret, un des artistes de l'expédition, qui nous a laissé sur le Brésil de cette époque un charmant album et des notes très curieuses, raconte quelle suite de déboires leur fit supporter le vieux parti portugais, malgré l'incapacité notoire de ceux qu'on voulait mettre à leur place. Du reste, l'aveu le plus pénible, c'est que les élèves n'arrivaient pas. Il y avait alors et il y a eu toujours dans les établissements analogues qui se sont formés depuis plus de professeurs que d'étudiants. Le Brésilien, malgré les magnificences de toute sorte dont la nature l'environne, est généralement peu accessible aux notions de l'art véritable. Comme tous les peuples enfants, il n'y a guère que le bruit et l'éclat qui attirent sérieusement son attention. Ses sensations semblent s'arrêter à la surface. De grosses breloques largement étalées sur un gilet blanc, d'énormes éperons en argent comme on en voit encore dans les musées du moyen-âge, un riche service sur sa table, voilà toute son esthétique. N'allez pas parler à ces natures neuves des harmonies de Beethoven, du génie de Michel-Ange, de la beauté sévère qu'offrent les lignes de la statuaire ou de l'architecture : vous ne seriez pas compris. Ce qu'il leur faut, ce sont des cuivres sonores, des madones massives ruisselantes de pierreries, des apparitions terrifiantes, comme celle de l'archange Michel terrassant le démon. Qu'ont-ils besoin d'ailleurs, pour me servir de leurs propres expressions, d'apprendre les beaux-arts à leurs enfants, destinés à produire toute leur vie du sucre et du café? Avoir un *feitor* qui d'une main sache manier la *chicote* (fouet) et de l'autre inscrire exactement les *arrobes* qu'on récolte, c'est tout ce qu'il faut. Le *senhor* n'a qu'à donner des ordres le *charuto* (cigare) à la bouche, et à faire la sieste. L'Institut français ne pouvait évidemment prospérer dans un tel milieu. Il s'éteignit de consomption, comme ces organisations délicates brusquement arrachées au sol natal pour aller vivre sous un ciel inclément. Les Brésiliens, dont l'esprit était ailleurs, ne s'aperçurent pas plus de la disparition des savants français qu'ils ne s'étaient inquiétés de leur arrivée. De là une infériorité intellectuelle qu'ils ont eu maintes fois occasion de déplorer, et qui éveille chez les hommes appelés à les gouverner une légitime sollicitude. Toutefois, le séjour de nos compatriotes ne fut pas sans résultats. Sans compter les édifices dont ils ont doté la ville de Rio-Janeiro, on peut dire qu'ils ont rendu les Brésiliens nos tributaires pour toutes les questions qui intéressent les arts. C'est, en effet, à Paris que ceux-ci s'adressent lorsqu'ils désirent décorer leurs monuments. Citons entr'autres la statue équestre du fondateur de l'indépendance, l'empereur D. Pedro I, entourée des attributs symboliques du jeune empire. Cette œuvre, qui orne une des principales places de la *cidade*, est sortie des ateliers d'un de nos statuaires [1].

---

[1] Nos lecteurs ont pu contempler ce groupe dans la cour du Palais de l'Industrie à l'Exposition de 1861.

C'était par la base, et non par le haut, comme le rêvait le comte d'Abarca et quelques hommes intelligents de la cour, qu'il convenait de commencer la régénération du pays. Quelques Brésiliens éclairés le comprirent et se mirent à l'œuvre. Pendant que le Prince-Régent s'appliquait à organiser une académie des beaux-arts, ils écrivaient de leur côté en Europe pour obtenir des envois plus de leur goût. Cette fois ils ne devaient être que trop bien servis. Sentant le besoin d'échanger leur vieille défroque du XVIIe siècle, de garnir leur buffet de quelque argenterie, d'orner un peu leur intérieur, et connaissant le niveau de la civilisation de Lisbonne, ils profitèrent de l'exemple qui leur venait d'en haut et s'adressèrent à Paris, la ville du goût et de l'élégance. Les Parisiens n'eurent garde de laisser échapper une aussi belle occasion. Bientôt des cargaisons d'étoffes, d'ameublements, d'articles de luxe, inondèrent les ports du Brésil. L'avidité avec laquelle ces objets étaient enlevés fut dépassée par l'effronterie des spéculateurs qui les avaient apportés. Nous ne croyons pas qu'il existe dans les annales du commerce une époque où la fièvre du gain se soit étalée d'une manière aussi scandaleuse.

« Les alliages [1] de cuivre et de zinc furent vendus pour de l'or. Le cuivre blanc d'Allemagne passa pour de l'argent. Le maillechort fut présenté tour à tour comme appartenant à l'un et à l'autre de ces métaux.

---

[1] Charles Expilly. Le *Brésil tel qu'il est*.

Des étoffes piquées, mais voyantes, à gros ramages ; des rideaux de nos grand'mères, des rubans aux couleurs choquantes, des vêtements ridicules, propres tout au plus pour les parades de la foire : bonnets de tricoteuses, cravates, tricornes, breloques de muscadins et d'incroyables, robes grecques du directoire, toute la défroque rafistolée des cinquante dernières années, en un mot, furent livrés comme produits Parisiens du dernier goût. Ce clinquant, ce strass, ce cuivre, habilement montés en épingles, en couverts, en éperons, furent enlevés aussitôt par ces malheureux, condamnés jusqu'alors aux marchandises de la métropole, aux modes disgracieuses du Portugal. Les objets vendus par nos aventuriers avaient de l'éclat, ils brillaient à l'œil, ils possédaient un certain *chic* qui séduisait les natures naïves des Brésiliens. »

Ce trafic, organisé alors sur une échelle immense, n'a pas encore complétement disparu, malgré la concurrence que des maisons Anglaises, Suisses et Allemandes ont établie depuis. Du reste, l'art a été porté aujourd'hui à un tel degré de perfection, qu'il n'est plus nécessaire à un Parisien d'avoir des capitaux ou une cargaison pour réaliser des bénéfices. Son savoir-faire lui suffit. De là, une foule d'industries interlopes dont on n'a aucune idée chez nous. Il n'est pas rare de rencontrer le même individu devenant tour à tour, suivant la localité qu'il parcourt, cuisinier, saltimbanque, dentiste ou professeur de français. J'en ai connu un qui courait les *fazendas* (plantations), vendant un secret pour empêcher les mules d'être mordues par le *morcego* (chauve-souris). Un autre offrait à cinq francs pièce de petits paquets de graines des plus belles fleurs d'Europe, pour orner les parterres et les jardins ; les *senhoras* se disputaient ses marchandises, et étaient tout étonnées quelques mois après, de voir que les nouvelles fleurs ressemblaient de la manière la plus frappante à celles qui croissaient dans les forêts du Brésil. Un riche *fluminense*[1], de qui je tiens l'anecdote suivante, voit un jour arriver chez lui un homme d'un certain âge parlant assez couramment la langue française.

— *Senhor*, j'ai appris que vous étiez jeune, que votre naissance vous promettait une brillante et heureuse carrière. J'ai pensé que vous ne seriez pas fâché d'entrer dans la société de *longue vie* dont je suis le fondateur. J'ai déjà l'adhésion de tous les noms *marquants* de la *cidade*, il ne me manque plus que le vôtre.

On devine l'étonnement que ces mots produisent sur le nabab. La perspective qu'on lui ouvre séduit trop son imagination pour qu'il ne soit pas curieux d'aller jusqu'au bout.

— En effet, reprend-il aussitôt, j'ai de la fortune, je ne demande pas mieux que d'y faire honneur le plus longtemps possible. Quelles sont les conditions à remplir pour avoir le bonheur d'appartenir à votre société ?

— Presque rien : verser une cotisation de 20 *milreis* (50 francs) et observer les préceptes que je donne. La modicité de la rétribution vous fait voir assez que c'est une œuvre de pure philanthropie.

---

[1] *Nom que se donnent les habitants de Rio-Janeiro.*

— C'est en effet ce qu'on peut appeler vivre à bon marché, reprit le Brésilien de plus en plus intrigué ; voilà vingt *milreis*, j'ai hâte de connaître votre secret.

— *Senhor*, ce secret que vous allez posséder, est le résultat de longues et pénibles recherches. Les rides que vous voyez sur mon front attestent les veilles auxquelles j'ai dû me livrer avant de m'en rendre maître ; à force d'interroger la nature, j'ai vu que tout s'enchaîne dans l'univers, que les êtres sont solidaires les uns des autres, depuis la monade, le représentant le plus simple de l'animalité, jusqu'à l'homme son expression la plus haute ; qu'un attentat commis contre un de ses membres était un injure ressentie aussitôt par la conscience universelle et vengée tôt ou tard ; que.....

— Pardon, interrompit l'initié, je crains de ne pouvoir pas vous suivre à travers votre métaphysique et je vous prierai par conséquent de vouloir bien m'indiquer en deux mots les règles que je dois suivre.

— Eh bien ! d'après la loi de solidarité que je viens d'énoncer, nous devons revenir à la grande école de Pythagore : Ne manger que des légumes et s'abstenir de viande. La viande est traître, il faut la laisser pour la canaille.

— C'est tout ce que vous aviez à m'apprendre ?

— C'est tout, et là dessus notre homme de saluer et de courir à la recherche d'autres prosélytes.

On voit par là que nous sommes loin des temps où Mem de Sá, le gouverneur de Rio Janeiro, écrivait, en parlant des colons de la France antarctique [1] : « Ces gens-là n'agissent pas comme nous à l'égard des Indiens : ils observent une stricte justice. » Aujourd'hui le mot de *négoce français* est passé en proverbe au Brésil pour désigner toute affaire louche ou déloyale. Les Brésiliens disent *negocio afrancesado*, comme les Latins disaient *fides punica*. Qu'il y ait en cela quelque levain de vieille rancune portugaise, nous ne le contesterons pas : il n'est aucun peuple qui ne porte avec lui sa dose de ce mal incurable qu'on appelle la haine de l'étranger. Toutefois, quelque pénible qu'en soit l'aveu pour l'amour-propre national, il faut bien le dire, cette épithète nous a paru trop souvent l'expression d'un fait. Il faut bien reconnaître aussi que le personnel de l'émigration qui débarque chaque année de tous les points du vieux monde dans les ports de l'Atlantique, — marchands, industriels, colons, — est loin d'appartenir à la fleur de la société [2]. Quelques-uns même n'émigrent que pour échapper à la justice de leur pays. D'au-

---

[1] On appelle ainsi l'établissement fondé au XVIe siècle par quelques centaines de réformés qui fuyaient les persécutions. Sous la conduite d'un de leurs chefs Villegagnon, ils vinrent se fixer dans une île de la baie de Rio-Janeiro, et firent bientôt alliance avec les Tupinambas de la côte qui redoutaient déjà la domination Portugaise. Leur petit nombre et leurs divisions intestines firent bientôt tomber la colonie. L'île dans laquelle ils s'étaient établis et qui commande l'entrée de la rade porte encore aujourd'hui le nom d'île de Villegagnon.

[2] Je dois ajouter que l'on rencontre d'honorables exceptions parmi les négociants de Rio-Janeiro, et que nombre d'entr'eux ont su montrer les sentiments les plus généreux, toutes les fois qu'il a été question de venir en aide à de nobles infortunes.

tres, — et c'est le grand nombre, — sont de pauvres diables poursuivis par l'inexorable loi de Malthus, affolés par la misère, et qui ont souvent perdu dans ce terrible milieu tout sentiment de dignité humaine. Une seule chose leur est commune à tous, l'espoir de s'enrichir *per fas et nefas*, bien que souvent le capital disponible soit à peine suffisant pour payer le prix du passage. Ajoutez à cela les idées les plus saugrenues sur les habitants auxquels ils vont demander l'hospitalité, et qu'ils considèrent d'avance comme une proie. Une conversation que j'ai entendue sur le pont du *steamer* qui me conduisait au Brésil et que je crois bon de reproduire dans toute sa crudité, édifiera mes lecteurs mieux que tout ce que je pourrais dire à ce sujet. Un orfèvre venait de raconter ses prouesses et la manière dont il fallait s'y prendre pour faire passer les montres en contrebande, afin d'esquiver les frais énormes que la douane prélève sur tous les objets de luxe.

— Quant à moi, ajouta un des orateurs du groupe, tel que vous me voyez, je suis arrivé au Brésil avec 40 sous dans ma poche. Cependant je ne liquiderais pas aujourd'hui ma maison pour 200 *contos de reis* (500,000 f.) J'ai gagné cela à vendre des parapluies. Je ne crois pas qu'il existe sous le ciel un pays où l'on en fasse une aussi grande consommation. Qu'il pleuve ou qu'il fasse beau, un véritable Brésilien ne sort jamais sans tenir à la main son *chapeo do sol* (chapeau contre le soleil, parasol). Mes articles ont *de l'extérieur* : c'est ce qu'il faut pour réussir. Quant à la solidité, c'est autre chose. Si par hasard, de loin en loin, un acheteur vient à se plaindre, je lui jure mes grands dieux que mes marchandises viennent toutes de Paris et qu'elles sont inusables dans nos climats tempérés, mais qu'il n'y a pas de montures qui puissent résister au soleil du Brésil, ni de soie qui puisse tenir tête à un orage des tropiques.

— Et le *senhor* se retire fier d'appartenir à un tel pays.

— Ils sont si niais, ces Brésiliens! dit à son tour une modiste de la rue d'*Ouvidor*. C'est comme leurs *senhoras*, si je ne leur vendais pas cher, elles prétendraient que mes modes ont passé. Aussi je les traite en conséquence. Vous voyez cette robe chargée de volants ? En arrivant à Rio, je vais la garnir de dentelles, et je dirai tout simplement qu'elle est sur le modèle de celle que l'Impératrice portait au dernier bal des Tuileries. Tout le monde voudra en avoir. Chaque dentelle que j'ai payée 5 francs, je la ferai 100 *milreis* (250 francs).

— C'est égal, hasarda timidement un *mascate* (colporteur) novice, tout yeux et tout oreilles, vous avouerez tout de même que vendre 100 *milreis* ce qui coûte 5 francs, c'est un peu voler son monde.

— De quoi? répondirent en même temps tous ceux qui étaient en train de faire leurs confidences, on voit bien que vous n'avez pas encore mis la main à la besogne ! Croyez-vous donc qu'on puisse s'expatrier si loin de son pays et tomber au milieu des moustiques, de la *catinga* (odeur forte du noir) et de la fièvre jaune pour faire les honnêtes gens? D'ailleurs tout est si cher au Brésil, que si nous ne vendions pas de même, ce seraient les habitants qui nous ruineraient. Est-ce qu'ils ne volent pas leurs nègres, eux? Nous leur rendons la pareille, voilà tout.

Ils oubliaient, les malheureux, qu'eux aussi spéculaient sur les sueurs de l'esclavage, et que nombre d'entre eux maniaient la *chicote* (fouet) d'une main à rendre jaloux plus d'un *feitor*.

Ces aveux, que nous avons entendu répéter trop souvent pour qu'on puisse les prendre comme une simple forfanterie française, donnent une idée assez nette de l'attitude que certains de nos compatriotes entendent tenir vis-à-vis des Brésiliens.

Il ne faudrait pas croire cependant que ceux-ci soient toujours dupes. S'ils se laissent surfaire, autant par fierté portugaise que par nonchalance créole, ils se vengent en accusant invariablement *os Francezes* de tous les méfaits qui se commettent chez eux. Leur conviction est tellement bien établie à ce sujet, qu'ils prétendent voir les délits redoubler toutes les fois qu'il débarque un convoi d'émigrants de notre nation. Ils citent entr'autres preuves un événement qui a fait grand bruit dans la *cidade*, il y a une quinzaine d'années. On sait qu'à cette époque, célèbre par la fièvre californienne qui s'empara de tant d'esprits, on organisa à Paris une loterie dite du *Lingot d'Or*, dont le produit devait servir à organiser une expédition pour le nouvel Eldorado. Peut-être aussi n'était-on pas fâché de se débarrasser en même temps de quelques têtes ardentes ou de quelques bras trop inoccupés. Toujours est-il que la mésintelligence ne tarda pas à éclater à bord. Les passagers commençaient à trouver la route bien longue, et le capitaine n'était pas probablement sans avoir à se plaindre de la turbulence de ses Californiens. Aussi fut-il décidé qu'on s'arrêterait quelques instants à Rio-Janeiro pour reprendre haleine. Emigrants et matelots étaient à terre lorsqu'une explosion se fit entendre à bord du navire. Le feu s'y était déclaré, on n'a jamais su trop comment.. Les passagers laissaient entendre qu'ils étaient victimes d'un complot des gens de l'équipage, tandis que ceux-ci prétendaient que le coup avait été monté par les mauvaises têtes de l'expédition. Force fut donc à tous ces pauvres diables de se répandre dans les rues de la capitale, jusqu'à ce qu'ils fussent absorbés peu à peu par le grand courant de l'émigration. Les Brésiliens prétendent que cette année fut féconde en désastres, et que la liste des peccadilles humaines qui vont se dérouler devant la police correctionnelle s'accrut outre mesure. J'ajouterai, pour faire la part de chacun, qu'un grand nombre de méfaits, attribués à nos compatriotes, leur sont imputés à tort. Tout étranger des frontières pouvant aligner deux ou trois mots de notre langue se déclare Français. Or, on sait que les provinces Rhénanes, la Suisse, l'Italie, la Belgique fournissent aussi leur contingent, et que ce contingent est aussi mélangé que le nôtre.

Chose curieuse cependant! cette population d'origine si incertaine a fait, au point de vue du progrès et de l'influence française, plus que les flottes de la vieille monarchie, plus que tous les artistes et les savants venus à grands frais. Ce *mascate* (colporteur) fripon qui court les *fazendas* (plantations) avec ses caisses de faux bijoux, cette marchande de modes sur laquelle les voisins chuchottent, sont des forces de propagande d'une puissance inimaginable dans un pays neuf, dont l'aristocratie ne se recrute que dans les producteurs et les marchands. Tandis que les colons venus du Nord, Anglais, Suisses, Allemands, s'enveloppent dans leur flegme germanique, le Français, plus alerte, va au-devant des Brésiliens, les attire par sa verve gauloise et son intarissable gaîté, aborde toutes les questions, toutes les entreprises, n'est jamais à court pour trouver une solution aux affaires les plus impossibles, répond en un mot à tout à force d'audace et d'entrain. Cette activité, cette bonne humeur, ces merveilles de l'industrie parisienne agissent comme autant de courants magnétiques sur l'esprit des habitants, et leur donnent à leur insu le désir de connaître plus à fond une civilisation qui sait produire tant de choses et un peuple de si attrayantes manières. Le premier pas une fois fait, *senhores* et *senhoras* se trouvent comme emportés par une machine qui, à chaque tour de son engrenage, met en pièces quelque vieillerie portugaise. C'est surtout dans la province de Rio-Janeiro, la plus peuplée et la plus riche de l'empire, que ce travail de transformation se fait sentir. Les voyageurs qui l'ont visitée il y a vingt ans et la revoient aujourd'hui sont tout émerveillés des changements qu'ils aperçoivent dans la physionomie de la *cidade*. Et cependant que d'impressions fâcheuses n'éprouve pas encore à la même vue un Européen fraîchement débarqué! A travers ce mélange de nations venues des divers points du continent, on reconnaît au premier coup d'œil que l'élément parisien est le seul qui tranche d'une manière sensible sur le fond portugais. Un étranger se croirait dans une colonie française en traversant certains quartiers de la ville. Tout ce qui relève de l'art et de l'industrie, tout ce qui exige du goût et du savoir-faire, est entre les mains de nos compatriotes. Le fait suivant semble prouver même que leur action, loin de s'arrêter à la surface, pousse parfois des racines assez profondes. On sait que l'introduction d'une langue dans un pays, introduction qu'un peuple vaincu n'accepte jamais d'un peuple vainqueur, est le trait le plus caractéristique de l'influence d'une nation sur une autre. Or, ici la langue française s'est introduite d'elle-même, comme au xviiie siècle elle s'introduisait à Saint-Pétersbourg, comme jadis le grec pénétrait à Rome. Elle fait à cette heure partie intégrante de l'éducation brésilienne. Du reste la parenté des idiomes, tous deux issus du latin, se prête autant à cette tendance que le génie de notre nation. Maintes fois un voyageur traversant un *aldea* (village) perdu au milieu des forêts vierges, dans les endroits les plus inconnus du continent austral, a rencontré un médecin, un avocat, quelquefois même un *padre* (curé) qui lui parlaient dans notre langue, et lui montraient une bibliothèque où se trouvaient tous nos grands noms littéraires. Chose digne de remarque, mais qui s'explique par l'histoire de ce pays et par les distances, c'est que la plupart des ouvrages qui ornent ces bibliothèques sont tirés des œuvres philosophiques du dernier siècle. D'autres causes concourent aussi à faire pénétrer dans les classes aisées du

Brésil la littérature française, et par suite la civilisation dont elle est l'expression et le reflet. Jusqu'ici le Portugal, isolé dans sa position péninsulaire, et vivant pour ainsi dire de ses traditions, n'est pas entré assez avant dans le courant moderne pour offrir à la génération actuelle les livres de science et de philosophie qu'elle réclame. Elle vient alors les demander à notre langue, la plus claire de toutes les langues savantes, et la plus intelligible pour un peuple néo-latin. C'est ainsi que nos ouvrages de jurisprudence, d'anatomie, de chirurgie, se trouvent entre les mains de tous les élèves qui suivent les cours des facultés de Droit de Pernambuco et de São Paulo, et les écoles de médecine de Bahia et de Rio-Janeiro. Si beaucoup d'entr'eux ne parlent pas couramment notre idiome, tous le comprennent. Dans les collèges et les écoles primaires la plupart des livres élémentaires sont traduits de nos auteurs classiques. Ce mouvement est accéléré par une classe d'hommes perdus, il est vrai, dans la foule, mais dont la haute valeur rachète le petit nombre. Nous voulons parler de cette pléiade de savants et d'écrivains qui, poussés par leur humeur aventureuse ou fuyant les tourmentes politiques, viennent mettre leur activité au service des habitants qui leur donnent asile. L'Allemagne et l'Angleterre envoient elles aussi leurs ingénieurs et leurs naturalistes étudier les richesses de tout genre que recèlent les forêts et les montagnes de ces immenses régions. Mais leurs récits consignés dans l'idiome germanique ou anglo-saxon, restent ignorés des Brésiliens. Ils ne laissent pas après eux ces traces fécondes qui suivent les pas de nos compatriotes, et qui rendent la science française de plus en plus populaire dans ce pays. Aussi croyons-nous pouvoir affirmer que des jeunes gens sortis de nos écoles trouveraient sans trop de peine au Brésil à satisfaire, dans l'exercice de diverses professions libérales, une légitime ambition. Des ingénieurs mécaniciens seraient les bien-venus dans le jeune empire, et de bons contre-maîtres suffiraient même dans la plupart des cas. On me permettra d'entrer à ce sujet dans quelques détails. Je prends pour premier exemple les industries qui relèvent de la fabrication du sucre. Depuis que les eaux-de-vie ont atteint en Europe des prix excessifs, le contre-coup s'est fait ressentir dans l'Amérique du Sud, et les mélasses qu'on négligeait autrefois sont aujourd'hui distillées avec le plus grand soin. Par suite, la production du sucre s'est aussi augmentée et s'accroît chaque jour. Or le traitement de la canne exige des cylindres broyeurs, celui de la mélasse un alambic. Il faut par conséquent l'intervention d'hommes familiarisés avec le maniement de certaines machines. Le café et le coton, dont la production s'accroît également d'année en année, demandent aussi, l'un des pilons pour la décortication du grain, l'autre une machine pour séparer la graine du précieux duvet. Les anciens planteurs se contentaient d'une chute d'eau et d'une roue en bois à aubes planes comme on en voit dans nos moulins de campagne, pour transmettre le mouvement à ces divers appareils; mais depuis l'extension donnée à l'exportation de ces denrées, nombre de propriétaires se sont vu forcés de planter dans des endroits dépourvus de rivières. Impossible d'ailleurs d'utiliser tous les cours d'eau, à cause du volume énorme que beaucoup d'entre eux atteignent aux pluies des solstices. Il a donc fallu recourir aux machines à vapeur. Bien que le fer soit très commun dans certaines provinces de l'empire, il n'en est pas moins vrai que, faute d'exploitation suffisante et d'ingénieurs métallurgistes, on est obligé de s'adresser à l'Angleterre. De nouvelles difficultés se présentent quand il s'agit de monter ces appareils : le *fazendeiro* ne s'est jamais occupé que d'exploitation agricole ; le citadin ne vise qu'à un emploi du gouvernement ou d'une maison de commerce ; par conséquent, peu d'hommes dans le pays sont capables de se charger de cette affaire. Il n'est donc pas étonnant que les planteurs réclament quelquefois des mécaniciens, et que des gens intelligents et actifs, même sans diplôme, trouvent là des occupations lucratives. En général et quelle que soit la partie de l'industrie que l'on considère, on peut dire qu'ingénieurs et contre-maîtres manquent dans ce pays.

Ce que je viens de dire des machines peut s'appliquer à toutes les voies de communication. Les hommes qui dirigent les chemins de fer en construction aujourd'hui dans l'empire ont été appelés de Londres ou de New-York. La route qui conduit du bord de la baie à Pétropolis, première étape de la grande artère qui doit aboutir à la province de Minas-Geraes, a été construite par un Allemand. Cependant est-il un pays au monde qui plus que le Brésil doive éprouver le besoin de creuser des canaux, d'endiguer les rivières, de tracer des routes, de jeter des ponts? Il est vrai qu'il y a là des difficultés sérieuses. Les unes proviennent des distances et des exigences de la nature tropicale ; les autres du défaut d'initiative des habitants. Accoutumés dès leur enfance à se rendre d'une province à l'autre à travers des sentiers tracés par les caravanes de mules, ils n'ont jamais songé à doter leur contrée de ces magnifiques voies de transport qui font l'admiration de l'Europe. Même incurie pour l'exploitation des mines que recèlent les montagnes, même disette d'hommes capables de diriger de tels travaux. Les compagnies qui continuent encore à broyer les quartz aurifères sont des compagnies anglaises. Beaucoup de personnes croient que toutes les productions minérales de ce pays se bornent aux alluvions d'or et diamant ; c'est une erreur qu'il est bon de détruire. Le Brésil peut fournir la plupart des métaux et renferme les mines de fer les plus riches qu'il y ait peut-être au monde.

Je citerai encore une profession libérale destinée à rendre de grands services au Brésil : je veux parler des médecins. Ceci ne s'adresse pas aux riches cités de l'Atlantique ; les hommes de science n'y manquent pas. Sans compter ceux qui viennent quelquefois du dehors, on peut dire que l'élément national y est dignement représenté. Chaque année on voit sortir des écoles de médecine de Bahia et de Rio-Janeiro une pépinière de jeunes docteurs brésiliens aussi capables pour la plupart que ceux que nos facultés dotent d'un diplôme ; mais leur nombre ne répond pas encore à l'étendue de l'empire, et ils trouvent plus avantageux de se tenir dans le voisinage des grandes villes. Il en résulte que, malgré le prix élevé attaché aux honoraires des médecins, les provinces reculées de l'intérieur sont souvent desservies par des docteurs improvisés ou par des *fazendeiros* eux-mêmes, qui, faute de mieux, tâchent de se tirer d'affaire en méditant des livres de science. Je crois qu'un élève de nos facultés se ferait sans peine aux exigences d'une telle profession. Seulement, cette vie de médecin de campagne, n'étant à vrai dire qu'une suite de chevauchées continuelles à travers les *picadas* (sentiers) des forêts, exige avant tout des gens jeunes et vigoureux.

Après avoir indiqué les origines de l'émigration française et l'influence qu'elle est appelée à exercer de plus en plus sur les destinées du Brésil, il resterait à rechercher l'appoint qu'elle peut fournir à la population de ce pays. Ce chiffre ne semble pas jusqu'ici en rapport avec les autres résultats. Les habitudes nomades de toute colonie flottante expliquent cette contradiction. Dès qu'un industriel a réalisé un nombre de *contos de reis* assez rond pour qu'il puisse vivre à sa fantaisie, il se hâte de liquider et de rentrer en France. D'ailleurs dans leur séjour au Brésil, ils ne fréquentent que les grandes cités du littoral, et ne sont d'aucune utilité aux établissements agricoles. Cet exemple, suivi par la plupart des nations latines, même par les émigrants d'origine Portugaise, a les plus fâcheux résultats pour l'avenir du pays. La population qu'on peut évaluer en moyenne, d'après les statistiques officielles, à 8,000,000 habitants, est éparpillée sur une surface de près de huit millions de kilomètres carrés, ce qui ne donne qu'un seul habitant par kilomètre dans la région la plus fertile du globe, lorsqu'on en voit près de cent dans certaines contrées de l'Europe, où la terre est ingrate au travail. On sait cependant quels efforts firent pendant deux siècles les *conquistadores* pour peupler leurs villes et leurs plantations. Tandis que les uns donnaient la chasse aux peaux-rouges, en vue surtout des Indiennes, les autres allaient chercher des cargaisons de noirs sur les côtes d'Afrique. Près de 100.000 esclaves débarquaient chaque année dans les ports de l'Atlantique, et mêlant leur sang à celui de la race blanche, laissaient entrevoir que la colonie aurait bientôt une population en rapport avec son étendue et ses richesses. Mais du jour où les escadres anglo-françaises ont surveillé rigoureusement les mers Africaines, la traite est devenue impossible, et depuis cette époque le noir, malgré l'énergie prolifique de sa race, disparaît avec une rapidité inquiétante. Plusieurs causes concourent à amener ce nouvel état de choses. Je citerai d'abord la liberté que les riches *fazendeiros* accordent par testament aux esclaves attachés à leur service personnel. De telles gens sont totalement perdus pour la production, car, fatigués de la servitude qui leur a inspiré l'horreur du travail, ils se retirent dans un coin de forêt, sur les terres de leur ancien maître, s'y construisent un *rancho* (hangar) et ne plantent que le maïs et le *feijão* (haricot) strictement nécessaires à leur entretien.

Les plus industrieux élèvent des poules. Ils vont vendre les œufs dans les *fazendas* voisines, et prennent en échange du tabac et de la *cachaça* (eau-de-vie de canne).

En second lieu, vient la disproportion énorme qui existe dans l'émigration européenne entre le nombre des hommes et celui des femmes. Ce dernier étant presque insensible, il en résulte que les étrangers s'allient aux négresses, et achètent les mulâtres qui naissent de ces alliances pour leur donner la liberté. Souvent aussi ils achètent la mère, qui, devenue libre, se hâte de ne plus rien faire, si ce n'est boire et fumer. Quant aux métis issus de ces unions, les prérogatives de leur couleur leur défendant de travailler, ils deviennent *feitores* (gardiens des noirs) ou dompteurs de mules.

La dernière cause, la plus terrible de toutes, est l'excès de travail : peut-être faut-il ajouter, du moins chez quelques petits propriétaires besogneux, la mauvaise qualité de la nourriture : de l'*angú* (bouillie de maïs) et des haricots cuits à l'eau, quelquefois sans sel, voilà la pitance ordinaire de l'esclave pendant toute l'année. Ce défaut d'équilibre entre le travail et la nourriture atrophie à la longue les forces du nègre, le fait mourir avant l'âge et empêche sa reproduction.

Ajoutons encore la mortalité amenée ces dernières années par l'apparition du choléra qui, à l'inverse de la fièvre jaune, a sévi principalement sur la race noire. Il est résulté de tout cela comme un dépeuplement des campagnes. Des *fazendas* qui comptaient des milliers d'esclaves n'en ont plus que quelques centaines. Quelquefois un planteur se voit obligé de laisser pourrir une partie de son café sur place, n'ayant plus de bras suffisants pour la récolte. D'un autre coté les petits propriétaires trouvant plus de bénéfice à louer leurs esclaves dans les villes abandonnent la culture. Le manque de travailleurs est si universellement reconnu que certains ouvrages qui semblaient la propriété exclusive des nègres sont aujourd'hui confiés à des ouvriers de race blanche. Ce fait, qui eût paru le plus grand des scandales aux Portugais de l'ancien temps, passe maintenant inaperçu. Les comptes de la douane révèlent une des conséquences les plus graves de cet état de choses, conséquence qui va s'aggravant chaque jour. C'est que les produits du dedans ne balancent plus ceux qui viennent du dehors. L'exportation française entr'autres est double de l'importation Brésilienne. Encore quelques années de cette crise, et l'on verrait le pays réputé le plus riche du monde, ne pouvant plus payer à l'Europe les denrées qu'elle lui envoie. Les restrictions imposées au travail, compliquent cette situation. Toutes les forces vives du pays sont consacrées à la production de quelques articles restreints, café, sucre, coton, tabac, dans les plantations du centre ; pierres précieuses et poudre d'or à l'intérieur, cacao, caoutchouc, bois de teinture, dans le nord, cuirs, *carne seca* (viande sèche) au sud. Les objets de première nécessité, tels que le froment, le vin, les vêtements, la chaussure, viennent du continent ou des Etats-Unis. Ces marchandises aggravées des frais de commission, de transit, de douane, décuplent quelquefois de valeur. L'élévation des prix gagnant les autres articles, devient ruineuse pour les petites bourses et pour les étrangers qui viennent se fixer dans le pays. Il importe donc de multiplier les bras, d'appeler des travailleurs actifs, intelligents qui produisant sur place les denrées qu'on va chercher au loin, rétablissent la balance des échanges et mettent le consommateur à l'abri des prétentions exorbitantes du commerce d'exportation. Ce résultat ne peut s'obtenir qu'avec des gens moins prompts que l'industriel à se mettre en marche, mais aussi plus tenaces dès qu'ils ont pris pied, parce qu'ils s'attachent au sol qu'ils ont conquis. On voit que nous voulons parler de l'émigrant par excellence, de celui qui est appelé à résoudre le problème capital de la *colonisação*.

La *colonisação* (colonisation) est le mot qui, après celui d'*escravatura* (esclavage), flatte le plus une oreille brésilienne. Ce mot renferme, en effet, l'avenir du pays. Tout le monde sent qu'il y a urgence à remplacer l'Africain par des bras libres, et on peut dire que c'est depuis quelques années la grande question à l'ordre du jour. Un moment, il est vrai, les idées colonisatrices ont paru s'assoupir. C'était à l'époque de la guerre d'Italie, lorsque l'Angleterre, encore indécise, semblait suivre d'un œil inquiet les événements qui avaient amené l'indépendance de la Péninsule. Les vieux Portugais qui se rappelaient le bon temps du roi D. João VI, attendaient avec impatience la généralisation de la lutte, parce que dans leur pensée les escadres anglo-françaises, allant à la rencontre l'une de l'autre, seraient obligées de quitter les côtes d'Afrique et de laisser reparaître l'âge d'or de la traite. Un jour Villafranca vint tomber comme une bombe au milieu de tous ces rêves. Les Brésiliens ne voulurent pas d'abord y croire, prétextant que ce n'était qu'un bruit de Bourse. Il fallut pourtant, quelques jours plus tard, se rendre à l'évidence, et depuis cette époque, la *colonisação* est redevenue le grand problème du moment. Partout, dans les journaux, dans les chambres, chez les grands propriétaires, on discute le meilleur parti à suivre, et on propose une solution. Des brochures, des prospectus, traduits dans la plupart des langues d'Europe, sont répandus sur tous les points du continent où se trouvent des consuls Brésiliens. L'Empereur D. Pedro II, s'intéressant, lui aussi, à une question si directement liée aux destinées du pays, a chargé en 1858 le marquis d'Olinda de donner des instructions concernant les colons qui achèteraient des terres au gouvernement, et ceux qui s'engageraient chez les propriétaires. Ainsi, à tous les degrés de l'échelle sociale, on retrouve la même préoccupation. Ajoutons que les mesures récentes des Etats-Unis à l'égard des noirs, ne peuvent manquer d'avoir leur contre-coup au Brésil.

Les premiers essais de colonisation remontent déjà à un demi-siècle. Dès le lendemain des traités de 1815, le régent qui devint roi plus tard, sous le nom de D. João VI[1], calculant les effets que devait produire dans

---

[1] Il n'était alors que Prince-Régent ; sa mère, Dona Maria I, était devenue folle en 1790, à la suite d'une maladie.

un avenir peu éloigné l'abolition de la traite sur les côtes d'Afrique, songeait à faire un appel à l'activité européenne et aux bras déclassés du vieux continent. Seize cents Suisses répondirent à cet appel, et bientôt on vit s'élever la colonie de Nova-Friburgo à quelques lieues de la capitale, dans un site qui rappelait aux émigrants leurs verdoyantes campagnes. Quelques années plus tard, en 1824, le fondateur de l'indépendance brésilienne, l'empereur D. Pedro Ier, créait l'établissement de São-Leopoldo, dans la province de Rio-Grande-do-Sul, la plus méridionale de l'empire, en l'honneur de l'impératrice Léopoldine. Enfin, en 1843, l'empereur D. Pedro II voulut avoir aussi sa colonie, et fonda Petropolis au milieu des montagnes granitiques qui entourent la baie de Rio-Janeiro. — Après les fantaisies princières sont venues les entreprises industrielles et les compagnies de *colonisação*. En tête des premières nous devons citer les créations du *senhor* Vergueiro, sénateur de l'empire et riche propriétaire de la province de Saint-Paul. Vers 1847, il forma deux établissements ouverts aux bras libres dans ses vastes domaines d'Ibicaba et d'Angelica. D'autres noyaux furent ensuite créés dans les environs, soit par lui-même, soit par l'impulsion qu'il avait su donner à ses compatriotes. Plus tard vinrent les tentatives du docteur Faivre, du Jura, dans la province de Paraná, et celle de l'Allemand Hermann Blumenau à Sainte-Catherine. Les colonies dues aux efforts des compagnies, ne sont pas moins nombreuses. Citons entr'autres celle de Dona Francisca dans la province de Sainte-Catherine, fondée par une compagnie de Hambourg sur les terres de la Princesse de Joinville; celles de Mucury et de D. Pedro II, situées toutes deux dans la province de Minas-Geraes : la première fut établie en 1856 sur les bords du fleuve de même nom par la compagnie de *navigation et de commerce*, la seconde deux ans plus tard par celle de *l'union et de l'industrie* qui a déjà rendu tant de services au Brésil. Au Maranhão, nous trouvons deux compagnies moins connues que les précédentes, la *Prosperidade* et la *Mineraçāo maranhense* cherchant à fonder des établissements pour l'exploitation des terrains aurifères. Vient enfin *l'association centrale* de colonisation Brésilienne sur laquelle nous aurons bientôt à revenir. De tous ces établissements, on peut dire que très peu répondent jusqu'ici aux espérances qu'on était en droit d'attendre de l'activité de leurs fondateurs et des sommes énormes que directeurs, compagnies et gouvernement y ont consacrées. En première ligne, nous trouvons São-Leopoldo, qui, en 1860, comprenait, avec ses succursales, une population de quinze mille habitants, chiffre assez maigre, il est vrai, si on le compare aux résultats des États-Unis, mais éloquent pour le Brésil, qui ne compte encore guère plus de cinquante mille colons européens [1]. La latitude de Rio-Grande-do-Sul, qui rappelle les climats tempérés d'Europe, et le voisinage des républiques espagnoles qui, réagissant sur l'esclavage, limite son extension et rend moins redou-

---

[1] Nous ne faisons pas entrer dans ce nombre les émigrants du Portugal et des Açores, ni les Français établis à Rio-Janeiro.

table la concurrence du travail servile, expliquent peut-être cette prospérité relative. Viennent ensuite Dona-Francisca et Petropolis. La première, sous l'habile direction d'un ancien élève de l'Ecole polytechnique, M. Aubé, semble jouir de quelques-uns des avantages de São-Leopoldo. Toutefois le chiffre de 500 *contos de reis* (1,250,000 francs), montant des avances faites par les fondateurs, sans compter les secours du gouvernement, révèle assez les difficultés du début. Pétropolis se trouve dans une position plus exceptionnelle encore. Ce n'est aujourd'hui qu'un faubourg de Rio-Janeiro, grâce aux vapeurs qui sillonnent la baie et au chemin de fer qui conduit jusqu'au pied de la *serra* ; aussi est-elle devenue en peu d'années la résidence de la cour et des riches négociants de la *cidade* (capitale), qui viennent oublier au milieu des montagnes les chaleurs étouffantes des bords de la rade. Malgré tous ces éléments de prospérité, il n'en est pas moins vrai cependant que la plupart de ses fondateurs l'ont depuis longtemps désertée. Un brasseur, que j'interrogeai à mon passage comme le thermomètre par excellence de la race germanique, me fit à ce sujet des doléances assez caractéristiques.

Dans les premiers temps, me disait-il, nous étions cinq brasseurs, et tous les cinq accablés de besogne; aujourd'hui nous ne sommes plus que deux, et nous ne faisons pas la moitié des recettes d'autrefois. Ce qui nous faisait vivre, c'était la construction de la route qui va à la province des Mines; depuis que les travaux sont terminés de notre côté, un grand nombre de colons sont partis. Pour l'agriculture, il ne faut pas y compter : le terrain d'une part, les nègres de l'autre, les difficultés de transport à la capitale, le défaut d'habitude, les besoins immédiats font que les émigrants préféreront toujours travailler comme manœuvres et terrassiers.

Quant aux entreprises émanant soit de l'initiative des particuliers, soit de celle des compagnies, on peut dire qu'elles ont, malgré les encouragements de toute sorte du gouvernement brésilien, presque toujours échoué devant les tâtonnements inévitables d'une question aussi ardue et les ressources limitées des fondateurs ; on peut même ajouter que la plupart d'entr'eux sont morts à la tâche après s'être ruinés. Les causes qui ont amené ces échecs, révélées une à une par la suite des essais, sont intéressantes à connaître. Les unes tiennent au sol, et semblent les plus faciles à conjurer ; d'autres prennent leur source dans la manière vicieuse dont le problème était posé, soit par les Brésiliens, soit par les colons. Ce sont celles qui ont fait naître les plus grands désastres. Commençons par ces dernières.

Parmi les motifs qui déterminent tout essai de colonisation au Brésil, la prodigieuse fertilité du sol entre en première ligne. De cette confiance dans la fertilité, que personne ne songe à contester, découle, selon nous, la plus grande partie des mécomptes. La meilleure machine ne saurait en effet donner de résultat utile que lorsque l'effort à vaincre est calculé d'après le degré de puissance. Dans les colonisations du Brésil, on a procédé pour ainsi dire à l'aventure, sans se demander si les forces humaines pouvaient lutter de front contre les exigences d'une nature vierge et d'une société reposant sur l'esclavage. Aussi, dès qu'on a essayé de le mettre en mouvement, l'engrenage a-t-il broyé du même coup compagnies, directeurs et manœuvres. Quoi de plus séduisant au premier abord pour un pauvre ouvrier ou cultivateur ayant peine à nourrir sa famille, que la lecture d'un de ces bulletins de colonisation répandus de temps à autre sur le vieux continent? Il voit que dans les villes du Brésil les simples terrassiers gagnent 10 ou 12 fr. par jour, quelquefois davantage, que le sol donne pour prix d'un travail aisé les plus riches produits. S'il veut être fermier, on lui abandonne la moitié des récoltes. Préfère-t-il devenir propriétaire, il a des terres presque pour rien, — un réal, un demi-réal la brasse carrée[1], le tout payable par annuités. On lui fait en outre les avances de la traversée et du logement. Peut-on rêver un *Eldorado* plus splendide! Ces annonces l'exaltent, il vend ses hardes, va trouver l'agent de recrutement, et trois mois après débarque dans un port du Brésil. Ici commencent les déceptions. Le bulletin avait dit vrai. Un manœuvre peut gagner de 10 à 12 francs par jour; mais il avait oublié d'ajouter que le prix des vivres est aussi élevé que celui du travail, et que l'ouvrier est obligé de dépenser d'une main ce qu'il gagne de l'autre. C'est bien pis encore si l'émigrant vient comme colon. Les terres à défricher sont généralement loin de la côte et des villes; on n'y

---

[1] La brasse carrée vaut environ 4 mètres carrés. Le réal vaut à peu près fr. 0,002

arrive qu'en suivant des *picadas* tracées par les muletiers à travers tous les accidents de la forêt. Arrivé au terme du voyage, il doit lutter contre les difficultés d'une nature sauvage, quelquefois même contre la faim. Venu sans provisions, il se voit obligé, si la compagnie ne vient pas à son secours, d'attendre six mois avant la première récolte. Que faire pendant ce temps ? Imiter le peau-rouge, vivre de pêche et de chasse, disputer aux singes les fruits de la forêt ? Triste ressource pour un Européen.

Admettons cependant, ce qui arrive d'ordinaire, qu'on lui assure les premiers mois de subsistance. D'autres obstacles ne tardent pas à se présenter. Il ne peut cultiver ni la canne à sucre, qui, pour sa transformation, exige des appareils coûteux, ni café, ni coton, à cause de la concurrence que l'esclavage fait à la main-d'œuvre. Il ne produira donc avec avantage que du bétail, des fruits ou du jardinage; mais à qui vendre dans un pays sans routes, si l'on n'est pas aux abords d'une grande ville? C'est une difficulté dont j'ai pu me convaincre par l'exemple des colonies de Nova-Friburgo et de Petropolis, qui avaient donné dans les commencements de si belles espérances. Le nombre et la prospérité des émigrants n'ont pas cessé de s'accroître tant qu'on leur faisait construire des routes ou qu'ils recevaient des avances; mais dès qu'ils n'ont eu d'autres ressources que les produits aléatoires de l'agriculture, la plupart ont été forcés d'émigrer. Les saintes affections de la famille ont elles-mêmes leurs conséquences amères. Il est rare qu'un paysan émigre seul. Outre sa femme, il emmène souvent avec lui toute une cargaison de tantes, de sœurs, d'enfants en bas âge, de parents infirmes, bouches inutiles pour la plupart, qui lui causeront un jour les plus graves embarras dans un pays où les choses les plus nécessaires à l'existence atteignent des prix excessifs. La première année est surtout terrible. Le chef de famille a vendu tout son avoir afin de subvenir aux frais de l'émigration ; il se trouve donc sans ressource dès le jour de son arrivée, et s'il se fait colon, il se voit forcé d'affronter avec tous les siens plusieurs mois de misère et de dénûment avant que la récolte vienne remplir son grenier.

Nous avons vu que les fondateurs de toute colonie avaient dû ajouter aux frais de traversée, de loyer, d'instruments aratoires, quelques provisions pour la subsistance des premiers mois. Cela, on le pense bien, constitue une somme assez ronde. Voilà donc l'infortuné colon grevé pour longtemps avant de pouvoir s'acquitter. Cependant les intérêts courent et s'ajoutent chaque année au capital. Vienne maintenant une mauvaise récolte, une maladie, un surcroît de famille, et le malheureux émigré, désespérant de jamais arriver à sa libération, n'a d'autre perspective que celle de mourir à la peine, ou de déserter son poste pour se faire terrassier sur une route, ouvrier dans une ville. Tel a été jusqu'ici le sort de la plupart des colons. N'oublions pas d'autres obstacles qui tiennent à la condition de l'émigrant lui-même. Tout établissement agricole suppose des hommes formés au travail des champs, capables de supporter les fatigues du défrichement. Or, afin d'activer le zèle des agents de colonisation, les compagnies promettaient d'ordinaire des primes de 10, 20 ou 30 *milreis*[1] par tête d'émigrant. Dès lors, le colon devenu un objet d'exportation, il ne s'agissait que d'en expédier le plus possible. On devine sans peine que les chefs du recrutement devaient se montrer peu difficiles quant au choix. Les suites les plus fâcheuses ne tardèrent pas à montrer qu'on faisait fausse route. Au lieu de robustes paysans façonnés au maniement du sol, on voyait arriver de pâles prolétaires ramassés pour la plupart dans la boue des grandes villes. Bientôt les récriminations les plus vives éclataient des deux côtés. Les émigrants ne trouvant, au lieu de l'eldorado de leurs rêves que privations, fatigues et maladies, accusaient hautement les Brésiliens de leurs mécomptes. Ceux-ci leur reprochaient avec non moins de raison de s'être engagés pour une œuvre à laquelle leurs habitudes les rendaient impropres. L'hôpital ou la désertion se présentait fatalement comme la seule issue possible pour sortir de cette impasse. Un des plus riches propriétaires de la province de Rio-Janeiro, le baron d'Ubá, voulant, lui aussi, faire un essai de colonisation dans ses immenses propriétés du Parahyba, avait fait venir une escouade de ces émigrants que les capitaines de navire prennent en Europe ou dans les archipels des Açores et du Cap-Vert, sans s'inquiéter autrement de leur provenance, et livrent aux Brésiliens, à raison de 100 *milreis* par tête,

---

[1] Le *milreis* vaut aujourd'hui environ 2 fr. 50 centimes.

prix du passage. Nommer le baron d'Ubá, c'est assez dire que ces colons se trouvaient dans des conditions exceptionnelles. Tout leur était fourni gratuitement, et leur travail était rémunéré dès le premier jour. D'ailleurs pas de défrichements malsains, puisqu'il ne s'agissait que de récolter du café déjà planté. Le pays, qui s'étendait sur un des contre-forts de la *Serra-dos-Orgaos* (Chaîne-des-Orgues), était des plus sains. Jamais établissement n'avait commencé sous de meilleurs auspices. Cependant, au bout de quelque temps, le *fazendeiro* voit arriver un de ses colons tenant un billet de 100 *milreis* à la main.

— *Senhor*, je viens vous demander la permission de rompre mon engagement. Je suis décidé à retourner chez moi. Voici, du reste, les 100 *milreis* que vous avez déboursés pour payer mon passage.

— Que s'est-il donc passé? demanda le *fazendeiro* étonné. Mes *feitors* vous auraient-ils fait quelque chose, ou bien auriez-vous à vous plaindre de la nourriture?

— Je n'ai à me plaindre de personne, reprit le colon. Quant à la nourriture, je dois avouer à sa seigneurie que ni moi, ni mes camarades n'avons jamais été si bien traités. Vous nous donnez de la viande deux fois par jour, et la plupart d'entre nous ne la connaissaient pour ainsi dire que de nom. Mais j'avais trop compté sur mes forces et sur ma bonne volonté. J'étais tailleur avant de venir au Brésil, et je vois aujourd'hui qu'il y a de la différence entre un homme qui manie une aiguille à l'ombre, et celui qui tient la bêche en plein soleil. Voyez mes mains, elles sont ensanglantées ainsi que mes pieds par les moustiques, les *bichos* et les *carrapatos*.

— Mon ami, je n'ai rien à vous dire du moment qu'il en est ainsi. Partez, mais reprenez vos 100 *milreis*, votre bon vouloir me suffit.

Le lendemain, le *fazendeiro* vit arriver un autre colon qui lui fit à peu près les mêmes doléances que celui de la veille. Seulement, au lieu d'un tailleur, il s'agissait cette fois d'un coiffeur. Cette seconde visite commença à le faire réfléchir, et comme le plaignant ne lui parlait pas des 100 *milreis*, il jugea à propos de les lui rappeler.

— C'est juste, répondit le colon, je les avais oubliés. Je les rapporterai demain à sa seigneurie.

Le lendemain il se présente en effet avec deux billets de 50 *milreis*.

— Mais il y en a un de faux, dit le *fazendeiro* à première vue.

— Sa seigneurie m'excusera si je me suis trompé. Je ne sais pas lire, et je suis depuis trop peu de temps au Brésil pour savoir reconnaître les véritables billets; mais il n'y a rien de perdu, celui que j'apporterai demain sera bon.

Plusieurs jours se passèrent sans que le *fazendeiro* revît le coiffeur. Un *feitor* envoyé à la découverte vint lui annoncer que tous les colons avaient successivement pris la fuite, et que l'établissement dont il avait cru assurer la prospérité était vide. Un résultat si inattendu démontre de la manière la plus irréfutable que tout établissement brésilien est condamné à dépérir si l'on n'a pas eu soin de recruter les travailleurs parmi les fortes races des campagnes.

Ces déceptions tant de fois répétées, le dépérissement des esclaves depuis l'abolition de la traite, les souffrances des petits propriétaires, l'inquiétude des grands, et les incertitudes de l'avenir, éveillèrent l'attention du gouvernement brésilien, et, sur l'initiative de quelques hommes d'intelligence, les chambres votèrent, dans la session de 1856, un crédit de 6,000 *contos* de reis (15 millions de francs) destinés à fournir des avances à tous les besoins d'une colonisation rapide et nombreuse. Presque en même temps se forma l'association centrale de *colonisação* au capital de 500 *contos* de reis (1,250,000 francs), 1,000 *contos* de reis lui furent prêtés sans intérêt par l'État sur les fonds votés. Cet argent ne devait être remboursable que par annuités, et au bout de dix ans. En outre, l'état payait 50 *milreis* de prime pour tout colon adulte, et 30 pour les mineurs. De son côté, la compagnie s'engageait à fournir au Brésil cinquante mille colons en cinq ans. Ces deux dernières conditions, prime d'un côté, hâte de l'autre, devaient tout compromettre. Pour aller plus vite en besogne, la compagnie chargea une maison de Paris, dont le nom n'a eu que trop de retentissement au Brésil, de fournir ce contingent. 50 *milreis* représentent une somme de 125 francs promis par tête d'émigrant, et l'agence parisienne se mit aussitôt à lancer des prospectus et à « faire le colon, » prenant de toute main, sans s'inquiéter des capacités colonisatrices de ceux qui se présentaient, si bien que, devançant les Brésiliens, elle fit arriver à Rio-Janeiro quatorze cents colons avant que la compagnie eût préparé les moyens d'installation. Les récriminations les plus vives et les plus méritées s'élevèrent aussitôt contre une telle imprévoyance. Cependant il fallait pourvoir aux besoins de cette multitude furieuse et affamée. Le gouvernement brésilien, qui, il faut le dire à sa louange, n'a jamais fait défaut dans de telles circonstances, comprit qu'il était de son devoir de réparer autant qu'il était en lui ce malentendu. Des ordres furent aussitôt donnés pour subvenir aux dépenses des colons qui attendaient dans la rade. En même temps on s'enquit des besoins des diverses colonies déjà existantes, et on partagea les émigrants entre ces divers centres. Le transport fut gratuit ; on leur accorda en outre six mois de vivres, la vente des terres au plus bas prix et un délai de cinq années jusqu'au premier remboursement. Quant à l'association centrale, elle est morte, malgré tous les encouragements de l'Etat, avant d'avoir été définitivement constituée. Nous avons dit que son capital devait être de 500 *contos de reis*. C'est à peine si le dixième a été versé ; preuve irrécusable que les idées de *colonisação*, bien que dans toutes les bouches, ne sont réellement comprises que par un petit nombre d'hommes, et que la masse de la nation brésilienne est foncièrement esclavagiste.

Cet essai d'association centrale n'a pas d'ailleurs été sans résultat : il a imprimé un nouvel élan à l'esprit de colonisation, et montré aux compagnies à quelles conditions un établissement de bras libres est possible au Brésil. Ainsi, tout le monde s'accorde aujourd'hui à reconnaître qu'il faut renoncer à la *parceria* (fermage), regardée d'abord par les grands propriétaires, comme la méthode la plus simple et la plus avantageuse. Aucune des colonies fondées d'après ce système, n'a donné des résultats en rapport avec les sacrifices des entrepreneurs, et le bon-vouloir des émigrants. Le travailleur abandonne, tôt ou tard, le sol qui ne lui appartient pas pour courir à des occupations plus productives. On sait que la passion dominante du paysan est la possession du champ qu'il cultive. De tous les pays d'outre-mer, le Brésil est celui qui peut le plus facilement réaliser ce rêve. Les terres sont si vastes et rendent si peu, faute de bras ou de débouchés, que si l'on excepte les alentours des villes, elles n'ont pour ainsi dire nulle valeur. Dans beaucoup d'endroits, celui qui achète une plantation ne se préoccupe que du nombre de nègres qu'elle renferme; il paie tant par tête d'esclave, et reçoit la *fazenda* pour rien. Aussi est-il stipulé dans le réglement sur la colonisation donné en 1858 par le marquis d'Olinda, que chaque émigrant pourra acheter son terrain à raison de un *real* environ la brasse carrée, ce qui revient à moins de cinq francs l'hectare. Chaque colon doit en outre trouver à son arrivée une habitation, un carré de cent brasses de côté déjà défriché, les semences de la première année, et quelques animaux de basse-cour. Ces avantages révélés comme indispensables par la pratique de la colonisation, épargnent à l'Européen les difficultés les plus pénibles, et stimulent son courage en faisant luire à ses yeux l'espoir d'un bénéfice dès les premières récoltes. Mais les sacrifices des Brésiliens ne doivent pas s'arrêter là.

L'Amérique du nord étant beaucoup plus rapprochée des côtes d'Europe que l'Amérique du sud, il en résulte que les races septentrionales prendront toujours la route des Etats-Unis, où les appelle la tradition, et où ils retrouvent également des terres à bas prix, une habitation, et une propriété défrichée et plantée. Il faut donc, si l'on désire voir dévier le courant d'émigration vers les ports du sud, que le Brésil attire en quelque sorte les colons par des avantages qu'il ne rencontre pas aux Etats-Unis. L'offre la plus séduisante est de promettre qu'on paiera toutes les dépenses de la traversée. On n'ignore pas que l'homme qui vient demander l'hospitalité sur une terre étrangère, n'est d'ordinaire qu'un malheureux chassé par la faim, qui ne peut même en vendant ses hardes réaliser le prix du passage. Qu'on ajoute encore l'entretien des premiers mois pour qu'il puisse attendre patiemment sa récolte. Qu'on veille d'un autre côté à ce que l'émigrant soit un homme des champs, non un ouvrier des grandes villes. Le contrôle ne deviendra sérieux qu'autant qu'on abolira le système des primes. Après s'être préoccupé du travailleur, qu'on avise aussi aux moyens de faire écouler ses produits, c'est-à-dire aux voies de communication, et que toute colonie soit reliée à un port par une rivière navigable ou une véritable route, et non par une simple *picada*. C'est dans la construction des routes que les premiers établissements ont épuisé la majeure partie des forces de leurs colons, et des resources des compagnies.

Un dernier point qu'il importe d'établir malgré les

réclamations qui peuvent s'élever de l'autre côté de l'Atlantique, c'est que les territoires exploités par la colonisation brésilienne n'atteindront jamais la prospérité des prairies du *Far-West*, tant que le travail servile fera concurrence au travail libre. Dans l'industrie, le nègre ne saurait lutter d'adresse et d'intelligence avec l'ouvrier de nos villes; mais dans les occupations des champs l'Africain reprend ses avantages. Sa concurrence est alors d'autant plus redoutable, que son travail n'étant pas rétribué, amène dans le prix des denrées une baisse ruineuse pour le colon. Aussi beaucoup de personnes considèrent-elles la rareté des esclaves dans les provinces du sud, comme une des principales causes de la prospérité des établissemens Européens fondés dans ces contrées.

Nous n'avons rien dit jusqu'à présent de la part que le sol et le climat revendiquent dans l'œuvre de la colonisation, et cependant c'est pour n'avoir pas tenu compte de cette donnée du problème, que les annales brésiliennes ont eu à enregistrer les lugubres souvenirs dont la colonie de Mucury, dans la province de Minas-Geraes, offre en quelque sorte le résumé. Les premiers défrichements ont souvent des résultats funestes sous le ciel des tropiques. Cette terre vierge recèle, surtout dans les vallées, de puissantes couches de terreau végétal qu'une nature chaude et humide amoncèle depuis des milliers d'années. Cet humus, quintessence de la plante, retourne à la sève et produit ces troncs géants qui défient les siècles et la hache, et dont le feu seul peut avoir raison. Dès qu'ils ont été consumés, les effluves, n'étant plus soutirés par les racines ou le feuillage des branches, se répandent à la surface, s'ajoutent aux émanations des eaux croupissantes qu'on rencontre à chaque pas dans la forêt, et chargent l'air de miasmes qui sont souvent poison pour l'homme. Il faut des années entières avant que les vents et le soleil aient retiré au sol tous ses principes malfaisants. La première précaution à prendre en pareil cas est de creuser des rigoles qui fassent écouler l'eau. Les travailleurs doivent surtout regagner les hauteurs avant la nuit, car les vapeurs, se refroidissant très vite, ne peuvent plus se soutenir dans les hautes régions de l'atmosphère ; elles retombent alors et produisent leurs plus pernicieux effets. Les *tropeiros* (muletiers) savent cela d'instinct, car ils ont soin, quand ils arrivent dans un pays bas et insalubre, d'en repartir avant le déclin du jour. Cette mesure, indispensable pour se préserver de la fièvre, devient malheureusement insuffisante quand il s'agit de se garantir de ces myriades d'insectes dont les contrées tropicales sont si prodigues. Intolérables par leurs attaques incessantes dans les régions chaudes, ils deviennent moins importuns à mesure qu'on s'élève vers les hautes régions, mais ne disparaissent jamais complétement. Ils sont d'autant plus redoutables pour les nouveaux débarqués, que ceux-ci, bien que prévenus, ne croient pas devoir tenir compte d'animalcules dont la ténuité les dérobe presque au regard. Que de fois de malheureux colons se sont vu obligés de renoncer aux plantations, traînant leurs membres endoloris et défigurés par les morsures ou le parasitisme de ces infatigables ennemis. Les pieds sont naturellement la partie du corps la plus exposée à leurs ravages. Hâtons-nous d'ajouter que ces souffrances s'amoindrissent à mesure que l'épiderme se durcissant sous l'action du climat, donne moins de prise aux aiguillons de l'insecte, et que des soins journaliers préviennent tout accident. Il faut citer encore comme un danger dont ne se préoccupent pas assez les Européens, le travail dans l'eau ou dans les terrains vaseux. Tout se désorganise sous ce ciel avec une rapidité qui semble parfois tenir du prodige. A voir les formes étranges qui recouvrent chaque tronc de palmier, on dirait que l'écorce obéit moins aux sollicitations de la sève, qu'à celles du soleil. Les mousses y affectent des couleurs et des allures à désespérer les classificateurs. Toute une création végétale, tout un monde d'animalcules invisibles trouve là domicile et pâture. Un botaniste pourrait y faire un herbier, un entomologiste, d'incroyables collections d'insectes. Chaque arbre est un muséum.

Les mêmes phénomènes se reproduisent, quoique sur une moindre échelle, chez les animaux qui vivent dans les mêmes circonstances que la plante, c'est-à-dire dans un milieu chaud et humide. L'épiderme cède à l'action des agents extérieurs plutôt qu'aux influences vitales, et comme l'écorce se gonfle, se fendille, se couvre de moisissures, de vermine, de parasites, qui, agissant à leur tour comme causes désorganisatrices, provoquent ces formes anormales et quelquefois hideuses qu'on appelle hernies, dégénérescences, lèpre, éléphantiasis, etc. Voyez ce porc se vautrant dans cette mare en plein midi. La fange qui le recouvre possède une température supérieure à la sienne : il doit arriver ce qui a lieu quand on plonge une matière organique dans une chaudière fortement chauffée. L'enveloppe cutanée se gonfle, s'imbibe de liquide vermineux qui dépose dans les mailles du tissu tous les germes de putréfaction qu'il renferme : ces germes se développent rapidement dans un milieu si favorable et produiraient bientôt des métamorphoses aussi étranges que celles de la plante, si les intermittences nécessitées par le besoin de nourriture, la fraîcheur et le repos de la nuit ne venaient arracher à temps l'animal à ces fatales influences. Il ne peut toutefois éviter ces monstrueuses difformités qu'il traîne presque dès sa naissance, et qui m'ont fait demander maintes fois s'il était bien le descendant de ceux qu'apportèrent d'Europe les premiers colons.

Même spectacle chez le nègre à qui incombent tout les travaux malsains, chez l'ouvrier imprudent qui travaille dans les endroits humides. Deux actions contraires se disputent bientôt leur corps : l'une au dedans, n'ayant d'autre source, d'autre foyer que celui du cœur ; l'autre extérieure, alimentée par un soleil de feu, et faisant pénétrer par tous ses pores les principes malfaisants du milieu qui l'entoure. La lutte dure quelquefois des années, mais les forces sont trop inégales. La désorganisation doit l'emporter sur l'énergie vitale. La mort arrive d'ordinaire par les jambes, premier siége du mal, et d'autant plus accessibles aux influences du dehors, qu'elles sont plus éloignées des sources de la vie.

Une bonne hygiène préserve de ces affreux accidents : éviter l'humidité surtout aux parties inférieures, fuir les insolations imprudentes, entretenir, à l'aide de bains fréquents, la propreté la plus rigoureuse, enfin s'abstenir de tout excès, telles sont les règles que dicte l'expérience. Ajoutons toutefois que ces précautions ne sont réellement efficaces que lorsque le terrain que l'on doit cultiver a été convenablement choisi.

S'il importe pour l'écoulement des produits que le colon soit à proximité d'une rivière navigable, seule voie ouverte au commerce dans la plupart des contrées de l'Amérique du sud, on peut dire aussi que les emplacements salubres ne sont ni rares ni difficiles à trouver au Brésil. Le pays est sillonné en tous sens, principalement le long des côtes, par des chaînes de montagnes dont les contreforts occupent une surface immense. Depuis le plateau de Parexis qui s'élève à la hauteur de Bahia jusqu'à la province de Rio-Grande-do-Sul (grande rivière du Sud), la plus méridionale de l'empire, on rencontre toutes les altitudes. Beaucoup de sites, pendant six mois de l'année, rappellent les Alpes suisses par leur pittoresque et leur climat. Aussi, la plupart des céréales, des fruits et des légumes d'Europe peuvent-ils prospérer quand on sait choisir le terrain et qu'on a l'habitude des saisons On sert aujourd'hui d'excellent raisin dans les hôtelleries de Pétropolis et de Rio-Janeiro. Le blé peut être cultivé dans les parties hautes de la province des Mines. Voilà donc deux denrées inconnues aux classes pauvres qu'on pourrait se procurer avec peu d'efforts. Les riches *fazendeiros* sont obligés de faire venir à grands frais le vin du Portugal, la farine des États-Unis. Le populaire remplace le pain par le maïs ou le manioc, et ne connaît d'autre boisson spiritueuse que l'affreuse *cachaça*. L'agriculture n'est, du reste, qu'une des faces de l'exploitation de ce pays. Il y aurait peut-être de plus grands avantages pour ceux qui se fixeraient sur le bord de la mer ou d'une grande rivière, à tirer parti de ces bois incomparables pour la construction, les essences, les couleurs, et qui pourrissent sur place, faute de bras. Le colon qui reculerait devant les difficultés du défrichement, les fatigues du travail des champs, les chances de la récolte, trouvera toujours dans l'élève du bétail une rémunération certaine de ses soins. Là, nul danger, nul souci ; été comme hiver, les animaux paissent dans la campagne. La seule précaution à prendre est de construire un enclos avec des pieux, afin que les bêtes ne s'égarent pas. Dans les grandes propriétés, on dédaigne même cette mesure : les troupeaux errent dans les forêts livrés à eux-mêmes et se multiplient à l'état libre. C'est un gibier qu'on poursuit avec le *laço* quand on veut faire une provision de *carne seca* (viande sèche) ou de cuirs. D'autres fois, principalement dans les provinces du Sud, on distribue, à des époques fixes, une ration de sel à chaque tête de bétail, et ces animaux sont tellement habitués à cette prébende, qu'ils accourent et viennent se faire prendre au seul mot de *toma* (prends). Ce sont ces mêmes provinces du Sud qui, par leur climat presque européen, présentent aux émigrants le plus de chances de réussite. Si on consulte en effet la statistique des colonies brésiliennes [1] fondées depuis un demi-siècle, on aperçoit une progression décroissante dans le nombre et la prospérité des établissements, à mesure qu'on remonte vers le Nord. C'est dans la province de Rio-Grande-do-Sul, à l'extrémité méridionale de l'empire, que se trouve Saô-Leopoldo, la colonie la plus considérable et la plus riche du Brésil, comme l'attestent sa

---

[1] Voici la liste des 16 provinces du littoral avec le nombre des établissements Européens. Ces chiffres sont tirés pour la plupart de documents officiels remontant à 1862. Nous avons suivi l'ordre que les provinces occupent sur la carte, en allant du Nord au Sud, afin que le lecteur puisse juger d'un coup d'œil, de l'influence qu'exerce la latitude sur la prospérité de ces colonies.

Pará	1
Amazonas	0
Maranhão	6 réduites aujourd'hui à 2.
Céara	0
Rio-grande-do-Norte	0
Parahyba-do-Norte	0
Pernambuco	0
Alagôas	0
Sergipe	0
Bahia	2
Espirito-Santo	5
Rio-de-Janeiro	nombreuses
São-Paulo	id.
Paraná	3
Santa-Catharina	nombreuses
São-Pedro-de-Rio-grande-do-Sul	id.

Quelques-uns de ces chiffres devraient être probablement modifiés aujourd'hui. Ainsi certaines provinces, entr'autres Bahiá et Amazonas, ont voté des fonds pour l'établissement de nouveaux colons. Mais les conclusions restent évidemment les mêmes.

population de plus de 15,000 habitants, et son exportation qui, en 1859, atteignait déjà le chiffre de 800 *contos de reis* [1]. Une foule d'autres établissements, disséminés aux alentours, témoignent de la prospérité générale de l'émigration dans ce pays. Santa-Cruz, dont la fondation remonte à 1849, renferme déjà 3,000 colons. Cinq autres centres agricoles comptent chacun plus de 500 habitants et commencent à exporter, bien que quelques-uns ne datent que d'une dizaine d'années. A Santa-Catharina, la province voisine, les groupes d'émigrants sont également nombreux, et promettent des résultats pour l'avenir. Dona Francisca contient plus de 3,000 personnes, Alcantara plus de 2,000, Blumenau près de 1,000. Toutes ces colonies prospèreront dès que les voies de communication permettront aux produits de s'écouler au dehors. Plus au nord, à Saô-Paulo, les centres européens sont peut-être plus nombreux encore, mais moins prospères. Les forces se sont trop éparpillées, et le système de fermage (*parceria*) adopté par la plupart de ces établissements, n'a jamais donné les résultats qu'on voit dans les pays où les colons sont propriétaires du sol. A Rio-Janeiro, nous sommes déjà sous le tropique. Cependant, le voisinage de la capitale et l'air salubre des montagnes qui longent la côte, déterminent souvent les étrangers à répondre aux avances des grands propriétaires, et on y rencontre encore un assez bon nombre de bras libres. Plus loin, la scène change. Espirito-

[1] Le *conto de reis* vaut aujourd'hui environ 2,500 francs.

Santo, la province limitrophe, ne renferme que cinq colonies : ce sont, à vrai dire, les dernières. Bahia ne saurait faire entrer en ligne de compte ses deux chétives entreprises. Des efforts plus sérieux ont été tentés à Maranhão; mais de six établissements qu'on avait créés, deux seulement subsistent encore et végètent plus qu'ils ne prospèrent. Le Pará, la province la plus vaste et la plus fertile de l'empire, ne possède qu'une colonie, Nossa-Senhora-do-O', dont le nom rappelle les souvenirs les plus lugubres de la colonisation brésilienne. Quant aux provinces de l'intérieur, Piauhy, Goyaz, Matto-Grosso (grande forêt), Minas-Geraes (mines générales), on n'y rencontre guère que des colonies militaires. Leur position reculée et la difficulté des transports n'ont pas permis jusqu'ici de les faire participer aux avantages de l'émigration. La dernière, la plus importante par ses gisements auro-diamantifères et sa proximité du littoral, a eu cependant deux essais : le premier est celui de Mucury, dont les commencements ont été si pénibles et si sombres; le second, celui de D. Pedro II, fondé dans de meilleures conditions, promet de prospérer. Au résumé, dix provinces seulement sur vingt ont reçu des colons, et il n'y a guère que les plus méridionales qui aient réussi d'une manière satisfaisante. Celles du Nord ne sauraient convenir à l'acclimatation de l'Européen; l'expérience est décisive à cet égard; d'un autre côté, on ne peut pas compter davantage sur l'Indien. Cette race indolente retourne à ses forêts dès qu'on parle de l'assujettir au travail Une foule d'essais ont été tentés à diverses reprises, soit par les missionnaires, soit par le gouvernement ; nous n'en connaissons pas un seul qui ait, je ne dis pas prospéré, mais laissé entrevoir quelque espérance pour l'avenir. Dans le Maranhão, par exemple, trois colonies indigènes avaient été fondées, il y a quelques années, par des religieux : la seule qui subsiste encore, São-Pedro, ne comptait plus que quatre-vingts personnes en 1862, et ne pouvait vivre qu'à condition de recevoir du manioc [1] de la province. Un fait qui semble prouver que la décadence des établissements indiens tient moins au climat qu'à la race, c'est que dans la province de Rio-Grande-do-Sul, où prospère d'une manière si remarquable le travail européen, les villages qu'on a voulu peupler avec des tribus sauvages, ont donné des résultats aussi négatifs que sous l'équateur. Est-ce à dire pour cela que l'on doive abandonner les contrées les plus riches du Brésil aux forces aveugles et brutales de la nature? Nous ne le pensons pas. Mais il faut s'adresser à des races d'hommes plus énergiques que l'Indien, moins accessibles que l'ouvrier d'Europe aux rigueurs de la nature tropicale. De tous les peuples portés à émigrer, le Chinois est celui qui semble se faire le mieux aux

---

[1] Le manioc *mandioca* est une grosse racine chargée de fécule. Cette fécule vénéneuse quand elle est crue, perd ses propriétés malfaisantes par le lavage et la torréfaction, et réduite en poudre devient la base de l'alimentation des habitants. La partie la plus fine et la plus délicate est expédiée en Europe sous le nom de tapioca.

exigences d'un tel climat. Sobre, actif, rude au travail
et aux intempéries des saisons, il possède au plus haut
point les qualités du colon. Les villes et les campagnes
du Céleste-Empire, qui regorgent de populations misé-
rables, pourraient fournir un courant continu d'émigra-
tions. Mais la longueur des distances sera toujours un
obstacle. On compte 160 degrés de longitude de Canton
aux bouches de l'Amazone, ce qui donne, en tenant
compte des détours nécessités par la pointe méridionale de l'Afrique, une traversée de plus de 4,000 lieues
marines. D'un autre côté, des difficultés non moins
sérieuses naissent au contact de races si profondément
opposées de mœurs, de langues, de croyances et d'habitudes. Aussi, nul des essais tentés jusqu'ici au Brésil,
n'a donné les résultats qu'on était en droit d'attendre
de travailleurs aussi sobres, aussi infatigables. Une
soixantaine d'entre eux furent introduits en 1855 à
Rio-Novo, dans la province d'Espirito-Santo, au milieu
d'un groupe de cinq cents personnes d'origine européenne. Loin de chercher à se fondre dans la population
en renonçant à leurs habitudes asiatiques, ils prenaient
plaisir à s'isoler, et inspirèrent bientôt une sorte d'aversion peu profitable aux progrès de la colonie. Les
résultats n'ont pas été meilleurs quand ces gens-là
étaient livrés à eux-mêmes. La compagnie des mines
du Maranhão (*Mineração-Maranhense*) en avait placé
quarante dans cette province, à Maracassuumé, pour
l'exploitation des terrains aurifères. On sait que le
Chinois excelle dans ce genre de travail, sa patience
rendant productifs des sables déjà lavés par les gens

du pays. Cependant, l'établissement, loin de prospérer, fut bientôt en décadence, et la compagnie se vit forcée de licencier ses travailleurs. A l'heure qu'il est, ils sont disposés dans les villes des environs, se livrant à diverses industries. Ils savent d'ailleurs trouver dans les circonstances difficiles des moyens héroïques de se tirer d'affaire. Un riche *fazendeiro* de la province de Rio-Janeiro, me racontait qu'ayant pris à son service dix émigrants du Céleste-Empire, il fut fort étonné un jour de n'en trouver que trois au travail.

— Où sont vos camarades? demanda-t-il aux trois restants.

— *Nao sé, senhor* (je ne sais pas, monsieur), répondirent-ils d'une voix unanime.

— Donnez-moi cinquante coups de *chicote* (fouet) à ces coquins-là, pour leur délier la langue, reprit le *fazendeiro*, se tournant vers un *feitor*.

— Pardon, *senhor*, ajoutèrent aussitôt les trois muets, ne nous frappez pas, nous allons vous les montrer.

Et indiquant du doigt les arbres qui se trouvaient à la lisière du bois, ils grimacèrent une pantomime qui voulait dire : Ils sont là !

Les sept fugitifs étaient là en effet, pendus chacun à un arbre. Déçus dans leur attente de fortune rapide, trop éloignés pour retourner dans leur pays, et voulant se venger de leur maître, ils n'avaient trouvé d'autre expédient que celui de se pendre. Les trois autres avaient manqué de courage au moment de l'exécution.

Si l'on considère maintenant le nombre des travailleurs

envoyés par la France dans les colonies du Brésil, on est loin de trouver un chiffre en rapport avec cette population industrielle sortie du Hâvre, de Marseille ou de Bordeaux, et que l'on rencontre à chaque pas dans les rues de Rio-Janeiro. On peut dire cependant que de tous les émigrants nos compatriotes sont, après les Portugais et les paysans de la Galice, ceux qui paraissent les plus sympathiques aux Brésiliens. La pureté des idiomes, l'identité des opinions religieuses, la facilité avec laquelle nous nous faisons aux habitudes des pays étrangers, l'influence prépondérante que notre littérature, nos arts, nos modes, exercent depuis un demi-siècle sur la civilisation du jeune empire, tout nous ferait préférer aux Allemands, isolés en quelque sorte dans leur impassibilité germanique, leur langue saxonne et leurs croyances luthériennes [1]. Malgré ces désavantages,

---

[1] Désireux de montrer que ce n'est nullement par amour propre national que nous parlons ainsi, nous empruntons les lignes suivantes à un Brésilien bien connu par ses publications, M. *Pereira da Silva*.

« Le caractère Brésilien ressemble plus au caractère Français qu'à celui d'aucun autre peuple. C'est la France qui en envoyant ses livres, ses *revues*, et ses journaux, importe et développe l'amour des lettres, des arts et des sciences. La langue française fait partie de l'éducation du peuple. Dans les écoles, dans les lycées, dans les facultés d'instruction supérieure, dans les études spéciales, dans les beaux-arts et au théâtre on subit l'influence intellectuelle de la France. Lorsque l'amiral Coligny, en encourageant Villegagnon, donnait à son établissement de Rio-Janeiro le nom de *France Antarctique*, il ne se doutait pas qu'un jour il y aurait une France antarctique mais indépendante, qui dans l'Amérique méridionale, ferait honneur à la race latine, et jouerait peut-être dans cette partie du nouveau-monde, le rôle important que la nation française s'est assuré en Europe par son génie, sa civilisation et son influence. » (*Le Brésil sous D. Pedro II.*)

ce sont les colons d'outre-Rhin qui, jusqu'à ce jour, ont formé l'élément principal de la colonisation brésilienne. Cependant ici encore notre pays a donné l'impulsion, car les premiers convois d'émigrants, débris de l'armée de la Loire, datent de 1815. J'ai rencontré un de ces vétérans connus dans la *Serra-do-Mar* sous le nom de père Michaël. Il racontait avec un certain air de fierté qu'un bâtiment à allures suspectes, faisant mine de s'approcher du navire qui les transportait au Brésil, s'éloigna dès qu'il vit paraître sur le pont dix-sept passagers en simple bonnet de police. C'étaient autant d'officiers de la grande armée qui allaient chercher par-delà l'Océan un aliment à leur activité. On conçoit que de tels hommes étaient peu faits pour devenir de paisibles colons. Je ne sache pas qu'un seul d'entre eux ait prospéré. La plupart de nos compatriotes trouvent plus avantageux et plus conforme à leur goût de s'employer dans les villes comme jardiniers et fleuristes, ou comme terrassiers le long des routes que l'on construit. J'en ai compté un assez bon nombre sur la ligne du chemin de fer qui doit conduire dans la province des Mines, encore était-ce, pour la plupart, des ouvriers des villes plutôt que des habitants de la campagne. Le paysan français quitte difficilement son hameau. Ce fait, qu'on ne saurait révoquer en doute, et qui s'est affirmé maintes fois au sujet de notre colonisation algérienne, a jeté une certaine défaveur auprès des étrangers sur les aptitudes des gens de nos campagnes. Quelques personnes ne seraient pas éloignées de voir comme une infériorité de race dans ce qui n'est que le résultat de circonstances locales. Les exemples ne manqueraient pas cependant, s'il était nécessaire de prouver que le paysan français possède au même degré que le Suisse et l'Allemand, les qualités de l'émigrant. Sans parler des montagnards de la Savoie et de l'Alsace, qui forment des groupes assez compactes dans maints établissements de l'Amérique du Sud, nous citerons les Basques, réputés comme les colons par excellence de la Bande Orientale et de la république Argentine. Leur nombre s'est tellement accru aujourd'hui, qu'ils forment en certains endroits presque une population. Cette prospérité tient à la réussite de leurs premiers essais. L'abolition de l'esclavage décrétée dès la proclamation de l'indépendance, et le climat tempéré du pays, leur permirent d'éviter les tâtonnements qu'ont eu à subir les colonies brésiliennes. Ces établissements donnant des résultats, devinrent autant de centres d'attraction pour ces peuplades Pyrénéennes. Un noyau prospère, telle est la première condition à remplir, si l'on veut déterminer un courant d'émigration. Cette colonie française, point de départ de toutes les autres, n'a pu se réaliser encore au Brésil, ou du moins se dessiner d'une manière assez nette, pour attirer nos compatriotes. De là, leur peu d'empressement à courir les chances de l'expatriation. Mais ce n'est pas là la seule cause. Cette indifférence a sa source première dans les avantages de notre sol, et surtout dans le défaut d'instruction de nos populations rurales. Un homme n'abandonne son pays que pour échapper au besoin ou dans la pensée d'augmenter son bien-être. Aucune de ces deux conditions ne se réalise chez nous d'une manière assez tranchée pour stimuler le pauvre. Quelque dénué que soit un paysan, il trouvera toujours assez de ressources dans la charité privée, la douceur du climat et la modicité de ses besoins pour n'avoir pas à redouter les tortures de la faim. Il ne connaît pas ces disettes périodiques qui forcent des populations entières à fuir un pays où elles ne trouvent plus leur subsistance. Si dans certaines contrées montueuses, l'hiver est trop rigoureux, les jeunes gens émigrent dans les fermes de la plaine ou vers les villes des environs. Mais la famille ne quitte pas le foyer, acceptant les privations comme une des conditions de l'existence. Comment songer à faire franchir les mers à des gens qui ne connaissent d'autre horizon que celui de leurs montagnes! La transplantation volontaire d'un individu en pays étranger, suppose au préalable, une certaine émancipation intellectuelle, c'est-à-dire, une dose quelconque d'instruction. Il convient en effet, que l'émigrant se mette au courant des distances à parcourir, du climat qu'il doit habiter, des mœurs, des habitudes des nations qui l'appellent, du genre de travail et de culture exigé par le sol ou les besoins des populations, de toutes les questions, en un mot, qui se rattachent au problème si ardu de la colonisation. Si nous voyons l'Irlande et l'Allemagne envoyer leurs habitants par centaines de mille vers les lointaines prairies de l'ouest, c'est que les brochures, les journaux, les livres, les correspondances particulières répandus chaque jour dans ces pays, instruisent de tout ce qui se passe de l'autre côté de l'Océan, et racontent de quelle manière des gens qu'on a vu partir dans le dénuement le plus complet, sont arrivés à l'aisance, quelquefois même à la fortune. C'est l'instruction élémentaire considérée chez tous les peuples d'origine saxonne comme une impérieuse nécessité sociale qui accomplit ces merveilles. On sait combien nos campagnes sont en arrière sous ce rapport, et il ne faut pas chercher ailleurs le secret de l'apathie du paysan français. Les connaissances premières lui manquant, il n'a pu assez acquérir le sentiment de la dignité humaine pour rêver une condition supérieure à la sienne ou du moins une existence moins précaire. Comme la plante, il vit d'une vie végétative et meurt dans le milieu que lui ont transmis les générations précédentes, derniers vestiges elles-mêmes du serf gaulois. Entrez dans son logis, vous sentirez comme la lourde atmosphère du moyen âge qui rive encore ce malheureux à son ergastule. Quelle différence avec l'intérieur de la chaumière germanique! L'homme d'outre-Rhin a eu lui aussi à subir maintes épreuves dans les siècles passés; les entraves féodales l'étreignent encore en partie, la nature est plus rebelle que chez nous. C'est là peut-être qu'est le secret de sa force. Le ciel du nord lui refusant la vie du dehors, il se crée une vie intérieure; tout dans sa chaumière indique qu'il comprend les douceurs du *home*. La Bible, meuble patriarcal du foyer, le force à franchir un degré de plus de l'échelle sociale et le familiarise avec la lecture. Bientôt il rêve des destinées meilleures. Que le sol se montre trop ingrat ou la vie trop difficile, il prend son parti et ne craint pas d'aller demander, avec sa famille, les conditions normales de l'existence aux terres vierges du Nouveau-Monde.

Tels sont les principaux faits qui ressortent de l'étude de la colonisation Brésilienne. On peut en conclure que l'avenir réserve la plus grande part aux émigrants d'outre-Rhin, mais que jusqu'ici la France a le droit de revendiquer le premier rôle. Si en effet, le Brésil va recruter de préférence ses colonies agricoles chez les nations germaniques, c'est à Paris qu'il vient demander ses livres, ses savants, ses artistes. C'est par l'Institut français que le Prince-Régent inaugura son appel à l'émigration Européenne, lorsque pressentant les destinées du nouvel empire, il voulut s'émanciper de la tutelle portugaise. Comme intermédiaire entre les hommes de science et les travailleurs des champs, sont ensuite venues les petites industries des villes qui promettent une vie plus aisée ou un gain plus rapide que dans les occupations de la campagne. Le défrichement des terres n'a pas encore atteint les proportions qu'on était en droit d'attendre de ces magnifiques contrées, parce qu'on ignorait les conditions qu'exige la solution d'un tel problème. Un demi-siècle de tâtonnements entrepris sur tous les points, dans les circonstances les plus diverses, ont peu à peu mis au jour ces coefficients inconnus. On sait aujourd'hui les régions que doit choisir l'Européen, l'hygiène qu'il doit observer, les difficultés qu'il doit vaincre, et les Brésiliens ont appris de leur côté quelle sorte d'avances ils doivent faire à l'émigrant. L'abolition de l'esclavage ne saurait tarder du jour où la grande république américaine du nord l'aura rayé de ses institutions, et le colon, n'ayant plus alors à redouter la concurrence du travail servile, verra disparaître le seul obstacle qui s'oppose à la prospérité de ses entreprises. Vienne enfin dans nos mœurs une réforme qui, propageant l'instruction, éveille l'idée du bien-être, et le paysan souffreteux, auquel la terre manquera dans la vieille Europe, n'hésitera plus à profiter des perspectives de fortune ou tout au moins de comfort qui lui sont offertes dans les forêts vierges du Nouveau-Monde, surtout dans cet immense bassin de la Plata qui forme à lui seul presque un tiers de la Péninsule, et où il retrouvera sous les latitudes du continent toutes les énergies de la sève des tropiques. La population Basque fixée dans ce pays, et qu'on évalue à plus de 50,000 colons, montre assez que nos compatriotes possèdent aussi-bien que les nations du Nord ces aptitudes fortes et tenaces qui caractérisent le véritable colon. Abolition de l'esclavage par-delà l'Atlantique, extinction de l'ignorance de ce côté de l'Océan, tels sont les termes qui doivent assurer aux Brésiliens une colonisation rapide et prospère ; aux paysans de nos campagnes un avenir en rapport avec l'influence que nos hommes de guerre, nos arts et notre littérature ont exercée à diverses époques sur les destinées du Brésil.

CONCLUSION.

Les pages qui précèdent ne peuvent donner qu'une idée bien imparfaite du vaste empire du Brésil. Un travail complet serait trop au-dessus de nos forces pour que nous ayons songé à l'essayer. Nous avons voulu faire une esquisse et non un tableau. Avant de terminer, cherchons à dégager, comme conclusion, les traits principaux de notre étude. Ces traits se rapportent au paysage, aux races, aux institutions, et à l'avenir politique du pays.

Nous avons vu que l'Indien et le nègre, condamnés à disparaître dans un avenir peu éloigné, ne devaient pas compter comme éléments sérieux dans l'organisation des forces économiques du Brésil. Rien non plus à attendre du coolie chinois trop éloigné de l'Atlantique, ou trop peu sociable pour s'identifier avec les habitants. La prospérité de l'empire ne peut être assurée que par l'émigration européenne à laquelle il faut ouvrir des débouchés de plus en plus nombreux, et par la population de sang mêlé. L'homme de couleur et le *mameluco* renferment en eux toutes les énergies des races fortes et viriles. Endormis aujourd'hui dans leur fainéantise et leur ignorance séculaires, ils se réveilleront sans nul doute au contact européen. Mais il faut d'abord déraciner leurs préjugés, c'est-à-dire réhabiliter le travail. Or, ici l'exemple du colon ne suffit pas. Le premier remède à appliquer, c'est l'abolition radicale et complète de l'esclavage. Tant que cette institution n'aura pas disparu, le mendiant le plus abject, le plus foncé en couleur, interpellé sur sa fainéantise, vous répondra en se redressant : Moi, *blanc*[1] comme vous. Traduction littérale : J'appartiens à la classe des hommes libres ; ce serait donc enfreindre les priviléges de ma caste et m'assimiler à un nègre que de descendre au travail.

Nous nous sommes assez longuement étendu sur le paysage du Brésil et sur ses influences climatériques, tant dans notre étude de la forêt vierge, que dans le chapitre de la colonisation, pour que nous n'ayons pas à y revenir. Qu'il nous suffise donc de rappeler qu'au point de vue de l'acclimatation on peut diviser ce pays en deux immenses bassins : celui de l'Amazone et celui du Rio-de-la-Plata. Chacune de ces deux régions emprunte à sa position géographique une physionomie distincte qui laisse pressentir l'avenir qui lui est réservé. La première, formée par de vastes plaines que traverse l'Equateur, paraît être le domaine privilégié des Indiens.

---

[1] Dans la bouche du nègre, le mot *blanc* a perdu sa signification première et désigne un homme libre sans acception de couleur.

Les exhalaisons qui s'échappent sans relâche de cette nature en ébullition, toujours pernicieuses pour l'Européen, sont souvent mortelles, et aucun établissement, surtout agricole, n'a pu y prospérer jusqu'ici. En revanche, la région opposée, c'est-à-dire celle qui commence aux montagnes où prennent leurs sources le Parana, l'Uruguay, le Paraguay et les autres rivières qui viennent aboutir à l'estuaire du Rio-de-la-Plata, présente les avantages des zônes tempérées, tandis que la végétation conserve encore toute la vigueur des tropiques; le colon y retrouve ses latitudes, ses montagnes, ses saisons et jusqu'aux productions du continent. C'est la partie vitale du Brésil. Les provinces les plus riches, les plus populeuses, les plus énergiques de l'empire, Rio-Janeiro, Minas-Geraes, St-Paul, Rio-Grande-do-Sul, appartiennent à cet immense bassin. C'est là qu'on rencontre les colonies européennes les plus prospères. C'est vers ce point que doit se diriger le courant de l'émigration.

Les institutions politiques, calquées par le fondateur de l'indépendance brésilienne sur les meilleures constitutions du continent, sont en harmonie avec les besoins des sociétés modernes. La presse, jouissant de l'indépendance la plus complète, approche parfois de ce que dans notre langue officielle nous appelons la licence. Ces traits passent inaperçus, et, loin de se plaindre, le Brésilien veille avec le soin le plus jaloux à l'intégrité de ce qu'il considère comme le palladium de ses libertés. Il y a du hidalgo dans cet homme. Ses mœurs sont douces, hospitalières, et on trouverait difficilement en lui cette fierté hautaine que les citoyens des Etats-Unis affectent de montrer à l'égard des gens de couleur. Jamais on ne l'entendra répéter cette maxime si fréquente dans la bouche des Nord-Américains : *We are a republic of white men*. Rio-Janeiro et quelques autres villes de la côte, grâce au contact européen, marchent aujourd'hui de pair avec les cités du vieux continent. Malheureusement ce ne sont là que des exceptions, et faute de routes, de livres, d'hommes de science, d'instruction, la majeure partie des populations de l'intérieur est encore livrée à l'ignorance la plus déplorable. Il y a là beaucoup à faire. C'est la plus grande plaie du Brésil, après l'esclavage. Celui-ci ne peut tarder à disparaître sous la pression des événements; mais la diffusion des lumières dans un pays aussi vaste, aussi peu pourvu de moyens d'action, ne saurait être l'œuvre d'une génération.

Envisagé dans son avenir, le Brésil paraît destiné pendant de longues années encore à jouer le premier rôle dans l'Amérique du Sud. Sa guerre actuelle avec le Paraguay, dont il serait difficile aujourd'hui de peser toutes les conséquences, ne sera, il faut l'espérer, qu'un épisode de courte durée. Cette immixtion de l'empire dans les affaires de la Plata, a été sévèrement jugée par une partie de la presse étrangère. Les uns y voient la lutte de l'esclavage contre le travail libre ; d'autres croient apercevoir une arrière-pensée d'annexion au détriment du Paraguay. Le motif avoué de l'intervention était, comme on sait, d'obtenir satisfaction pour les dommages et les avanies de tout genre que les sujets

Brésiliens établis dans la Bande orientale reprochaient au gouvernement de Montévideo. Ce fut alors que le dictateur Lopez, redoutant l'arbitrage d'un voisin si puissant, se crut menacé et commença lui-même les hostilités contre le Brésil en envahissant la province de Mato-Grosso. Les craintes de Lopez étaient-elles fondées? Une certaine obscurité plane encore sur cette question [1]. Toutefois, s'il nous fallait émettre une opinion au sujet des intentions annexionistes prêtées au Brésil, nous serions plus disposé à excuser qu'à blâmer l'ambition de ses hommes d'Etat. Ce que l'empire réclame n'est que l'application du principe si en faveur depuis quelques années sur le continent, la revendication des frontières naturelles. Il n'est peut-être pas de contrée dans les Deux-Mondes qui ait plus de droit que le Brésil à étendre ses limites du côté de la Plata. C'est plus

---

[1] Nous transcrivons ici deux passages écrits à des points de vue diamétralement opposés par des hommes également devoués au Brésil. Le lecteur appréciera.

« L'alliance franco-Brésilienne pourrait, dans un temps donné, hâter certaines modifications territoriales, conséquences fatales de l'antagonisme des races Anglo-Saxonne et Hispano-Portugaise. Nous dirons que ces modifications sont inévitables, parce que le Brésil ne peut résister efficacement aux Etats-Unis qu'autant qu'il se sera établi dans ses limites naturelles. Or, ces limites naturelles étant à l'ouest de Rio-Paraguay, l'état de ce nom doit disparaître aussi bien que Corrientes, l'Entre-Rios et la Banda orientale, qui empêchent l'empire d'atteindre sa limite rationnelle, le Paraná. Cent fois ces nécessités ont été proclamées, et jamais le gouvernement Brésilien n'a cessé d'y répondre par d'énergiques protestations. Malgré leur évidente sincérité et des arguments excellents, s'il ne s'agissait que du Brésil, ces protestations ne prouvent que l'extrême répugnance du souverain et de ses conseillers à accomplir une tâche difficile peut-être, mais indispensable. » (Dutot, *France et Brésil*.)

qu'un besoin politique, c'est une nécessité économique indispensable à la prospérité du pays. Les rivières qui forment le Rio-de-la-Plata, c'est-à-dire le Parana, l'Uruguay, le Paraguay, etc., prennent toutes leurs sources sur le territoire brésilien : de plus, ce sont et ce seront longtemps encore les seules voies qui permettent d'écouler les produits de la province de Mato-Grosso vers l'Océan, et de la faire communiquer avec la capitale. Qu'une guerre éclate parmi les populations riveraines de ces fleuves, et une province des plus vastes de l'empire est aussitôt coupée de ses communications et isolée du reste du monde au milieu d'affreux déserts.

Mais, dira-t-on, vous foulez aux pieds les droits des petits états. Ce sont les institutions démocratiques que

---

« C'est une grande erreur de croire que le Brésil est dirigé dans la guerre actuelle par des vues ambitieuses, qu'il songe à étendre ses possessions jusqu'à la Plata, qu'il désire absorber dans son territoire les nationalités existantes dans son voisinage, qu'il veut détruire et anéantir à son profit l'autonomie et la propriété des autres pays, et dominer enfin tout seul dans l'Amérique méridionale. Ce sont les traditions politiques de l'Espagne et du Portugal au temps des colonies, et nous ne saurions trop y insister, ces traditions sont définitivement éteintes. Le Brésil a trop d'étendue territoriale, et tout en voulant la maintenir, il reconnaît là une cause de faiblesse tant qu'il ne pourra pas peupler ses déserts, couvrir de villes florissantes ses plaines immenses, tracer partout des routes à travers les forêts inhabitées, faire sillonner les rivières et les fleuves, qui le coupent dans toutes les directions, par des bateaux à vapeur et porter ainsi le mouvement industriel, la vie et la civilisation dans son centre abandonné et sur les terres sans culture. » (Pereira da Silva, *Situation de l'empire du Brésil.*)

Nous devons ajouter qu'une pièce secrète émanée de la Chancellerie de Montévideo, semble justifier jusqu'à un certain point les appréhensions de Lopez.

vous sacrifiez au principe monarchique, le travail libre à l'esclavage. Qu'on se rassure. Nous ne pensons pas que cette loi historique par laquelle les grands états s'étendent, vivent, se renouvellent aux dépens des petits, puisse s'appliquer encore au Brésil. Si jamais cette heure venait à sonner, l'esclavage ne serait depuis longues années qu'un souvenir, et l'empire aurait peut-être à compter avec un voisin plus puissant, l'anglo-saxon. Les obstacles qui ont arrêté D. Pedro Ier dans sa tentative contre Montévidéo existent encore tout entiers. L'énormité des distances, le défaut de routes, les marécages qui inondent ces pays, et par dessus tout, la différence d'origine des populations, Espagnoles dans la Bande orientale, Indiennes dans le Paraguay, rendent la conquête presque impossible. Quant au reproche tiré du danger que courent les institutions des petites républiques de la Plata, notre réponse sera facile. Chaque pays a sa forme politique, comme il a sa langue, ses lois, sa religion. Pour l'historien, ce sont des expressions diverses du même besoin qu'il doit analyser avec l'indifférence du géomètre qui considère les propriétés d'un triangle. Tel peuple prospère sous un gouvernement adapté à son caractère, dépérira sous un autre, bien que ce dernier appliqué à d'autres nations produise des résultats incomparables. Ce sont là des vérités aujourd'hui élémentaires. Quel que soit le nom que l'on donne à la machine gouvernementale, on ne peut nier que le meilleur rouage ne soit celui qui assure à l'individu la plus grande somme de sécurité, d'aisance et de liberté. Or, si l'on applique cette unité comparative au Brésil, à l'Uruguay et au Paraguay, on conviendra avec moi qu'on trouve plus de garanties dans la constitution Brésilienne que dans les caprices sanguinaires d'un tyranneau comme Artigue, ou dans la sauvage administration de la dynastie des Lopez, qui ne fait que continuer les traditions des missions Indiennes.

Nous terminerons par un conseil aux Brésiliens. Quelques esprits généreux, témoins de la prospérité inouïe de la grande république du Nord, et de la lenteur avec laquelle s'accomplit le progrès chez eux, ont cru qu'il suffisait de modeler leurs institutions sur celles des Etats-Unis pour atteindre au même degré de splendeur. C'est un mirage dont ils doivent se défier. Que la république soit proclamée à Rio-Janeiro, et aussitôt Pernambuco. Rio-Grande-do-Sul, peut-être aussi Minas-Geraes, se déclareront indépendantes. Le lien fédératif ne serait pas assez fort pour retenir dans l'action commune ces provinces rivales, et au lieu de la prospérité des Etats-Unis, on n'aurait plus que l'anarchie des républiques Espagnoles. Il ne suffit pas d'abolir une monarchie pour assurer à un peuple des destinées meilleures. La forme politique d'une nation n'est qu'une des roues de l'engrenage qui embrasse toutes les institutions du pays et dont le moteur est dans les croyances religieuses. C'est par là que doit commencer tout réformateur, s'il ne veut voir son œuvre frappée de stérilité. L'anglo-saxon n'est arrivé à accomplir sa réforme politique qu'après avoir achevé la réforme religieuse. Toute république ayant pour base la souveraineté individuelle ne saurait prospérer au milieu des étreintes du catholicisme qui, prêchant l'abnégation de l'homme, éteint son initiative et le façonne dès son enfance au rôle de machine obéissante. Mais ne demandez pas un tel effort aux races latines. Accoutumées à déployer la plus brillante valeur sur les champs de bataille, il semble que toute leur puissance virile se résume dans le courage militaire. Les autres énergies leur font complétement défaut. Qu'elles aient donc la sagesse de renoncer à des prétentions impossibles, et que les agitations stériles du Pacifique et de la Plata leur servent de leçon ! Ces États ont voulu toucher à une pièce de l'engrenage et conserver tout le reste. Dès ce moment la machine, sollicitée par deux forces contraires, s'est refusée à marcher. De là ces tiraillements qui depuis un demi-siècle déchirent et énervent ces malheureuses populations. Mieux inspiré, le Brésil s'est gardé, dans ses réformes, d'aboutir à un contresens. Son rouage, il est vrai, ne saurait conduire le pays aux destinées merveilleuses des États-Unis, mais c'est le seul peut-être qui convienne au tempérament du sud-américain ; les Brésiliens peuvent dire avec fierté qu'ils jouissent d'un calme et d'une prospérité que ne connaissent pas les républiques voisines.

Encore un mot. Nous avons été quelquefois sévère dans nos appréciations et nous n'aurions voulu montrer que la reconnaissance la plus sympathique pour l'accueil que nous avons reçu; mais l'histoire a ses exigences. Au-dessous de l'aristocratie Brésilienne qui prodigue aux étrangers les égards les plus courtois, se trouve une population ne connaissant encore le progrès que de nom, ou ne le connaissant pas du tout. Notre esquisse eût été fausse ou incomplète si nous n'avions pas abordé ce côté du tableau. La meilleure manière de témoigner sa sympathie à un peuple qui a droit à votre reconnaissance, c'est d'être vrai. Les éloges complaisants l'endorment dans une sécurité funeste. La vérité le réveille et lui indique la route qu'il a à parcourir pour accomplir ses destinées.

FIN.

TABLE DES MATIÈRES.

LA FORÊT VIERGE.

Introduction. — Aspect du paysage. — Saisons. — Orages. — Influences climatériques. — Inondations. — La forêt. — Impressions qu'elle produit. — Ses richesses végétales. — Une excursion. — Singes. — Jaguards. — Chats sauvages. — Serpents. — Caïmans. — Oiseaux. — Vautours. — Insectes. — Pulex penetrans. — Acarus americanus. — Moustiques. — Blattes. — Fourmis. — Coléoptères. — Influences de la Forêt. . . . .   5—69

TABLE DES MATIÈRES.

LES RACES.

Indiens. — Noirs. — Hommes de couleur

TRIBUS INDIENNES. — Arrivée de Cabral. — Extermination des indigènes. — Résistance. — Religion. — Habitudes. — Baptême. — *Capitão*. — Indiens domestiques. — Plaintes des sauvages. — Botocudos. Influences mystérieuses de la forêt. — Langage. — Autres tribus indiennes. — Femmes indiennes. — Noirs. — Appel du matin. — Travail des champs. — Nourriture. — Danses. — Occupations du dimanche. — Noirs domestiques. — Corrections. — Nègres des villes. — Fuite. — *Capitão do matto*. — Coup d'œil sur l'esclavage. — Constitutions physiques du noir. — Hommes de couleur. — *Mameluco*. — *Rancho*. — *Tropeiro*. — *Gaucho*. — Peon. — Mulâtre. — *Arreador*. — *Tocador*. — Caravanes de mules. — *Cabocolos*. — Horreur du travail. — Destinée de ces races. . . . . 71—117

VIE CRÉOLE.

Intérieur de la Fazenda.

ASPECT DE LA FAZENDA. — Préparation des terres. — Incendie. — Café. — Canne à sucre. — *Cachaça*. — Coton. — Autres productions. — Vie du Planteur. — Repas. — Convives. — Chasse. — Voyages. — Jeu. — Loterie. — *Feitor*. — *Venda*. — *Pastos*. —

Saint-Antoine. — Sorciers. — Fêtes. — Messe. — Revue. — Cuisine Brésilienne. — *Padre*. — Docteur. — Infirmerie. — Hospitalité de la *Fazenda*. — *Mascate*. — Muletier. — *Formiguiero*. — *Fazendas* souterraines de fourmis. — *Senhoras*. — Femmes de couleur. — *Fazendas* du sud. — *Fazendas* de l'intérieur. — Avenir de la *Fazenda*. — La transformation. 119-181

INSTITUTIONS.

Intérieur de la Cidade.

Pernambuco. — Premières impressions. — Le noir. — L'*Urubú*. — Les *Senhoras*. — Processions. — Habitations. — Négociants. — Mendiants. — Guides. — Caractère des habitants. — Tendances séparatistes. — Bahia. — Anniversaire de l'indépendance. — Population noire. — Physionomie de la *Cidade*. — Mœurs. — Saint-Bénédict. — Saint-Antoine. — Sébastianistes. — Villes de l'intérieur. — Conspiration de Minas. — Arrivée du Prince-Régent. — D. Pedro I. — Rio-Janeiro. — Affluence des étrangers. — Résultats. — Maladies. — Monuments. — L'Empereur D. Pedro II. — Presse. — Instruction. — Théâtre. — Garde nationale. — Armée. — Constitution. — Mœurs. — Préjugés contre le travail. — Institutions. — Élections. — Autres villes importantes. — Caractère des *conquistadores*. — Lenteur du progrès. 183-245

LA COLONISATION

Et l'avenir du Brésil.

Appel du Brésil au continent. — Les habitants avant l'arrivée du Prince-Régent. — Fondation de l'Institut Français. — Ses résultats. — Appel à l'industrie française. — Fièvre de la spéculation. — Suites fâcheuses. — Personnel de l'émigration. — Profession de foi d'une modiste et d'un marchand. — Loterie du *lingot d'or*. — Influence Française. — Appel aux ingénieurs. — Population. — Disparition du noir. — Insuffisance des travailleurs. — Conséquences. — *Colonisação*. — Premiers essais. — Fondations princières. — Fondations des grands propriétaires. — Fondations des compagnies — Résultats. — Causes de l'insuccès. — Découragement des colons. — Association centrale de *colonisation*. — Conditions pour la prospérité d'une colonie. — Sol. — Climat. — Maladies. — Régions propres à l'Européen. — Indiens. — Chinois. — Colons Français. — Colons Allemands. — Causes de l'apathie du paysan Français. — Causes de la prospérité des colonies Allemandes. 247-306

CONCLUSION.

Coup d'œil rétrospectif sur le pays, les mœurs et les institutions. — Guerre de la Plata. — Conseil aux Brésiliens. 307-316

Toulouse. — Imp. Troyes Ouvriers Réunis.

OUVRAGES DU MÊME AUTEUR

Essai de grammaire générale, d'après la comparaison des principales langues Indo-Européennes, 1re partie, chez Durand et Lauriel, Libraires, rue Cujas, 9, à Paris. . . . . 1 fr. 50

Essai de grammaire française, d'après la Grammaire Générale des langues Indo-Européennes, chez Durand et Lauriel, Libraires, rue Cujas, 9, à Paris. . . . . 1 fr. 50

Histoire naturelle du langage. — Physiologie du langage phonétique, chez Germer Baillière, Libraire, rue de l'Ecole-de-Médecine, 17, à Paris. . . . . 2 fr. 50

Sous Presse :

Histoire naturelle du langage. — Physiologie du langage graphique, chez Germer Baillière, Libraire, rue de l'Ecole-de-Médecine, 17, à Paris. . . . . 2 fr. 50

Toulouse, Imp. Troyes Ouvriers Réunis

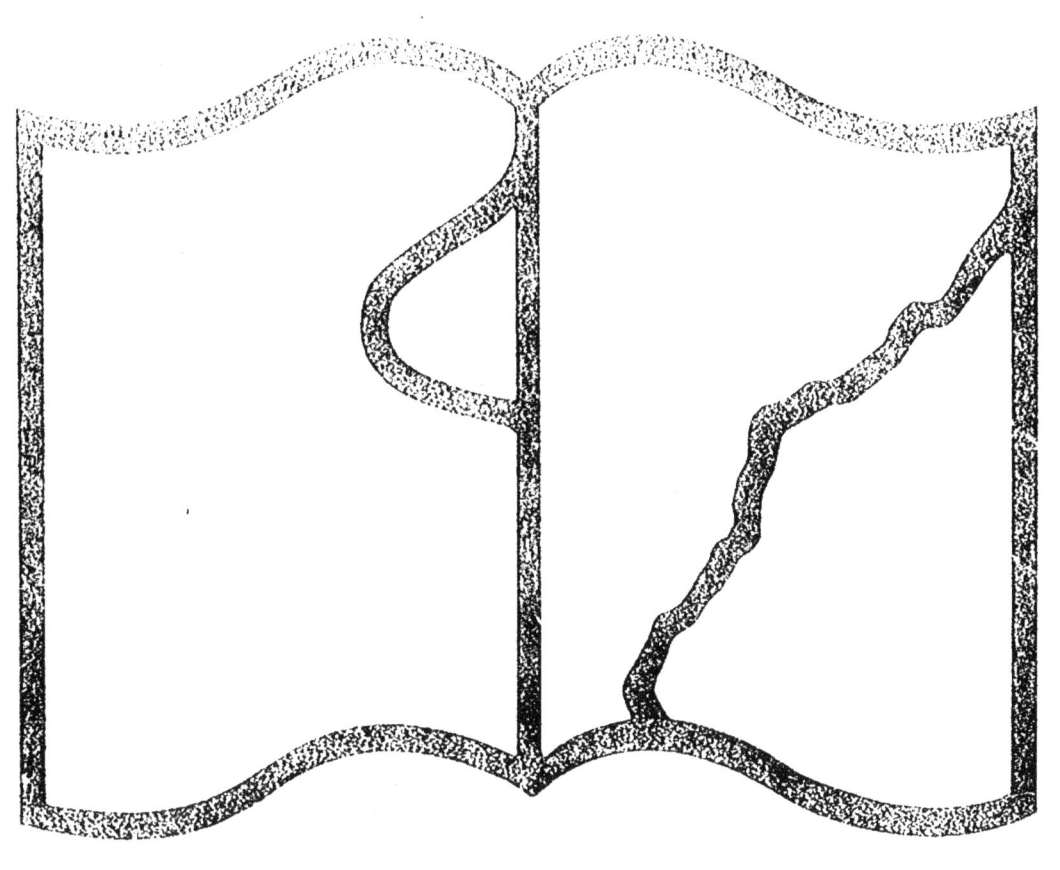

Texte détérioré --- reliure défectueuse

NF Z 43-120-11

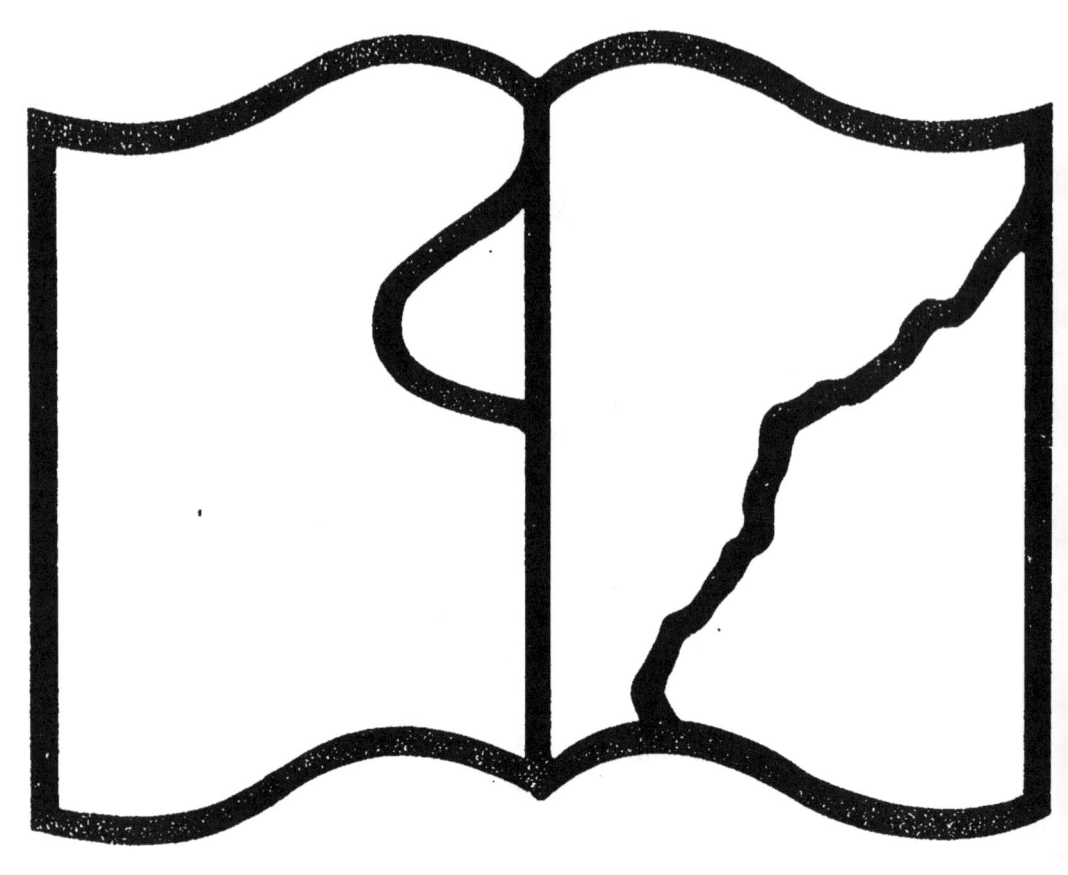

Texte détérioré — reliure défectueuse

NF Z 43-120-11

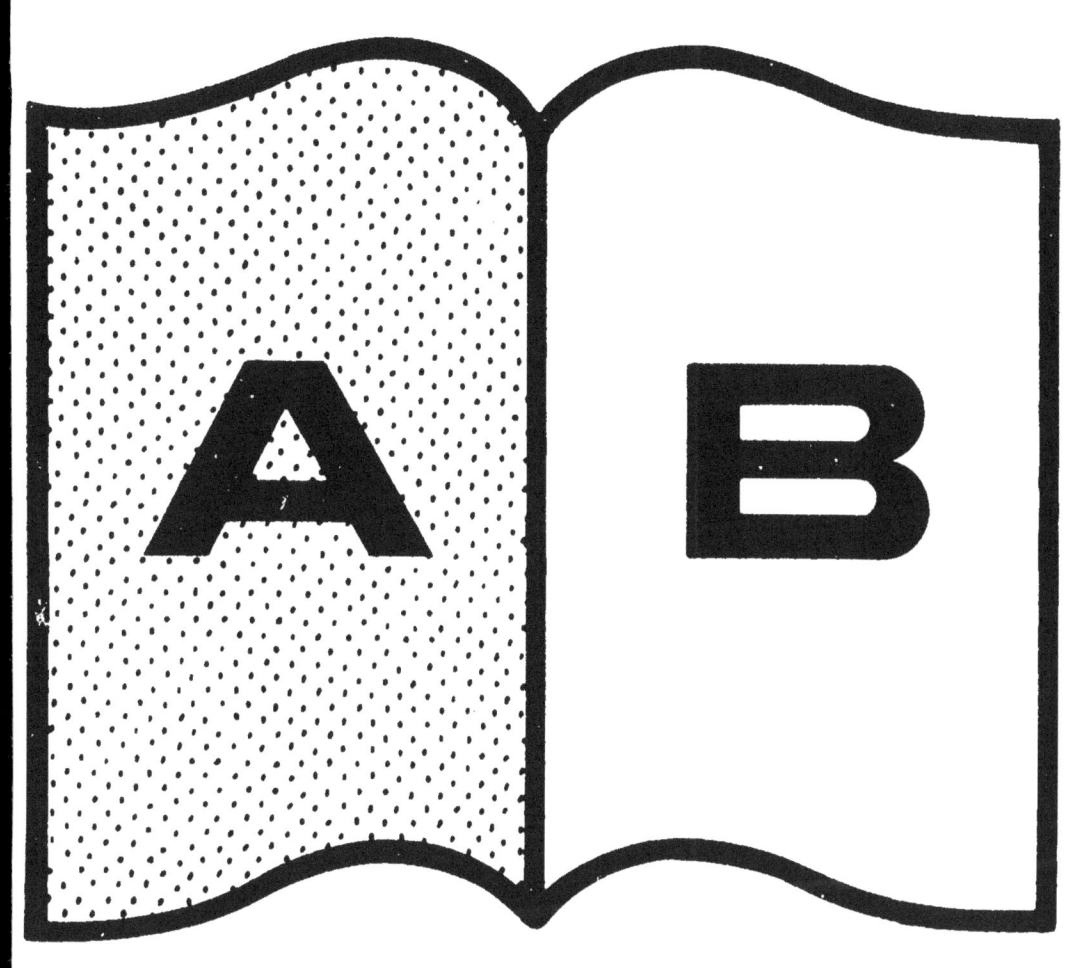

Contraste insuffisant

NF Z 43-120-14

www.ingramcontent.com/pod-product-compliance
Lightning Source LLC
Chambersburg PA
CBHW060400170426
43199CB00013B/1947